U0033716

吳墉祥戰後日記

（1950）

The Post-War Diaries of Wu Yung-hsiang, 1950

民國日記｜總序

呂芳上

民國歷史文化學社社長

　　人是歷史的主體，人性是歷史的內涵。「人事有代謝，往來成古今」（孟浩然），瞭解活生生的「人」，才較能掌握歷史的真相；愈是貼近「人性」的思考，才愈能體會歷史的本質。近代歷史的特色之一是資料閎富而駁雜，由當事人主導、製作而形成的資料，以自傳、回憶錄、口述訪問、函札及日記最為重要，其中日記的完成最即時，描述較能顯現內在的幽微，最受史家重視。

　　日記本是個人記述每天所見聞、所感思、所作為有選擇的紀錄，雖不必能反映史事整體或各個部分的所有細節，但可以掌握史實發展的一定脈絡。尤其個人日記一方面透露個人單獨親歷之事，補足歷史原貌的闕漏；一方面個人隨時勢變化呈現出不同的心路歷程，對同一史事發為不同的看法和感受，往往會豐富了歷史內容。

　　中國從宋代以後，開始有更多的讀書人有寫日記的習慣，到近代更是蔚然成風，於是利用日記史料作歷史

研究成了近代史學的一大特色。本來不同的史料，各有不同的性質，日記記述形式不一，有的像流水帳，有的生動引人。日記的共同主要特質是自我（self）與私密（privacy），史家是史事的「局外人」，不只注意史實的追尋，更有興趣瞭解歷史如何被體驗和講述，這時對「局內人」所思、所行的掌握和體會，日記便成了十分關鍵的材料。傾聽歷史的聲音，重要的是能聽到「原音」，而非「變音」，日記應屬原音，故價值高。1970 年代，在後現代理論影響下，檢驗史料的潛在偏見，成為時尚。論者以為即使親筆日記、函札，亦不必全屬真實。實者，日記記錄可能有偏差，一來自時代政治與社會的制約和氛圍，有清一代文網太密，使讀書人有口難言，或心中自我約束太過。顏李學派李塨死前日記每月後書寫「小心翼翼，俱以終始」八字，心所謂為危，這樣的日記記錄，難暢所欲言，可以想見。二來自人性的弱點，除了「記主」可能自我「美化拔高」之外，主觀、偏私、急功好利、現實等，有意無心的記述或失實、或迴避，例如「胡適日記」於關鍵時刻，不無避實就虛，語焉不詳之處；「閻錫山日記」滿口禮義道德，使用價值略幾近於零，難免令人失望。三來自旁人過度用心的整理、剪裁、甚至「消音」，如「陳誠日記」、「胡宗南日記」，均不免有斧鑿痕跡，不論立意多麼良善，都會是史學研究上難以彌補的損失。史料之於歷史研究，一如「盡信書不如無書」的話語，對證、勘比是個基本功。或謂使用材料多方查證，有如老吏斷獄、

法官斷案，取證求其多，追根究柢求其細，庶幾還原案貌，以證據下法理註腳，盡力讓歷史真相水落可石出。是故不同史料對同一史事，記述會有異同，同者互證，異者互勘，於是能逼近史實。而勘比、互證之中，以日記比證日記，或以他人日記，證人物所思所行，亦不失為一良法。

從日記的內容、特質看，研究日記的學者鄒振環，曾將日記概分為記事備忘、工作、學術考據、宗教人生、游歷探險、使行、志感抒情、文藝、戰難、科學、家庭婦女、學生、囚亡、外人在華日記等十四種。事實上，多半的日記是複合型的，柳貽徵說：「國史有日歷，私家有日記，一也。日歷詳一國之事，舉其大而略其細；日記則洪纖必包，無定格，而一身、一家、一地、一國之真史具焉，讀之視日歷有味，且有補於史學。」近代人物如胡適、吳宓、顧頡剛的大部頭日記，大約可被歸為「學人日記」，余英時翻讀《顧頡剛日記》後說，藉日記以窺測顧的內心世界，發現其事業心竟在求知慾上，1930 年代後，顧更接近的是流轉於學、政、商三界的「社會活動家」，在謹厚恂恂君子後邊，還擁有激盪以至浪漫的情感世界。於是活生生多面向的人，因此呈現出來，日記的作用可見。

晚清民國，相對於昔時，是日記留存、出版較多的時期，這可能與識字率提升、媒體、出版事業發達相關。過去日記的面世，撰著人多半是時代舞台上的要角，他們

的言行、舉動，動見觀瞻，當然不容小覷。但，相對的芸芸眾生，識字或不識字的「小人物」們，在正史中往往是無名英雄，甚至於是「失蹤者」，他們如何參與近代國家的構建，如何共同締造新社會，不應該被埋沒、被忽略。近代中國中西交會、內外戰事頻仍，傳統走向現代，社會矛盾叢生，如何豐富歷史內涵，需要傾聽社會各階層的「原聲」來補足，更寬闊的歷史視野，需要眾人的紀錄來拓展。開放檔案，公布公家、私人資料，這是近代史學界的迫切期待，也是「民國歷史文化學社」大力倡議出版日記叢書的緣由。

導言

馬國安、林弘毅

一

　　中國近代歷史讀物，時代雖近，卻往往仍予人一股難以親近的距離感。現代讀者大多無法想像，在巨變頻生、戰亂進逼的時空環境，身為一個「人」的個體，究竟是如何去面對、看待，又如何真正生活其中。

　　戰爭的爆發，哪股勢力推進到哪裡，只是一段記載；物價的漲跌，這個月米的價格多少，只是一個統計數據；交通線的推展，哪條鐵路銜接哪個港口，只是地圖上的一條線……。

　　這些與那些，是如何伴隨我們的曾祖父母輩、祖父母輩，甚或是父母輩的人生？在政府檔案裡找不到的解答，日記則提供了另一種更有「人味」的指引視角。

　　民國歷史文化學社出版一系列的民國日記，包括本次的吳墉祥戰後日記，就是為了要讓逝去的時代影像鮮活起來。為家屬留紀念，也為歷史留痕跡。

二

　　吳墉祥（1909 年 4 月19 日—2000 年11 月18 日），
字茂如，生於山東省棲霞縣第五區吳家村。曾祖父吳亞
元，祖父吳愷運，父親吳庚吉。1914 年入私塾，後因吳
家村新式小學成立，轉入就讀，其後再升煙台模範高等小
學、私立先志中學。

　　1924 年，在于洪起（前國會議員、先志中學校長）
與崔唯吾（國民黨膠東黨部特派員、先志中學教師）的介
紹下，於該年10 月加入國民黨。惟因北伐期間，各地軍
閥頑抗，又適寧漢分裂，國民革命軍不知何時可以攻克山
東，遂毅然決定南下，投考中央黨務學校，並獲派赴北伐
前線與山東省黨部工作。俟大局底定，中央政治學校（國
立政治大學前身）成立，復申請回校，畢業報告為與姜啟
炎、許餞儂、楊書家等三位同學合編的「安徽財政」（其
負責第一冊，洋洋灑灑三百餘頁），為1933 年第二期財
政系第一名畢業，也埋下日後前往安徽服務的伏筆。

　　畢業後以優秀成績留校擔任會計助教，1936 年起
轉赴安徽地方銀行任職，先自安慶分行副理、經理做起
（一年），再任總行總稽核（四年），繼任副總經理（四
年），時值對日抗戰，安徽淪為各方勢力角逐之地（國、
共、日汪），地方銀行身處敵後，調劑地方金融，業務繁
重，對穩定地方與戰區，功勞不小。總統府人事調查表中
並記載，其「自26 至34 年，始終在皖省從事敵後金融

工作，參加大小戰役九十餘次」。

雖即如此，身為山東籍人士，仍隔閡於桂系所掌握的核心之外。適逢山東省主席何思源有意重建省銀行，便於1945年前往投效，任常務董事兼總經理，復受邀至齊魯公司擔任常務董事兼董事會秘書長，在國共兩軍爭奪戰後山東控制權的複雜情況下，致力為山東服務，且因在共軍圍攻濟南期間，維持市面金融得力，獲得省府嘉獎，連晉兩級。其間，並取得高考會計師合格證明，於日後得以會計師專業執業。也曾參選棲霞區第一屆國民大會代表，名列第二，而為國民大會列席代表。

山東陷共後，於南京、上海、廣州等地處理齊魯公司業務。1949年7月以國民大會代表證件獲得赴臺許可，舉家遷移臺灣臺北。於煙台聯中案時，多方聯繫山東籍人士，為營救張敏之校長而努力。之後齊魯公司職務解除，其便以會計師執照維生。1956年應美國國際合作總署（International Cooperation Administration）駐華安全分署之聘任，為高級稽核，跑遍全臺灣，查核受援單位之會計收支。1965年美援結束，改任中美合營之台達化學工業公司財務長，1976年退休。其後活動多為列席國民大會，於大法官釋字第261號解釋公布後，1991年退職。在動盪時局中，仍嚴謹持家，與妻子共同撫育六名子女長大成人，都各有所成，為其晚年生活最感快慰之處。

其一生戮力於財政、金融、會計之研究與工作，在中央政治學校就學時即發表期刊論述多篇，畢業後出版

《中國貨幣問題論叢》一書，抗戰時仍筆耕不輟，來台後在《臺灣合作金融》、《國民大會憲政研討委員會年刊》、《稅務旬刊》等發表文章數十篇，皆有關於財金問題者。

三

吳墉祥自1927年赴南京考取中央黨務學校起，便有記載日記的習慣，可惜於戰亂過程中，1944年以前日記亡佚不可得。本次出版雖取名為戰後日記，實則起自1945年1月1日，終於1950年12月31日，以戰後復員為核心，至來臺灣後稍微安定時止。

其內容包含抗戰末期敵後第十戰區情形、戰後重慶、復員、接收、抗共被圍於濟南、競選國民大會代表、濟南淪陷、遷徙臺灣、澎湖煙台聯中案等，按日記載，逐日不斷。但因戰爭或工作繁忙的關係，或有隔數日後補記日記，致日期有所錯置，也屬時人撰寫日記的正常情形。

在這六年的日記中，我們可以看到一個忠黨、愛鄉、為國的知識分子，在1945年8月如何欣喜於戰勝日本，「晚八時街市鞭炮聲大作，聞係日本投降，至半夜有報紙號外發行，報僅索值一百元，實則僅數十字，為日本已提出接受波茨坦宣告，無條件投降，八年抗戰，至此已與盟國共獲大勝。」又在1946年如何慨歎於剿共之不得

人心，「中心工作為與共產黨在收復區內爭取人心，其中最重要者為不報復，不得因自己為地主，阻礙耕者有其田之實行，但執政者多為地主階級，含有內在矛盾，如何貫澈，非無問題，此舉實為國民黨存立與失敗之關鍵，以目前人心之絕對自私，恐非有強有力之克服工作，實未能使一切新政令不為之變質。」「政府能否掌握民心，此不失為重要關鍵，聞益都縣府進城後屠殺附共青年甚多，與政府大政方針相背。」

另一方面，也因為他的財金專業與工作，日記中也大量記錄了職務上的各種事項，包含安徽地方銀行與山東省銀行的營運等問題，可望有助於戰後初期的金融史研究。

至於1949年的山東煙台聯中案，因校長張敏之與吳墉祥本為先志中學同學，且一同加入國民黨，抗戰與戰後復員時期亦多有聯繫。在煙台聯中案發生後，其與山東各界在臺有力人士多方營救的過程，於日記中鉅細靡遺，則是當事人口述歷史與政府檔案之外，相當重要的側面資料。

四

關於這份日記，編輯的方式依照年、月、日的順序編排，原先日記中所分類的小標題，如「師友」、「職務」、「娛樂」、「體質」、「家事」、「看書」等，皆有所保

留，便於讀者閱讀。至於部分記載有僅止涉及親人的私密
內容，則予以刪除，容我們為家屬保留一點隱私。

　　最終仍是希望，這份日記能為戰後的歷史留下一點
痕跡，一天一天的記錄，像是一則一則的故事，呈現的不
只是吳墉祥一個人的人生，而是一個時代裡的芸芸眾生。

編輯凡例

一、吳墉祥日記現存自1945年至2000年，本次出版為1945年至1950年部分。

二、古字、罕用字、簡字、通同字，在不影響文意下，改以現行字標示。

三、難以辨識字體，以■表示。

四、部分內容涉及家屬隱私，略予刪節，恕不一一標注。

日記原稿選錄

一九五〇年小引

自由日記

去年志於辦理甲乙兩年度還，事事多付之後，一無所成，斯日回首，有不禁不戰之心矣，然者，凡不列數端：

一曰處慶暴棄之傾向致許己也，迺年來從事於不切實際之工作，很有心力，無從發揮，因而遇

事數縈久之，即一一志所能為力者，志在趁唐情緒下就其身於，而一無所作為之事，為主此一種理由

下，由子自我原諒其文節曰，然其為而忌因形勢漂簡而來書不歡，而知世事不遑振羊非諉之月

新，其實則向就和文分之零碎光陰致遠尤多，若張口益柔羞豈可不慢自勉。

二曰處環境之方防妨礙像求也，余偶涉世以來，淺事乡游禮像之作。路有飽錄訂較之處，而云

向心問角之機，久之處世方對偶於一隅，而過意謀境之能力為主大減，加以余之集性好靜而不好動

遇事但求無的書前，不知自勉開展，馴致忘流口猻，天地日小，有時以孤芳自賞聊自實錄，誰知

不好打破環境，為斯耶養我身，余於年必將從事自由戰業，就目己向前，將學生理，此乃余

來日留意之大好機會也。

三曰耐煩態志者之習慣如須養成也，余主求寒時如，當有一段艱苦生活，就我之今少一般而言，猶

自由日記

緣和是道，那務以來，十餘年來皆度水準以上之生活，更覺學界之勞，如時改久，遇事不患好

無逸而遇煩渙，遇有鑿根錯節，就且多所磨步，往往不勝其煩，而特行為之不能平靜，十年以

來因家事操持已慣於諸碑冗弭以為平安行樓攜雨以以為苦，但有時但亦有料難誤乃人生所

不知免而為免，都覺得今乃知昔誤難，更有時遇事農業艱難，不敢面對，日多困擾以代豁涙，而

結果隱學良好從次，而退喪豈失坐隨之凡此特懷難術俱皆痛改。

緣之，後有人品兩不誅用世，臨風鄉社々為此故，而神之缺壹止屬內在，歲首有友，用揚三

端以自勉也陽。

八日作。

自由日記

五月二十日 星期六 雨

師友－上午，到廈門街訪殷君來，承委员，談昨口逸庵兄交來的集之命函轉信給天海董事長及曹然，殷氏初此事極踌躇，謂為對殷氏已為之，再邀過多寸，倘討沒趣，會謂今之看信必相

團務－逸庵來謂殷氏廠繼乃某陽腫眉一囤即次會作解，謂由為殷氏血壓亦害恐右危散務事，殷民初此事極踌躇，謂為對殷氏已為之，再邀過多寸，倘討沒趣，聽事今蒲吉夫來訪，謂人

險多晨赴醫師處救與窗台知達支為此承行留辭去。

心停動三月的苦開右遊祀若汗盆園，遨遜而謝，姓宇此事最去危險乃在空襲可怖耳

五月二十一日 星期日 晴

集會－上午，到省建部參加江大慶祝紀念會與投友會成立會，投事達筆評盟事，張萬條考吾

單，四囤遑方式出之，謂此名華乃採四梅院該生部客师梵，今投事委员来發散后印遑出。

有書議浣得之作言拂集》，九四個知窗之拂寫夫稱牛路此性行调和之徵抄東，似為作

廿四角句，「景色」寫魏人之携吼，獨多風土味，「大小院」寫那個之囤間像狗青年，極祉對处，字谓

子弟，寫改陸中之土绅，糊塗那張，「生在」寫写行国中之青年，極為桂去古味，皆如孙也。

自由日記

十月二十四日　星期二　雨

師友：晚，適祕文兄來訪，談及辦魯公司經理總經理人選，因以殷君來主委，詢何以不由目前辦

黃之有辦務經驗者爲委員接充，余謂此項事本不以個性的考慮，當重於孫性的。余甚

中央對費迄不撥欵，美兵焚於此，實刻由該區委處，殷氏一派所謂乙派（余知何當受。

但姚夫婦爲委員長忽此，世他名方面則謂我費多爲出身聯崖……等校CC）之甚坦率。

辭迷委員某某相與借事有人事關係，自然揭事之得乃以順利，又談及國民大會代表案。

酪醐之臨時同大乘爲蔣總統爲大使假術鉤來電報告謂美方

及敵不佳，當爲又爲洋菊兄集之改，乃此備仰申人，余要自作，商業如何興我！

十月二十五日　星期三　陰雨

師友：上午，殷君來主委未訪，謂姚夫婦爲委員長望摆樂出任辦魯公司總經理，恐已鄰固卻。

但彼以身體身痛，且對於教少不語完理，希望余任爲貴協理，余自對余春已遺孤散。

仍知禪秦加事事會，實際處學魯後，真正公司所使，不停支結迷，以至與余目前工

自由日記

國大秘書處文領室治黃及合併後另執行計師業務期限期滿，實本刃爻，且今引調我刃得。

余於此時並作側字，志書不倫，但對殷氏來意表示一切不便推辭，蓋主刃作。

答謂如需余到分會辦他，與不敢勞，但不要名義，不求待遇，仍以用為辭之事務等。

業務擴充事如需要，盼余幫忙，余亦允，此項亦傳不影響余之執行會計師業。

務主之願加辦會計之事撰情，果對此不表贊同，余再三談於分會計師業務之不願。

業果，當以無辭以對，讀勘小時始辭去。陳原係署來訪，對余周紹賢君中微。

訓練摘事未詳明子右係幹之對，頌之委勿人為安，余久日中方往訪崔明春氏。

一讀，因周君歷次來行均提及崔氏，陳君己好地主關方，政凡將移與兩讀。

集會—中午，到中山堂聽某周輔等漁業某會一會，會議室氣氛不和諧，頗有歡。

交際—下午，赴華蔭會中聚晤宇孫伯秉宣畫宴請，三會計師律師所來與周執冠者。

地點—工大先明西菜館，某君甚佳，立座甘陪合以有阮易新，書有楚等諸君。

娛樂—晚，與陸等看電影「夫妻寶鑑」，屏先私白盧碧雲之演，特簡為佳。

發信表

日期	人名	地址	事由	備考
一月二日	王培五	台中		
一月四日	鄧作徐	台北	新年分賀信	
一月六日	陳祥馬	澎湖	雪屏芸託緻物書	
一月十六日	于文章	香港開文本棧	託轉信	
一月廿三日	甲樹生	台中	附件領信補加签對收	
二月六日	王福五	彰化市	請返廣名給我教了	
二月六日	陽息人	屏東	何招王福五社兄	
二月十六日	陳長興	新竹	請購書等囑買書	
二月廿日	楊世傑	台中	請購物書等	
二月廿六日	陸勤芸	香港	託買事親	
三月十日	朱呂良	台中	寄來娘信息事	
三月十五日	李書鄭	高雄	請令舅計師夢題	
三月廿日	俞物恆	新竹	同右	
三月廿日	會長甫	九龍	請遺某某手稿	
三月廿日	姜勞先	九龍	謝事後把稿退行	

目　錄

1950 年（42 歲）

1950 年小引

　　去年已於離亂中匆匆度過，事業盡付空談，一無所成，斯日回首，不能不戮力策勵者，凡下列數端：

　　一曰頹廢暴棄之傾向必須糾正也。兩年來從事於不切實際之工作，縱有心力，無從發揮，因而遇事敷衍，久之即一己所能為力者，亦在頹唐情緒下聽其自然，而一切無所作為之事，皆在此一種理由下，曲予自我原諒與文飾。學業方面，亦因行蹤漂蕩而束書不觀，所知世事不過報章雜誌之片段，其實時間非不充分，零碎光陰放過尤多，學殖日益荒落，豈可不復自勉。

　　二曰處理環境之方法必須講求也。余自涉世以來，從事者皆為經濟工作，雖有錙銖計較之勞，而乏勾心鬥角之機，久之處世方針偏於一隅，而適應環境之能力為之大減，加以余之秉性好靜而不好動，遇事但求應付當前，不知自動開展，馴致交游日狹，天地日小，有時以「孤芳自賞」聊自寬解，詎知不能打破環境，焉能獨善我身，余新年後將從事自由職業，非自己向前，將無生理，此乃余來日奮發之大好機會也。

　　三曰耐煩吃苦之習慣必須養成也。余在求學時期，尚有一段艱苦生活，然較之今日一般所見，猶微不足道，服務以來，十餘年來皆度水準以上之生活，更從無手足之

勞，為時既久，遇事不免好安逸而避煩瑣，遇有盤根錯節，非旦夕可幾者，往往不勝其煩，而情緒為之不能平靜，去年以來因家事操持已漸漸習於瑣碎而不以為累，步行提攜而不以為苦，但有時仍不能體認乃人生所不應免不可免，難免興今不如昔之歎，更有時遇事畏其煩難，不敢面對，日夕因循以代解決，而結果從無良好解決，而沮喪與失望隨之，凡此性格，俱應痛改。

總之，徒有人品而不能用世，雖困難往往為外在，而種種缺點亦多屬內在，歲首自反，用揭三端以自警惕。

（八日作）

1月1日　星期日　陰雨

師友

今日國曆元旦，各機關皆有團拜賀年之舉，余則侷處終日，以道途泥濘與家事纏繞之故，未能外出，但來賀年者有叢芳山兄、李德民君等。晚，同德芳到和平東路訪李公藩兄，見其雀局未終，僅與其夫人略涉家事，至九時半而返。晨起門插宋宜山兄名片，似昨晚余睡後來訪。

看書

涉獵刊物讀錢穆作文兩篇，均載民主評論，頗多啟發，一為「新三不朽論」，乃紀念孔子二千五百年誕辰者，文內只引證希臘與印度思潮而與孔子之所謂不朽者加以比較，並引其要點而說明孔子之哲學思想既非形上之觀念論，亦不蹈西洋文藝復興之純重理性，而為最富於人情

味之人文的哲學思想，至於三者有何內容而別出立言、立德與立功，則未加闡述焉；二為「人生目的和自由」，分析人類生活有自然的部分與文化的部分，自然的部分完全受天地之按排，人類頗無選擇之餘地，文化的人生則愈演愈進，愈有選擇，此則有賴於宗教、哲學、藝術、文學、科學對人類提供新目的、新選擇矣，有云：「若教育有辦法，政治為次好的，政治有辦法，法律為次好的，若法律有辦法，戰爭為次好的，如戰爭有辦法，較之人吃人也還是較好的。」頗有道理。

1 月 2 日　星期一　陰雨
師友

　　下午，到南昌路訪譚嶽泉局長，為賀年並告以即將執行會計師業務，希望介紹推廣，並徵求聘任會計顧問，據云其公路局可以聘任余為會計顧問，此外余並託向航業公司、農林公司及物資調節委員會推薦，但據云各機構主管人雖極稔熟，但不知能否有成，又詢吳錫璋同學謀事一節，據云已派為視察，在該局服務云。到南昌路叢芳山兄寓答訪新年，遇有其以前在青島時之職員現在澎湖服務者宋君今晚赴馬公，即託其為七弟瑤祥將衣物帶去。下午，到交通銀行訪宋宜山兄，不遇，留字改明日下午二時再來，又訪侯銘恩兄，告以訪宋之原委，託轉達。

1月3日　星期二　陰雨

集會

　　上午九時，到中山堂光復廳出席國民大會在台代表全體大會，上午為報告事項，由全國聯誼會與台灣聯誼會分別報告一年來之工作，下午為討論事項，提案數十件合併為十餘議案，重要者為推舉代表面請蔣總裁繼續行使總統職權，又按代表人數推舉各單位幹事組織新聯誼會等，會場秩序有時不佳，尤以討論是否電慰閻錫山院長時為甚，有一部分代表因閻氏不數月將華南及西南斷送，主張應追究責任，一部分則反對，一時呼嘯之聲布滿會場，謔者謂已數月未過此癮，自不免有所發洩云，下午五時散會，舉行聚餐，餐費皆各代表自出，以視去年選舉正副總統時因拉票關係而成天之驕子，自不可同日而語云，今日出席凡六百六十餘人，總數為三千人有餘，故在所占比例言之當為少數云。

娛樂

　　晚，在中山堂看電影，為馬連良、張君秋所演京戲梅龍鎮與打漁殺家，五彩拍攝，光線有時模糊，配音亦有時不清，技術條件自尚不足，又京戲進出門口、上下船艙皆為象徵的手法，此則門用真門，船仍虛無，以晦暗光線使與河下之背景相接，作者雖苦心孤詣，但究竟表示有難言之苦，至於身段台步則在平面幕上自更不能有所表現矣。

師友

下午二時訪宋宜山兄於交通銀行，送還其以前經張中寧兄手轉余赴恩施旅費二百美元，因余所開給之收據不在手邊，故請其另開一張交余收執，此事延誤若干日始告解決。

參觀

在中山堂參觀省立師範學院藝術系所辦之美術展覽會，有該系師生作品國畫、水彩、油畫、書法等作品數百件，學生所作鮮有佳者，教授則以張大千、溥儒、孫多慈出品為佳。

1 月 4 日　星期三　陰雨

師友

下午，到信義路二段訪張金鑑兄，不遇。途遇裴鳴宇議長，據告對於張敏之等之被殺認為是一大冤獄，山東人不能默爾而息。上午，到信生油廠訪叢芳山兄，不遇，留字謂小兒在澎湖時曾遺留皮鞋、字典等物，擬於其世兄由澎湖來台北之便，託其帶來，並備一函介紹送往云。

家事

第四女出生已兩月餘，迄今未定如何取名，原擬用紹冊兩字，因冊字太不通俗，不便採用，所以用此字者，因係十月卅日生，而余之實足年齡為四十，德芳之通常年齡亦為四十也，今日與德芳重加考慮，決用紹因兩字，因余秋期本欲有西南之行，此女出生在即，不能抽身，定於

生後啟程，生後未彌月西南局勢急轉，約余前往之張中
寧兄狼狽而歸，是此女之生，似有前因，使余得免於難
也；取名後即函請鄧大夫仁德為出具出生證明書，以便
報入戶口。

職務

　　晚，齊魯公司營業處長趙錄綱君來訪，謂一向覺不
便於接近，故甚少洽談，現在公司總協理畢天德、黎超海
滯港不歸，且接眷前往，群情惶惑，認二人行徑與去年舊
曆年底二人由青島祕密逃出，置公司同人於不顧，可謂先
後輝映，同人中頗有主張連名函請速歸者，蘇雲章協理則
認為此項表示於二人甚難看，尼阻其議，蘇本人則每日糊
塗度日，沉湎於竹戰之中，殊令一般善良同人為之沮喪，
故請示董事會方面應如何自處，余告以董事會在不開會時
除董事長外任何董事均不能有所作為，僅能消極的有所建
白，是否採納仍不可知，余對此事當將同人意見反應於曾
董事長處，至財委會方面則已經充分注意及之矣云，趙君
對此甚贊成，但再三聲明不願於余寫信時提及其個人，趙
對畢、黎二人之批評認為畢尚過得去，余則謂固屬大體不
差，但惜掌不住舵耳，又麵粉一千包價款港幣二萬二千元
已經調往，事先畢、黎等自港來電急於星火，其實麵粉無
利可獲，已經一再電其止辦，而終無效，且有一千五百包
在港未運，趙君述及其擔任業務處長根本對業務如何籌畫
一無所知，完全聽命於香港之通信處，本末倒置，莫此為
甚云，談一小時餘辭去，其實余所謂將函曾氏者，乃完全

就事論事之結論，實際上決不可能，蓋曾氏曾函財委會辭職，財委會並另商量對公司今後整個決策，此前提未有解決前，徒對畢、黎二人有所表示，實無益也，趙君並談謂黎表示曾向曾董事長辭職照准，未知事實如何。

1 月 5 日　星期四　陰雨
師友

　　朋友往往因錢財而有隔閡，余前日送還宋宜山兄之二百元美鈔，本係因數度往訪未遇，而遲遲未能送到，其間復因該款余係由張中寧兄轉手而來，原擬照舊途徑辦理，殆知張、宋之間亦因錢財不欲晤面，始改直接退還，其間遷延時日亦多，昨晚李耀西兄謂宋兄若干日前曾託其轉達余，關於該款希望不必急於退還云云，余即告李兄，昨日業已退還，余為此事深感不快，蓋余固未嘗由宋處取得此款，余之所以直接辦理，無非為了卻一重負擔，今宋兄竟託人傳話，明係索債口吻，彼或尚以為余之前日送去此款係由於彼之索取，則不知之甚矣。

1 月 6 日　星期五　晴
師友

　　下午，叢芳山兄來訪，意在說明余託其世兄由馬公帶衍訓物件來台一事，遲至昨日始將信備就交來之原因為油廠事繁，未能趕辦得及云。楊天毅兄來訪，詢問余與劉階平兄合用事務所事能否於覓到兩處自用一處，將另外一

處介紹於其所營之印刷廠以作營業所，余告以前數日劉兄
來訪所談兩地點，只知其一尚未有成議，其二則未提及，
余未在寓，故亦未能相詢云。石鍾琇兄來訪，問今日下午
能否往取配售油麵等，余昨日詢知今日下午始有領到可
能，但言者似亦不甚肯定，故主明日下午再往，或不致再
度落空，而致徒勞往返云。

1月7日　星期六　晴
師友

　　上午途遇劉階平兄，據談重慶南路房屋事已不欲再
談，聞該大江農林公司經理尚未回台北，並聞之鈕鉁穌兄
云，該經理交涉事項頗不易辦，至於其現在事務所之漢中
街房屋現有意向省黨部續租，市黨部近已不談收回，如該
處可續用，余亦可轉租其一部分，又于希禹君之處，聞將
退租，故不擬再談分租事，綜合所談各節，事務所房屋事
極為渺茫矣，又謂最近農林公司之水產公司在基隆查帳，
延聘會計師頗有報酬，此事發生在除夕，故知之已晚，但
今後知應對各方更加強聯繫，消息靈通於各項業務之發展
關係極大云。下午，同石鍾琇兄到博愛路取物資調節委員
會配售之麵粉、生油與肥皂，因麵粉為兩人三袋，故先運
至石兄寓所，將半袋傾留後，余再將其餘取回，花生油則
需用瓶裝，去時即將空瓶數支用口袋裝往，極其繁瑣，此
等事只幼年在家時為之，已廿餘年無此經驗矣。

1 月 8 日　星期日　晴
師友

　　午，李公藩兄夫婦來訪，談接其尊翁來信，家中事業諸待料理，囑其不必顧慮一切速作歸計，渠本欲除非萬不得已不願北返，現鑑於家庭之情形與大局之險惡狀態，決心計畫北返，但此間出境與香港入境手續極為繁重，且非一、二日內可以辦到，渠託余在省府方面託人接洽辦理，俾憑以再向香港領事進行簽證；李兄又云劉階平曾談及余對會計師事不肯奔走實為大誤，此事絕非可以坐待者，此言甚是，劉兄有意與一部分立法委員租船，準備將來可以於大局惡化時赴日本避難，余對此等辦法實不敢存何見地也。李德民君來訪，渠對為余助理會計師事務極有興趣，將在電力公司及其他方面作調查工作，俾知有無聘請會計顧問及查帳事務等可以委託云。

1 月 9 日　星期一　晴
師友

　　上午，到經濟部訪張景文、劉馥齋兩兄洽談促進余之會計師業務開展事宜，並託張兄詢問最近紙業公司經理被舉發舞弊一案，有無延會計師查帳之準備，關於前者張兄將與資源委員會主持之金銅礦務局及機械公司接洽，劉兄將與農林公司與工礦公司接洽，相約改日往訪工礦所屬之陶業公司工程師某君請為轉介，因該工程師與工礦總經理郭克悌有舊也，關於後者，張兄將往詢省府主計處長

紀萬德，嗣於晚間來告已與紀處長洽談，謂該案甚簡單，
目前尚不致查帳，但表示日產需要會計師查帳之事甚多，
所指當係日本與台胞合營企業之清算分析工作，張兄又託
余覓租房屋，將舉家由屏東移來台北云。到農林公司訪廖
國庥兄，談協助余之會計業務開展事，又談該公司水產公
司之基隆一單位延聘會計師查帳，渠謂並無所悉，且未報
到總公司云。到省政府訪馬兆奎兄，託為李公藩兄介紹至
警務處辦理入境出境事，又託進行余之會計顧問，據云將
進行菸酒公賣局方面，該局乃其主辦之附屬機構，馬兄又
談及其所服務之天津恆大公司董事長已腰纏赴美作寓公，
殊為可鄙云。

職務

　　上午，到財委會訪胡希汾兄不遇，僅與樊組長、王
專員談公司現狀，人心惶惶，無人主持，不謀善後，將益
渙散，在此情形之下，又聞曾董事長辭職，其他董事無人
負責，望會方切實注意，胡兄昨赴台中未返，迨回台北時
必有若干新的根據可資處理云。

1月10日　星期二　晴

師友

　　下午，到中國農民銀行訪趙葆全兄，不遇。下午，
陳長興兄來訪，談關於來台北謀事一節，主計處主計長王
曜欲調現任台灣農林公司會計長之廖國庥兄為處內歲計局
副局長，而以陳兄接其遺缺，但廖兄不肯升遷，故此事尚

在折衝中，日內或可見有分曉，又談及推廣余之會計師業
務一節，交通部會計長亦係同學朱如淦君，余託其轉商如
何承受中航公司台灣辦事處查帳事，因余已知中央航空公
司係在港變後有在此託會計師證明帳目之舉也。下午徐從
文兄來訪，談其數月來在青島及海南經商情形，現在移居
台中云。

業務

上午，到公產管理處訪王興邦處長，作業務聯繫，
據云查帳案尚有待辦者，惟報酬不多，且多在外埠，余表
示只須無特殊困難，願考慮效勞，旋為余介紹主管方面之
第四組長李君并主管股長，據云將擇最近地點為余辦理委
託，並即取來條文二份，至於會計師資格彼等將向建設廳
調查登錄情形云，至於委託情形將交換公文以代契約，並
由該處公告，現因第一批有若干會計師尚未答覆，已答覆
之水啟寧、劉廷芳兩會計師因亦未先公告，至於報酬方面
將於清算後照付，但日產處亦可墊發云。

娛樂

晚應徐從文兄之約到永樂戲院看戲，德芳偕往，戲
目為顧正秋之勘玉釧，此為荀慧生之本戲，顧伶乃青衣，
飾演實有不掩所短而又未盡所長之處，但大體尚平妥耳。

1 月 11 日　星期三　晴

師友

上午，依昨日與劉桂兄之約到經濟部訪談，據稱係

劉毓琛部長昨囑其對於台灣省府拋售物資政策與平抑物價辦法擬一要點，擬同余往訪趙蘭坪先生請指示，上午前往未遇，下午再往始晤，據趙氏意見，中央財政現在月需黃金十五萬兩之軍費，又政府稅收供政費尚不足萬餘兩，此項黃金送至台灣銀行為發行準備發出鈔票，雖非空頭而為通貨增發則一，收縮通貨之道，一為黃金儲蓄之繼續辦理，一為拋售物資，此決非根本之圖，但當前侷促一隅而財政負擔又如此重累之情形，治標實無他法，治本更無從談起，年底以前發行新台幣已半年餘，平均月增新台幣二千萬元之發行，賴售出黃金五十餘萬兩，使物價之漲勢未成惡化，新台幣發行總額以二億元為限，年底已超過此數，且正貨準備不足，幸由中央銀行撥入五萬兩，更用政府力量將各軍公機關存款強制移轉台灣銀行二千餘萬，始於公告發行總數時渡過難關，惟政府黃金有限，能維持若干時日實為問題，至於金儲與拋售物資乃金融政策，而非分配政策，外間所云黃金便宜大戶，乃至以金換貨進口充裕等見解，如台大經濟系所發表若干文章，均為不得要領之理論也，趙氏認為政府當前措施有未顧到者為走私未能嚴緝及美鈔黑市未能取締，美鈔黑市全由於奢侈品之走私，此事關係對外匯價甚鉅，政府亦有錯誤者即低利政策之施行，徒然便宜一部分廠家，浪費資金於不生產之途，且助長通貨之增發，根本上不知利率乃物價之果而非物價之因也，此項見解乃根本上不容動搖者，惜乎當政者十九不能了解、不能認識，趙氏認為當前問題只能枝節應付，

決不能根本解決，其基本原因乃台灣資源與人口決不能支持百萬左右之軍隊，此是客觀現實而非人力所能補苴云，趙氏又謂囤積居奇一節在當前政策下不足多慮，照去年下半年之經驗，凡囤貨者皆遭虧累，新年後因政府改組謠傳台銀黃金儲蓄或停止或提高牌價，致引起物價波動，現已事過境遷矣云，談竟與劉兄回經濟部會同將所談加以歸納，寫成要點，余即辭返。到信生油廠訪叢芳山兄，據云叢寓連續兩次來人調查戶口，似與張敏之太太之行蹤有關，渠刻居彰化，有高芳先師長照料，不必妄動云。

1 月 12 日　星期四　晴

師友

上午，到金華街答訪徐從文兄，知已回台中。到寧波東街訪劉振東先生，賀其新居，據談此次頂進房屋乃由中央銀行疏散所領到之補助費，又談及時局，一般人心甚恐慌，中央對特殊幹部有發給護照出國之說，似非事實云。晚，張景文兄來訪，談向金銅礦務局與工礦公司之鋼鐵機械公司方面進行聘余為會計顧問事，各該機構答覆制度上無此設置，暫不能辦云。

職務

晚，齊魯公司職員姜春華君夫婦來訪，談公司因畢、黎兩總協理赴港，公司同人惶惶無主，頗願余出面主持，對於現在代理公司職務之蘇雲章協理不無微詞，又謂蘇揚言裁員，果有其事時，望促其注意應有合理原則，不

得以好惡任意為之，關於公司現有力量，年底計算不足十萬美金，且多難銷之貨，又有一萬在香港畢、黎控制下，此間可謂甚空洞云，余答謂對公司只願在現有崗位上予以協助，並向上反映同仁之意見，並對董監事與財委會充分聯繫云。

1月13日　星期五　晴

見聞

台北市物價在逐漸漲騰，獨米有公價，數月不改，於是鄉村之米不復進城，來源減少，糧食局辦理配售，市民憑戶口名簿購買，由米店登記，但非嚴格配給，每戶每日均可買一次，乃有若干戶口逐日往買，以前本市每日銷米二千五百包，糧店均有積存，現在月銷四千五百包，若干人排隊等候，費時荒業，且有空手而回者，今日下午余帶紹中至米店，由紹中排隊等候，至薄暮而米已罄，店內云必須待至明日糧食運到始行續售，要求其今日先行登記收款，決不答應，只好明日再行設法，現在之糧食問題似非由於產量不足，而在於官價脫節，與出售方式既非拋售亦非全部配給，乃有此支離現象云。

1月14日　星期六　晴

師友

上午，到中國農民銀行訪趙葆全兄，談齊魯公司事，當前狀態為總、協理畢天德、黎超海避居香港，揚言

辭職，而又將公司事務交蘇雲章協理照料，彼等在港仍發
號施令，尤其資金調度，完全聽命港方，現在港周轉金約
萬餘美金，始終不能調回，恐在九龍之董事長曾養甫對此
事縱不指使，亦必縱容，調回實屬無望，此地有人員廿
餘，資力不過六、七萬美金，包括若干不能變現之貨物，
人心惶惶，多有請在台常務董事維持者，吾人自有隨時加
以注意之必要，趙兄則認為在此情形之下，實難有所作
為，因常董不經召集，不能有所作為，而曾養甫氏在港決
不能召集，且如果有辭職表示，恐更難為公司謀矣，公司
根本問題為礙於曾一人之情面聽其惡化腐敗至今，刻實
無能為力云，此見解實與余無異，余非不知，但此刻不
能坐視，亦望趙兄能再詳加考慮，即能有一分補益，亦
不坐視云。

1 月 15 日　星期日　晴
師友

　　下午，到羅斯福路三段訪周傳聖會計師，周君為政
校同學，據云抗戰初期曾在漢口皖省行與余晤面，惜余已
不復記憶矣，渠在此任會計師已三年，最初為辦理日產清
算業務，現在則兼有查帳與顧問等事，每兩三月一起而
已，有若干商業機構請求會計師協助者，多於談過明白原
則後即不復來，實係取巧，故執此業不能太天真，總須有
若干隱密也，渠方到之時即因清理日產而執業者，其時本
計畫組織若干會計師設一大事務所，並辦理會計學校，設

立會計用品社，但並未成功，故只以個人名義掛牌，周君
謂台北會計師業務甚清淡，商業變更登記有一千餘家，其
中只辦二百餘家，而自辦者半，渠與邦貴會計師事務所則
分辦其餘之半，完稅事則官廳並不歡迎，故亦無從開展，
欲發動業務似有兩個途徑，一為公營事業雜有民股，應發
動民股股東主張查帳，二為政府所辦民營企業貸款，應託
會計師查帳，以知其真實狀況，此兩事於公會成立後均可
以集體進行也云。到和平西路訪葉元熙股長，為友誼拜
會，渠主管日產清理處之清算股，據云此刻在辦理中之日
台合資事業清算多屬問題較多者，甚至並無數字可以稽
考，余希望能有比較易於處理者分配至余處，蓋余初始執
業，總願有完滿成績，庶可壯我聲譽也，並決定由余備一
便函致日產清算處聲明經登錄，可受委託辦理清算業務，
以作根據云。晨，叢芳山兄之世兄猛滋由馬公來台北，帶
來七弟瑤祥交衍訓之物件，並談馬公一般情形。上午，牟
尚齋兄之妹婿林君來訪，渠現任農林公司所屬畜產公司會
計室課長，在台已有數年，談該公司情形甚詳。晚，有劉
兄來訪，未留字，余與德芳均外出，似係劉桂兄。

娛樂

晚，同德芳到植物園電影製片廠看週末電影欣賞
會演出，為華納公司之出品，瓊芳登等主演「謫仙怨」
（The Constant Nymph）乃一頗為有名之文藝片，表情甚
細膩，但對話極多而片演出甚快，不能完全了解，須借助
於中文字幕，逐句有譯文，亦於正片有礙焉。

1月16日　星期一　晴

職務

　　下午，胡希汾兄來訪，談齊魯公司當前人事問題已經台中、香港兩方商決，並已由財務委員會通知公司，正在照辦內容為核准董事長曾養甫氏辭職，總、協理畢天德、黎超海辭職亦已核准，公司緊縮，由協理蘇雲章繼續維持，公司人員裁去十四人，留用八人，其名單係由蘇核定經會方同意，橡膠廠籌備人員不動，陳主委意技術人員仍應留供建廠之用，至於將來業務如何安排，尚有待於人事問題解決後再行會商，此項新體制無總經理而有協理，無董事長而未廢董事，殊為畸形，余即主張公司機構可澈底簡單化，董事可全部解聘，畢、黎在港主張董事顧問應減低待遇，乃屬洩憤作用，余則主張為公司前途打算，可不必再如此龐大也，胡兄意則不同，蓋認為曾畢、黎已去，今後局面澄清，其餘問題盼望共同解決，余又主張香港資金仍應迅速調回，胡兄謂此點包括於此次解決辦法之香港通訊處取消一點，自當謀良好解決，但余恐發給畢、黎解聘金及曾氏出國打算之用途，此萬餘美金恐將無餘也，胡兄又謂在台資金七萬餘美金，其中貨品佔五萬，現金兩萬，已由財委會先行提取保管，現將來建廠可用，至於遣散人員則照青島來台人員成例辦理，提去此款後亦免其有何奢望也云。

師友

　　上午，劉桂兄來訪，研討現行中央與台灣省之兩種

管制外匯金銀進出口辦法，及商人赴日貿易辦法等，因此
項職權在台本由省府處理，經濟部到後將會同省府處理，
劉兄於若干實務問題不盡了解也，又謂日本商人來台貿易
業已核准，如何管理亦在草擬辦法之中，劉兄為商業司代
理司長，對此等問題現正加以詳盡研究焉。下午，叢芳山
兄來訪，商談為其世兄猛滋在高雄謀一警察職務之進行方
式。下午，李公藩兄夫婦來訪，閒談，謂出境尚不十分困
難，惟赴港不易，已託人在香港進行，如港方手續辦妥，
此間英國領事簽證必無問題云。下午劉階平兄來訪，其夫
人上週六已生產，渠刻正忙於為建設廳股長張棟銘辦理發
行赴日、赴南洋辦理貿易手冊事宜，據云印二千本，印費
一千八百元，招登廣告十餘即可足敷印刷費，渠正為其張
羅廣告，託余亦為介紹一二，又關於事務所房屋，大江公
司之寫字間可無問題，但另有館前街一處似更適宜，故將
俟此地進行情形如何再為決定，至於公會籌備，正待開會
云。晚，張景文兄來訪，並同往訪李公藩託其與介紹房屋
者接洽新生南路頂房事，李兄謂將於明日先往看房再商代
價云。

1月17日　星期二　晴

職務

　　上午，到齊魯公司與蘇雲章協理談公司緊縮事，據
云已於今晨根據財委會之三點指示發表，共留職員八人，
其餘十餘人疏散，疏散費用照青島退台人員成例五個月薪

津另還鄉費美金五十元，聞被疏散人員認為不滿，下午將開會商量反對，蘇君又示余以香港虞克裕秘書與曾養甫董事長談十要點，多半為緊縮機構者，其中第十點有常董顧問薪俸停止之一項，即胡希汾兄前日所談係畢天德等所加者，但對於公司本身設總、協理三人之多，則又不提及，同時亦未知畢、黎二人如何表示離開，故此刻蘇君所辦之疏散仍為代行畢之職權，此又將如何說法，殊不可解，是則今後大計非開會再行商量不可也，余向蘇表示，此點極為切要，至於待遇一節無關宏旨，余既於公司有淵源，無論有無待遇，仍不能不熱心貢獻意見也，蘇君則認為常董待遇不應停止，余亦聽之，蓋此點只有一抄件，並無公文由財委會令發到公司也，蘇君談畢、黎、褚、何四人在港每月開支即需要美金二千元左右，褚一人待遇即近港幣千元，現畢等又報旅費，蘇兄只允支四分之一，但余恐其亦只說說而已，彼以畢、黎為主，對其他方面固多故意撇清之處也，余對蘇之兩面作風知之有素，渠將來如何尚在未知之數也。

師友

上午，到中央日報社訪周天固兄、馬星野兄，只遇周兄，談及會計師業務，周兄極允贊助，謂將轉達馬兄由該社聘余為顧問，並向工鑛公司與資源委員會等處介紹云。

1月18日　星期三　晴、夜雨

師友

　　到金門街訪劉階平兄，告以張棟銘之進口出口貿易手冊攬登齊魯公司廣告業已洽妥，當即寫一字條囑其轉交印刷店方面憑以到公司取廣告鋅版，又談事務所房屋問題，據云大江農林公司一所已無問題，但因館前路另有一所似更適宜，故須略事等候再行決定云。中午，徐嘉禾君來訪，談所服務之台北段發生捲逃問題，逃犯係經收票款之職員與現任民政廳長之子有牽連，故已破案，款亦追回大半，惟此案發生前，逃犯醞釀對保換保，正在辦理之中，現新保未妥，舊保自然未能免除責任，原保證書邊緣在換保期間似經保證人列入其他文字，現在為經手人撕去，案發後台北段追保，保人託律師函述該段有變造文書之罪，此事由徐君負責，又被拘者尚有總務課長，段長囑徐君捏證其與逃犯有關，渠未肯如此，又恐與段長有隙，再遭陷害，特與余商量，請余會同往見譚局長嶽泉，余寫字介紹前往，旋回稱在午睡且家中不談公事，將於晚間再行前往云。到土地銀行訪王文甲兄不遇。下午，張中寧兄來訪，據云對時局絕對悲觀，目前只有籌畫赴香港或日本之一途，望余亦勿猶豫，但此事頗不簡單，蓋不比國內之遷逃，在海外必須有謀生之方式，否則不能貿然前往，渠又託余代辦商人證明書件。

體質

　　數日前右眼下瞼生眼癬，未及長成，即自行消滅，

前昨兩日左眼下瞼又起，不以為意，今日更覺腫脹，乃自行處方服藥，今日共服Sulfadiazine 五片，分兩次，每次各加蘇打片一片，晚睡眠尚好，有時覺脹痛，視力略有妨礙，看書報時間不能過長。

1 月 19 日　星期四　雨

看書

讀陳果夫著「醫政漫談續編」，凡九十頁，較正編篇幅為少，但時間較晚，寫至氏出上海至台中養病時為止，其中對於中醫似極為推崇，對西醫亦重視，但於一般醫師之診斷則多微詞，認為生物化學之意味太重，對於人身之氣質區別茫無所知，乃其大缺點，所談雖不無涉及玄妙之處，但能自成一家之言，不落他人窠臼，則難得也，至本編對於醫病與醫國之引證比附，則只間或插入數語，並不十分著重，是與前編有異者也。

體質

因眼疾及天雨，只在寓靜養，今日續服消發大安靜四片、蘇打片兩片，已於下午眼皮腫消，昨夜腫最甚，晨間且有眼疵，至下午即轉好，殆係藥力發作也。

1 月 20 日　星期五　晴

師友

下午，到金華街訪石鍾琇兄，於王培五女士謀事事有所商談，認為尹樹生兄來信主張以同學數人聯名函溫子

瑞、許蓮溪兩校長請其延聘，有此必要，余並加陳粵人
兄，共備函三件，石兄簽名後，遂送張金鑑兄亦加簽。訪
張金鑑兄並談及余執行會計師業務，希望介紹推廣，張兄
將訪工鑛公司總經理郭克悌及其另一河南同鄉所設之某公
司接洽。到信義路訪賈宗復兄，暢談兩小時，賈兄為同班
同學，數年來在母校研究部服務，於世界哲學思想之變遷
多所探討，認為世界政治思想之混亂，政治壁壘之森嚴，
皆由於哲學思想之不能隨時造成影響，據賈兄之研究，英
國學派艾丁頓、亞力山大等，闡揚艾因斯坦之相對論，由
物理世界引入哲學思維，已使過去數百年來唯心唯物之辯
論成為不必要的，而英國型之社會主義之成就，與蘇聯之
與社會主義終極目的背道而馳，證明世界經濟制度之發展
尚將更有其遠景，所遺憾者吾國之政治思想仍始終在固執
與教條之支配下，無人能根據世界思想潮流否定共產黨之
政策而發揚國民黨之應具的理想，此實一悲劇耳，又據云
艾因斯坦對於原子能之貢獻最大，原子能之被發現，即由
於其初步公式E=mc2，即力等於物質速度之二次方也，
此原理被認識為正確乃近年之事，目前此等思想界之波濤
以在美國為最絢爛，渠原擬赴美研究，兩年來尚未果行，
現準備來年暑假（卅九年）放洋云，余聞今日賈兄所談，
頗多聞所未聞，乃深感日常生活束書不觀之危險，相形之
下，應知今後應如何努力發憤矣。

1 月 21 日　星期六　晴

師友

　　下午，于國霖君來訪，談擬執行會計師業務，其證書十年前業已領到，但已遺失，字號亦不記憶，經與經濟部方面接洽，可以通融辦理，即登報聲明遺失，並由會計師二人加以證明即可補發，證明人擬託余與劉階平兄為之，余即允予照辦，又談衡陽路大元行樓上可以借用為事務所，代價不致太高，此地可與余與劉兄共同使用云。王冠洲兄來訪，談現在中國地政研究所服務，該所受中國農村復興委員會之委託調查研究三七五減租之有關問題，現每日在該所辦公，所住宿舍為土地銀行宿舍，該行熟人頗多，余託其進行為會計顧問。下午，李公藩兄來訪，談由澳門轉粵漢路還鄉為一捷徑，但費用可觀，每人僅進口手續費即需美金五十元，渠人口眾多，不堪負擔，第一次船尚未開，擬俟其第一次到達後再行斟酌辦理，又聞山東大饑，地方情形並不若想像及濟南來信所傳之良好，故北返一節又甚躊躇，又談台灣政局頗多暗礁，本省人對中央要求繁多，窮於應付，此刻政府為求兩全之計頗費周章云。

1 月 22 日　星期日　晴

師友

　　上午，同德芳到羅斯福路三段訪宋志先太太之二姊，閒談，辭出後遇李先良兄，謂昨由台中來此，正擬訪余，乃中止，同往羅斯福路三段訪劉桂兄夫婦，李兄談張

敏之兄之太太在彰化生活情形，因以軍眷名義住旅館代價較低，其地距台中亦近，故甚適當，惟關於捐款事則尚未進行，因所知之友人均係避居台灣，經濟拮据，恐難能有成數也，又關於謀工作事，尹合三兄來信謂最好數同學函任校長之同學設法介紹，信本已備就，余即取出，交李、劉兩兄加簽，即將於明日寄出，辭出後到同安街訪周天固兄夫婦，又到重慶南路訪王荓青夫婦，均不遇，中午時即返寓。下午到上海路訪崔唯吾先生，閒談，關於張敏之遺屬捐款事仍在向秦紹文、劉安祺二人進行，秦意五百元，但不肯寫明，只寫一姓名，劉見秦為首，詢其若干，外人云為五百，渠亦即準備捐五百，後崔託殷君采委員轉達希望略多之意，尚未獲復云，辭出後率紹中到延平北路購物後回寓。晚，逢化文與楊天毅兩兄來訪，逢兄即在為張敏之太太進行教職之介紹信上加簽，連余及昨日兩人共有六人。楊兄印刷所之門市部仍在尋覓，渠屬意興台公司之前柜，但余不願接洽云。

1月23日　星期一　陰
師友

下午，到衡陽路三十六號大元行答訪于國霖兄，並到該行樓上看視將來借用為事務所之房屋，甚為軒敞，電話不久可即按裝，于君並介紹與經理何君晤面，但未深談，談頃與于兄回到亞洲旅社訪李彌主席，據其隨員云，已外出，不輕易在家，乃留片而返。到中山堂三樓立法院

辦公室訪韓兆岐兄，有其女同事某君謂已外出，其居住地點甚遠，但晨間必來云。上午，到南昌路訪叢芳山兄並答訪其世兄猛滋，但一則外出，一則未起，與其夫人略談後即返，中午叢兄來訪，謂油廠已全結束，明晚將酬答各方友好，被請有譚嶽泉兄，並託余寫一名片致意，希望其早到勿卻，叢兄又表示希望余能擔任公職，余對此實無興趣。

1月24日　星期二　晴曇
師友

晨，途遇傅玉甫兄，謂與楊天毅兄約定今日上午晤面，余即同往楊寓，移時楊兄始至，所談多涉時局，傅兄所服務者為空軍參謀學校，所知亦為空軍方面之事為多，但有極為駭人聽聞者，即軍人絕無信心可以保衛台灣，目前海空軍均食不得飽，衣不得暖，而有職務便利者，則可利用機會大發其財，致造成苦樂懸殊之怪現象，一旦有事，立即難免於瓦解，故目前判斷軍事如從唯武器之理論出發，仍不免蹈過去數年覆轍，其結果將完全相反也，傅兄既不能聽任失敗被俘，故對於扶桑逃難極感興趣，惜乎不知其生活狀況之真象也，談至下午一時，由余邀出午飯，地點由楊兄選定真北平，極為簡陋，但能適合一般北方人之胃口，因極便宜而尚能獲致一飽也，飯間並遇畢圃仙兄由新竹甫來，據談所聞喪氣消息有更匪夷所思者，即謂中央委員各已發給護照旅費準備前赴港澳及日美等地，

但未知此事是否太過誇張，惟就此次愛國公債攤銷對象之
特別注意出國者，似乎護照發出確為數甚多也，飯後同到
北投玄金台灣洗溫泉，余並託傅兄詢問中國航空公司有無
發生查帳之必要，以便進行聯繫，四時半余即辭出先返台
北。今日來訪余未獲晤面者有張中寧兄及劉鑑廠長等，又
有公司職員數人因被遣散條件來數次亦未晤。

交際

晚，應叢芳山兄之約在老大昌吃飯，在座凡十餘
人，各界均有之而以同鄉為多，應酬目的為信生油廠已
告結束，對於設立期間各方協助之識者表示答謝，席間
甚歡暢。

1月25日　星期三　晴

職務

上午，齊魯公司被遣散職員黃、楊、錢、林四人來
述被遣散之條件不能接受，現在係規定每人發給五個月之
遣散費與美金五十元之還鄉費，彼等要求還鄉費應加至
二百元，又在台任用人員有錢、林兩人，規定為還鄉費只
發半數，彼二人要求一體待遇云，余答覆個人對此極同
情，但如何代為轉洽，則不能不加斟酌，緣疏散辦法係財
委會與曾董事長在港商定，余以董事身分不能不向董事長
轉達，但事實上乃不可能，故只好在此向財委會做一度接
洽矣，彼等又云，此項辦法並非不可變更，因工役部分已
經於辦法公布後加增，則職員又何以不可云。晚，公司職

員姜春華君來述渠被遣散決願接受，但齊魯公司內容腐敗，上層自私，貽誤公務，且均大發其財，今在遣散費上對同人如此刻薄，心實不甘，且在滬時謂公司資產有六、七十萬美元，現在則只餘十萬不足，公司主持人不能無所交代，協理蘇雲章日以賭博為事，顢頇糊塗，畢天德、黎超海遁港不歸，亦無遣散之說，現在遣散者只待遇最低之小職員，十餘人之待遇不過彼等一、二人之收入，本末倒置，莫此為甚，此次遣散費五個月及還鄉費五十美元又加發銀元四十元，今日均已照領，但並不能認為問題均已解決，現在繼續集體要求增加，且因蘇協理有將已定之數反予減低之揚言以相威脅，故又針對提出兩項要求，一為借用公司樓上作為營業地址，一為借用中壢地產經營農業，姜君又述其對於公司之觀感，渠乃畢天德所用之人，不願批評，但對於黎、蘇兩人則認為直是革命對象，現在如繼續用此等人，不如整個結束，財委會方不致損失到底，又此次公司被遣散人員憤激不平乎普遍現象，如不能有良好解決辦法，恐將不免將彼等醜事完全揭出，公司大小笑話頗多，如經商賠錢，頂電話付款不裝，中壢木料石灰貨棄於地，百兩黃金頂破房，以及黎超海私握美金圖謀私利，均為一般同人所習知，以此等機構而又謂欲建廠自存，乃笑話也云。

師友

上午，到南海路訪徐君佩兄不遇。到劉鑑廠長處訪談不遇，旋劉與陸冠裳兄來訪，託余轉詢財委會對於公司

拒不願交之油廠零件，能否通知公司交出，余允與會方一
談，又陸兄本為橡膠廠副廠長，如公司建廠積極進行，劉
主張陸兄應加入云。下午訪張中寧兄，不遇，其夫人談赴
日事務將由中寧探詢赴帝大上學是否可行，又赴港之商人
證明余託公司代辦，今日已送到云。在張寓遇郝遇林兄，
託介紹會計師業務。訪馬兆奎、陳運生兩兄，託介紹業務
並轉洽日產清算事。

1月26日　星期四　晴

職務

　　上午，到財務委員會訪胡希汾兄，據云齊魯公司當
前要務為從速將遣散人員打發，即開始籌畫開展業務，橡
膠廠在小規模做起之原則下似乎並不需要如畢、黎等所預
算之資金數，余告以前青島橡膠廠副廠長陸冠裳對此事頗
有見地，如決定設廠，此人可以復職也，至於曾、畢、黎
諸人離公司後之重建問題，人事方面余主張不用填補方式
以強化董事會，因董事人數不足，如再加補充，徒增人事
枝節，不若仍將固有而在台灣者加以召集，董事長一席即
由趙葆全兄以常務董事代理，此舉輕而易行，且人選相
當，以之控制蘇協理最為適當，對於財委會以至各方之聯
繫亦比他人為宜，惟胡君云，前次姚監察人大海赴台中晤
陳主委，曾表示有主持公司之意，但姚氏為常監，改為董
事殊不無更張之處，陳氏尚未有所決定云，又談及關於遣
散人員之新要求一節，胡君不主張有所增加，又談及劉鑑

等租用油廠機件公司交出者不足,將呈請財委會轉公司希望予以便利,胡君對此事允屆時照辦,且認為油廠開辦後財委會仍將予以控制,其方式或即以參加資本之方式為之,又談關於人員疏散聲中,而畢、黎辭職事未見發表,胡君云兩人之辭職文件已由曾養甫董事長轉到會方,其時副主委在港不肯即批,故拖延至今未能發表,其實此事宜於迅速發表,發表後彼等即無理由可以控制公司在港資金萬餘美元,不過就鞭長莫及之現狀言之,恐雖交代亦難吐出云。

師友

上午,到台灣大學法學院訪李祥麟兄,探詢日本留學之一般情形,並在該院參觀其房舍與商品陳列館。上午,到中央日報社訪馬星野社長不遇,又為新任副社長蕭自誠道賀,並訪周天固兄,據云,該社聘余為會計顧問,馬兄原則首肯,但以前有未肯聘任聞亦有之過程,為免開罪於人,似當變換方式,至工鑛公司方面因最近其總經理郭克悌遭受攻擊,故稍緩當再進行云。下午訪劉桂兄,不遇;訪張景文兄,閒談,渠下月可移眷居台北。訪姚大海委員不遇。張中寧兄來訪不遇。

參觀

在中山堂參觀王王孫所藏書畫展覽會,明清兩代作品尚多結構甚佳者,有魏晉鍾王索靖等數家長卷則紙墨並新,且不聞於世間,真偽如何殊待考索也。

1月27日　星期五　晴
師友

上午，到華陰街訪張中寧兄，據云赴日護照須託人辦理，希望下星期二以前能交照片交渠代辦，余對此事本無興趣，但在不費金錢備而不用之原則下，亦覺不妨一試。到中山北路訪姚監察人大海，漫談公司近況，姚氏近來對公司態度積極，余前已知其原因，今日露出對曾養甫董事長不滿之表示，對畢、黎無好評，對蘇雲章認為一無所為之人，所見均極合事實，余因此般當事人均將離開公司，但決不能一走了事，應由監察人會詳查過去之帳目，姚氏謂已由財委會在查中，發現重要問題有帳內無記載之美鈔，此外弊端，余亦與之略述一二，惟對於將來公司如何改造一節則未提及，余蓋傃為不知姚氏有意於此也，姚氏又謂前數日曾電請曾養甫氏來台一行，今接復電對此點根本未有答覆，只云公司緊縮曾本人已同意，答非所問云。中午，逢化文、楊天毅兄來訪，逢兄在潮州街新頂房屋須今日與人訂約，而款不足，預定應收之款未能及時收進，本託楊兄在其印刷廠內借紙出售墊付，交易又臨時未成，迫不得已，與余洽商如何籌措，其差額近新台幣一千元，余即允予籌借，款向齊魯公司暫借，由余寫借條交逢兄著人往取，余在齊魯向不借款，現則為急人之急，破例為之。下午，李德民君來訪，余以前託其向商業職業學校借到會計書七本現因學期終了須歸還，即交李君帶回。李祥麟兄來訪，告所探詢此刻日本大學及社會一般狀態。

晚，韓華珽兄來訪，渠係成都失守前始離川來台，此次已
損失淨盡，僅以身免，家人則均早已離散四方云。

1 月 28 日　星期六　晴

師友

　　上午，同德芳到金門街訪劉階平夫婦，僅其夫人在
寓，當致送賀其生子之禮品，並閒談，另交二百七十元，
託代向永祥印書館結付印刷費，該款原聞即為此數，劉兄
可以予以折扣優待，因未知其限度，故先將原數交付，該
館印品雖佳，但交到甚遲，且開價亦高於一般也。

娛樂

　　晚，同德芳到電影製片廠看電影，片為華納出品之
「魂牽夢縈」，因到時業已開演，故西文原名未詳，攝製
技術甚高，配音略欠清晰，情節則極佳，文藝氣息十分濃
重，表情對話俱極深刻，看歌舞片如食魚肉，看此片則如
飲清茶也。

1 月 29 日　星期日　晴

師友

　　上午，張景文兄來訪，談其以前所領會計師證書，
業已遺失，將仿於國霖君之前例向經濟部補領，其手續須
有兩會計師之證明，其事託余擔任一人云，談頃即同到龍
泉街訪李青選氏，閒談政情，移時而歸。下午，由趙保荃
兄約集黨校在台同學在台灣銀行俱樂部茶會，到二十餘

人，首由數同學發動推宋志先兄將張敏之同學死事作一報告，報告畢張中寧同學等相繼發言，對申冤一點均具此心，而認為於事無補，決定從緩，救濟遺孤則當場捐起五百元，余則發言強調為其夫人速謀工作，結果由到會者全體簽名分函溫麟、許蓮溪、陳粵人三同學在其所辦之中學內設法延聘，此事討論完畢後由方青儒同學報告中央改造問題發展現況與母校在渝疏散時瓦解之慘狀，又報告最近因季塞普來華而發生之反響，聞對台灣大局頗不滿意，又中央開會於政局之分析觀察，亦徒多爭執與議論，令人氣餒云，五時散會。下午同趙葆全同學到南昌路訪譚嶽泉兄，留字。劉階平兄來訪，為索齊魯公司廣告費，余未遇。

職務

　　齊魯公司被裁職員姜春華君來訪，余告以公司遣散費於五月待遇五十美金及後加四十銀元外，已不能再有所增加，姜君亦甚了解，但謂將經營貿易希望用公司樓上房屋，余未置可否，此外渠對於蘇雲章協理仍多攻擊，尤其對於其好賭一節表示痛心，至於被裁人員善後一節，將俟虞克裕秘書回台北後再度呼籲，設仍無效，則赴台中見陳主委云。

1月30日　星期一　晴

師友

　　劉鑑廠長來談所籌備油廠所需零件中，公司不肯交

出者及藍圖，交涉尚未獲結果，此事財委會甚願協助，而
公司則態度冷淡云。馬公子弟學校教務主任陳厚德君來
訪，渠已離職，來電力公司服務。石鍾琇兄來訪，談日昨
所捐王培五女士之款，已收四百元，將匯彰化，但魏壽永
兄刻在此，決定託先帶台中云。晚，同德芳到空軍醫院訪
孫明廉大夫，德芳診察甲狀腺脹大，開來藥方，並閒談，
孫大夫於當前醫界之牟利作風深致痛惡。到華陰街訪張中
寧兄，僅其夫人在寓，約定明晨於再往訪。到博愛路訪張
景文兄，其夫人今晨由屏東移此，將來擬住經濟部買到之
房屋，現在正接洽部署中，一俟決定即行遷移云。

1 月 31 日　星期二　晴
師友

　　上午，到華陰街訪張中寧兄，余談今後計畫為請財
委會以補助出國留學，據云每年不過一千五百美元，如不
能赴美，即準備赴日，在日研究亦比國內為佳也，張兄甚
然余說，旋同到延平北路民生路僑務局訪廉君洽談赴日探
親手續，因中寧兄已辦過，故甚熟，即填中文申請書三
紙，交工本費九十元及航寄費十元，照片三張，又用英文
簽英文申請書三份，等候轉向盟軍駐日總部核復後，再向
外交部請領護照云。上午，呂明誠兄來訪，留午飯，據談
將來計畫為向民航空運公司進行工作，又正在籌備農場及
有一糖果店約請工作事，不準備積極進行，關於為余介紹
會計師業務一節，已接洽光明、萬國兩家，尚無具體結

果，又渠約余改日同赴此兩家拜會云。晚，陳厚德君來
訪，兩日來據云已與電力公司有關方面接洽，但派赴何處
工作尚未確定，又談張敏之兄案之前因後果甚詳。

家事

德芳患甲狀腺脹大，昨日就孫明廉大夫診斷處方，
今日向明華藥房配藥，計消炎片一種、柯達因一種，已
開始服用，至晚即立見減輕，又買有機碘製劑一種，尚
未服。

2 月 1 日　星期三　晴、晚雨
師友

　　上午，張中寧兄來訪，因其長女將轉學一女中，來約紹南同往該校報名，紹南現正肄業該校也。張兄則談及淡江中學亦辦理極好，謝持方兄在該校授課，曾來城訪問，而始終未能答訪，余亦同感，乃約定今日上午即到淡水訪謝兄，不料火車、汽車在十點三刻以後即全無班次，乃廢然而返。途遇溫子瑞同學，據云關於張敏之太太之教職，其所任職之學校下學期殊無法按置，但台南其他中學彼必能介紹成功，然則此一問題已有可以迎刃而解之勢矣。

2 月 2 日　星期四　陰雨
師友

　　上午，劉階平兄來訪，談公產管理處關於日台資產之清算委託會計師辦理一案正待公告，刻因墊發公費尚未陳明核准，故遲遲未辦，又談代向永祥印書館為余付印刷費，原開為二百七十元，經將零數抹去，實付二百元，又關於事務所事，渠亦準備移往衡陽路大元行與余及于國霖兄共同使用，于兄已得經濟部之批示，彼已通知其速由台中來台北，如能將該房確定租金若干，似更為妥當，至原洽大東江實業公司之樓上一節已正式作罷云。

2月3日 星期五 陰雨

師友

下午，韓華班兄來訪，為其友人之女代向紹南洽借投考應準備之書籍。下午，尹樹生兄來訪，談王培五女士謀事事已接溫子瑞兄來信，謂其本人所主持之學校並無空額，但台南有若干學校可以進行，望再聯名函台南縣長接洽，據云該縣長亦政校同學，但詳情未知云。晚，王慕曾、王振五兄弟來訪，因聞齊魯公司放出款有到期者，渠希望借入一用，託余介紹蘇雲章協理予以接洽，余即寫一名片，只抽象謂業務聯繫，未具體指明借款云。

瑣記

去年底公司酬金款千餘元不欲付之消耗，即在台灣銀行辦理儲金，每十天兌金一次，即就市出售，其差額比市息為低，但較有保障，惜第一次領取者為成色最差之中央銀行小條，第二次本有希望可取成色最高之台條，但今日起又發劣條，余第二次到期為今日，適逢其會，大為吃虧，至於第二次存入時本應為先一日，後因故未能辦竣，致遲延一日，結果將大好機會錯過，其實此等事雖完全機會，而所以如此不易把握，亦由於辦理情形不熟，致有稽延，至於今日售款後又因來客未能赴銀行即日存入，又須延至明日，不知是否攸關運氣也。

2 月 4 日　星期六　陰雨

師友

上午，孫化鵬兄來訪，據云日前來台北，係為辦理短期訓練，一週竣事，事後即回台中過年云。晚，徐從文兄來訪，據談昨日台中來此，係為接洽林產管理局包山伐木，渠認為經營利益甚大云。

家事

下午，率紹中到各學校探詢招生情形，先到國語實驗小學，據云，本月六日到十日為報名之期，刻尚未公布，又到女師附小，先詢傳達，繼入內見有廣告，亦至八日報名，再到師範附小，則知招生通告方寫就尚未張貼，見並無一年級，該校花園幽邃，布置甚勝。

2 月 5 日　星期日　陰

集會

上午，到極樂殯儀館參加劉振策追悼會，因人太多，後至者均立庭前，余未待會終即返。下午，到省黨部參加沈遵晦召集之校友茶話會，討論復校事，有主張積極進行者，有主張改為中學或補習學校者，意見紛歧而均有理由，無結論，至五時散會。

師友

晚，蔡繼善君來訪，謂齊魯經營貿易不賺錢之原因為畢天德等在港資金運用情形從不報告，有利者自肥，有損者則歸公，又有估計黎超海私產在五萬美金以上者云。

2月6日 星期一 晴

師友

　　為會計師公會事，日昨與劉階平兄約定今日下午四時分頭往訪周傳聖會計師，至時余往，詢悉劉兄未至，問周是否在寓，則應者閃爍其辭，內室則聞辟迫之聲，蓋在雀戰也，余即返，而德芳謂劉兄已至，謂與周約時謂下午無空，特來告知云。晚，逢化文兄來訪，仍在爭取齊魯公司青島疏散費，託余再與虞克裕秘書一談，虞前日方回台北，關於齊魯公司整個決策則已赴台中與陳主任委員商洽，余定於明後日訪談交換意見云。

2月7日 星期二 晴

職務

　　上午，到財務委員會訪虞克裕兄，在台中未返，與胡希汾兄晤談，胡兄謂目前畢天德、黎超海等在港究竟如何解除職務尚在未定，依虞兄之解釋，此次留用人員名單內並無畢等在內，則職務即不存在，如此可以責成其將未了事項繼續辦清，胡兄之意則否，認為彼等過去應負之責任太多，實際反成為無責任可言，今日彼等一走了之固屬不可，但不走亦了之，徒然不能耳目一新，公家更受損失，余亦同意此等見解。晚，被遣散人員姜春華及林黃兩人來繼續籲請增加遣散待遇，謂接畢天德、褚保三等人之來信，對彼等極同情，已得董事長曾養甫之同意，財委會秘書虞克裕之贊助，將由此間予以補救，其理由為所發

四十銀元在青島人員領支時相當於四十美金，現在亦應比
照辦理，又赴澳港之簽證費等自五十至一百美金，故原要
求數二百元，實不為過云，余允與虞談。

師友

　　下午，李公藩兄來訪，談對於返里事限於旅費又在
猶豫，家信則仍催返云。

2 月 8 日　星期三　雨

業務

　　上午，劉階平兄來訪，談今日下午在漢中街約會計
師數人晤談，望余參加，余下午四時往，到者尚有周傳聖
與水啟寧兩會計師，所談有兩端，一為前數日虞舜會計師
發布新聞，在彼會計師事務所登記同業準備成立公會，儼
然以領袖自居，並對於已經簽名呈請官廳准予成立公會之
數會計師置之不理，決定約集發起人六、七人後日自行在
中山堂開會籌備，會後再發新聞，則其以前所刊者即不攻
自破，此事即推水會計師負責云，又談公產管理處委託清
算日產台股事之進行步驟及應注意事項，其中水、劉及余
皆初辦，周則已辦理甚久，所談頗多值得參考。

2 月 9 日　星期四　雨

師友

　　上午，到上海路訪崔唯吾、張志安兩先生，因紹中
此次報考女師附小，競爭者多，按照習慣尚須有人情關

照，而附小校長與張氏有同學關係也，在崔寓時正值大
雨，留午飯焉，飯後崔氏談近來金融財政上之種種支離矛
盾現象，可笑而又可危，而官吏首長之不能各稱其職，實
今日重大問題也，又謂中央銀行人員在此無所事事，而待
遇豐厚，復有妄自尊大之傳統，因此情形而謂能使外間處
處得其平，自屬難能，然影響人心，則甚顯然，今日之事
與大陸以往實同也。

參觀

下午同德芳到中山堂看郎靜山攝影、繪畫及金石拓
片展覽，攝影為其主幹，多有意境，有數幅若水墨畫，取
景及採光俱佳，書畫則除郎本人外，多為其夫人及友人作
品，間亦有若干古代作品，近人之作則以伊墨卿長幅為最
佳，無一敗筆，此外則平平也。

2月10日　星期五　雨

師友

自上次到財委會訪虞右民兄不遇後，留片表示問
候，今日下午再到其所住之衡陽路興台公司訪問，仍不
在，遂返，按此次關於齊魯公司之縮減人員及未來大計，
余雖不過一常務董事，然於公仍有職權，於私則虞右民兄
乃一頗要好之友人，何以自渠上次來台以至此次再度回
台，均表示一種極其冷漠之態度，殊不可解，余近日在興
台登三樓詢問時，適所遇者即該公司之總經理祝麟，此人
在滬曾相識，現在則一若根本陌生，聞此人頗自大，故余

亦只作不識，問後即出門焉。

2 月 11 日　星期六　陰晴不定
師友

　　下午，叢芳山兄來訪閒談，據云關於介紹余為第四建築信用合作社會計顧問事，已與其理事長趙潔清、經理劉瑞甫談過，均已應允，但該社已聘過兩人，認為須略致報酬，但余認為余對此等事認為毫無關係，一聽彼方之意云。晚，逢化文兄來訪，余知其來意在詢問余是否與虞克裕秘書談過關於渠在青島任齊魯公司各廠聯合辦事處顧問事之未發待遇問題，余告以訪虞不遇，將於明晨再往，渠將於明晨將各廠長致公司公文交余先帶交虞兄一閱云，又談山東省府機構在台人員與李玉堂之綏靖總司令部因物資保管處理等問題明爭暗鬥，造成摩擦，而山東公款之不明著落者尤使人致疑於此輩人員之有無中飽，此事登載於內幕新聞刊物，醜惡情形殊屬不堪言狀云。

2 月 12 日　星期日　晴曇
業務

　　上午，在中山堂南星室舉行會計師公會籌備會，到有水啟寧、虞舜、王庸、王樹基、劉廷芳、周傳聖、馬世鑫、張震復等九人，由虞舜解釋前次新生報刊載新聞由渠辦理會員登記一事，係另一未登錄之會計師所為，渠事先絕不知情，至於此次開籌備會自當發布消息，則前次之事

自可於無形中闡明云。繼即討論進行籌備事宜，決定推五人起草會計師公會章程，提下次會議，通過草案後即進行會員登記，事務方面推定水啟寧為幹事，下次會定廿五日召集，近日開會與虞有關之會計師四、五人似為一條陣線，余與劉、周、張等則反之，頗有針鋒相對之勢，所以如此即虞自尊自大所引起也，會後又決定起草今日新聞稿，由余動筆交虞送登，但對虞之前次擅發新聞即未再提及矣。

師友

下午，在謝澄宇家舉行校友茶會，決定推九人籌備中學，又九人籌辦刊物，又七人成立經濟小組，席間對母校若干人私分外匯一萬餘元均表不滿，推人起草建議撥充辦學之用，又談時局，台灣美援不至，定海吃緊，內部政治杌隉，一切表現均無良好氣象云。

2月13日　星期一　晴曇

職務

晨，到興台公司訪虞右民兄，談齊魯公司事，渠謂陳主委意曾養甫氏辭職公司即結束，單獨辦廠，畢、黎二人不在留用人員以內，其職務自不存在，但結束應負責辦理，此期間為三個月，又如公司均辦香港台灣貿易，均花錢應酬，均吃回扣，不若合併為一，易於監督，云云，余意不同，主張齊魯若在此形式下再拖三月，人心更將失盡，不若立即解決，關於畢、黎二人之責任不應從拖延求

其形式之存在，應不問其是否此刻辭職照准，均令來台負責，余恐其不肯來，則此法又不能用，虞兄則謂其可以來，余認為此著不可失也，設彼等果來，則在港之一萬餘元美金自然可以調來台北，否則決不能望其有一文撥到，至於公司之將來，如單純設廠亦是一法，但不必先行蓋房，以爭取時間，而陸冠裳在青島時頗得人和，此人不可或少，公司能結束最佳，畢、黎不能輕易使去，以免外間責難，財委會在此等風氣之下，萬勿再辦貿易云，又談此次疏散人員待遇事，財委會方面認為不能再加，又談逄化文兄要求按照青島撤來台北人員領支待遇一事，未有結果。

業務

到公產管理處接洽委託清算案件，此次受託為兩單位，謂前曾委託王庸會計師辦理，並未答覆，故又改託，其中之一為內燃再生株式會社，工鑛處今建設廳主管，公產處自該處接收後迄今數年未知其詳，但帳冊或不至不全，須向該廳洽詢辦理，又一為醬油會社，現在為原味醬油之出品廠商，此單位並未經過接收，因某次因他案發覺該機構係屬日台合資，遂有清算之必要，但帳冊不全，尚須費一番調查工夫，又聞原味醬油方面已託律師研究責任，此律師乃公產管理處一秘書之夫人，故渠已先調卷，今日余往調彼不在處云。

師友

中午，到逄化文兄處告以此次為其齊魯各廠聯合辦

事處顧問任內待遇事，與虞克裕秘書接洽經過頗不圓滿，
並作為與德芳於其新居部署後之初次拜訪，逢兄對於此款
並未斷念，仍與余續商如何進行，余謂目前只好待殷君采
主委回台北時由渠向財委會交涉，或能有若干轉寰餘地
也。與德芳訪李公藩兄閒談，並託設法山東劃款。下午，
梁愉甫兄來訪，梁兄由新竹來查詢陳長興兄公子出亡後之
地址者。

參觀

　　到中山堂看何勇仁藏畫展，以石濤八大為多，富精
品，且有若干唐畫，頗可貴也。

2月14日　星期二　陰、下午雨

瑣記

　　數月來因物價日高，感覺入不敷出，乃辦理台灣銀
行黃金儲蓄，每月存取三次，每次售出回存，往返輒需一
整天始能辦妥，今日又為存取之日，終日未辦他事，在銀
行上午二小時，下午一小時，途中及等候公車三小時，時
間實用於浪費者最多，又此等存款所付之金，成色與市價
不成比例，大抵成色最高者，價固最高，而成色之低者則
價格降低遠過於其成色，台灣銀行平時付出以成色低者為
多，此種成色低者之市價與銀行牌價往往相差甚近，每兩
不過盈餘四、五元，較十天之市息不過二、三成而已，其
成色最高者偶有付出，不易遇到，利益則有三、四倍於成
色低者，余未遇一次，前次成色改低之第一天，係因存入

拖延一天，此次又遇行市較昨降落，則因前次存入時有客
來談天，致又晚一天，因兩次延誤，損失利益之半，故此
等事能不放過時間即較有自行伸縮之餘地，而究極言之，
最根本之原因則繫於機會也。

業務

　　下午，到中央日報社訪社長馬星野、副社長蕭自
誠、秘書周天固、總經理黎世芬，除馬兄不在外，餘均
在，關於延聘余為會計顧問事已將復文面交，並約定俟事
務所移好再登報。

2 月 15 日　星期三　雨
集會

　　上午，到師範學院出席第二次國民大會代表全體會
議，到者三百餘人，討論對李宗仁副總統提出罷免案，又
五月五日臨時代表大會籌備案等，最後開祕密會議討論向
政府請發房屋租賃費案，一般對此案興趣遠過於其他案
件，蓋有切身利害關係也，此案交涉已十餘日，發動乃由
於政府對立、監委員各有三千元之租賃費，國大方面以同
為民意代表，應有同等地位，不可厚此薄彼，乃亦發起要
求，幾經磋商，始經昨日行政院會通過，但規定手續極
繁，與立、監委之輕易致送者不同，昨日下午曾商定變
通，今日政院會議又加推翻，乃觸全體代表之怒，群起發
言決定派代表往請閻錫山院長到會說明，歷數小時後只有
國大秘書長洪蘭友與行政院副秘書長倪炯聲來報告此事解

決經過，希望即照決議辦理，今日先即填表，明日由秘書
處領款，即可分配，但一致拒絕填送，並認為必須與立
監、委相同，如政府認為發給立、監委乃是錯誤，則應向
兩院收回，則國大即不再爭，此時群情憤激，會場空氣極
為緊張，但入晚後討論對於要求與否又生歧見，一種患得
患失之意味充分表露，極其難聽，此時已再度出發晤閻，
但至夜九時尚無消息，中間洪蘭友提出先借款過年，再從
長討論租費案亦未得一致之同意，而會眾意志不集中，情
緒亦不平靜，激越言詞表露極多，經決定今夜候至代表回
來，如無十分圓滿結果，即定於明晨再行開會，會上決定
採取對政府應採之行動，余因此時大致已有結果，加以終
日只與全體分食麵包每人一個二次，滴水未飲，坐木檻在
十小時以上，十分疲倦，故即先返，今日會內發言有若干
不甚得體者，甚為可鄙，但擔任主席之女代表張希文實為
鮮有之人才，在技術上處理會場至序井然有條，而口齒清
楚，用字出語均能恰當而有吸引力，殊為不易也，今日開
會大體上尚無若何大的紛亂，此人之維持力甚大也。

2月16日　星期四　雨
集會

　　上午，到師範學院續開國大代表全體會議，首由昨
夜與閻錫山院長磋商至午夜後二時之代表及秘書長洪蘭友
報告經過，大體上為行政院會議通過之案渠不能變更，故
又提及折衷辦理，即租賃費事本日不能解決，應再行商

討，為協助解除年關困難，每人先借支生活補助費一千元，此係兩事，各不相涉，不願借者亦無關係，云云，經提出討論，意見仍復分歧，但終照此通過，並責成幹事會於一週內繼續進行房屋租賃費之交涉，原則為與立、監委相同，如能全部收回，各代表可以不領，否則應與政府周旋到底，決議後即散會，但尚有少數繼續開會，希望將借支擴充為二千元，此則因總數不敷分配，自難辦到也；下午到浦城街秘書處領取，由一時起候至四時始領到，其間代表陸續到達，室內外人山人海，幾於進出兩難，陷於人氣凍結狀態，大約此款須發至深夜始可發完，各代表擁擠等候，有類哀鴻，真可令人太息，領款時除填收據外，尚有請領租賃費表一份，一部分人以立、監委未填為理由聲言不填，但亦有若干立即填送者，此中真正癥結，一為不能比立、監委多出如許手續，二為若干獨身者或家口少者不能全數浮報多支，有其本身困難，余領取較早，然已下午四時半矣，尚有由台中、台南來者，今夜勢須因此車上過年，亦云慘矣。

職務

　　日昨齊魯公司協理蘇雲章來訪不遇，知其必有所為，今日送來公函謂奉財委會規定常董顧問薪津停支，改送夫馬費云，未附有係何人核定為數若干之語句，德芳接到後謂余不在寓，款暫存而未將收條蓋章帶回，處置甚當，異日余當有所表示也。

2月17日　星期五　雨

春節

今日為廢曆元旦，淒風苦雨，瀰漫台島，雖外間仍有不少鞭炮之聲，點綴佳節，但客中殊無興致，僅略早起身，家中概無供祖賀年等設置，兒童略分壓歲錢，以示稍有不同而已。上午，與德芳到上海路崔唯吾、張志安兩先生處，寧波東街劉振東先生處、南昌路叢芳山兄處、譚嶽泉兄處及重慶南路王荓青夫婦處分別拜年，及午即返，來拜年者，上午有鈕鈐龢，下午有譚嶽泉夫婦、李德民兄、于永之兄，寥寥數人，較之往年在青濟不可同日語矣。

2月18日　星期六　陰、有細雨

職務

十六日，即舊例除夕，齊魯公司送來公函一件，又夫馬費收據一張，新台幣一百元，余不在寓，德芳囑暫留，未在收據蓋章，昨因為元旦，未遑處理，今日將此款備私函送還，並指明其錯誤，認為董事會係對財委會負責，公司經理部分不能承轉公文，上下顛倒，體制不合，來文未便接受，夫馬費在未知係如何核定以前亦不能接受，余在公司為董事會主任秘書常董而支待遇，因此向來以特殊常董自居，余雖正請辭在公司一切職務，但未解職以前，公司不能停給余之固有待遇，此點請注意，余於取予向不苟且，應得者亦決不放棄也；另函虞克裕秘書大意相同，最後另加一段為畢、黎等目無董事會，渠等擅棄職

守，避居異域，未聞自請議處，反僭越分際，謀於無形中將董會組織人事一筆勾消，余在職責上不能不予揭穿云，以上兩信，似為余待遇，實則爭身分，更糾正彼等平時藐視董事會之心理也；關於公司以後問題，余正開始草擬上陳主委一函，列舉所見，共計七點，一為電飭畢天德、黎超海等即來台北辦理移交，二為公司過去帳目應由董、監兩會澈底清查，三為今後不准再營貿易，過去未經核准擅營貿易，應澈查盈虧情形，並責令賠償公司蒙受之損失，四為公司在港資金應如數調回，違則以侵佔論處，五為管理、技術二者並重為今後建廠之最要原則，陸冠裳副廠長應起用，六為廠址應購買或租用，俾早有出品，七為推薦公司主持人由趙葆全常董擔任，最後表示以供職兩年殊無善狀，請准予辭去常董之職云，此信尚未定稿，但大意當無出入云。

交際

今日倦極，未外出拜年，來拜年者有李公藩夫婦、馬麗珊女士、叢芳山兄、樊中天兄等。

2月19日　星期日　陰

交際

上午，同德芳到以下各家拜年：一為李公藩兄夫婦，二為張中寧兄夫婦，三為宋志先兄夫婦。下午余獨往以下各家拜年：一為虞克裕兄，未遇，留片，並將昨日備函面留，二為張景文兄，至則已由博愛路遷居，三為樊中天

兄，因渠係財委會人，故談公司情形甚詳，余並說明在公
司待遇不應停止事，四為王文甲兄，不遇，五為李祥麟
兄，至始知已移居，六為劉桂兄，渠在寓為方城戰，略坐
即返。今日來拜年未遇者有劉桂、徐嘉禾、王振伍諸兄，
又來而詳談者有蘇曾覺、蔡濟善兩兄，余將對於公司之見
解向其詳談，並知余之停薪事蔡君亦為不解也。

2月20日　星期一　陰雨

師友

上午，張中寧兄來答拜新年，詳談今後時局惡化應
有準備，彼對於赴香港一節業已決定，且負有就地指揮湘
西武力之任務，故其費用係取之於公，張兄並力勸余不可
在台久留，余亦甚然其說，而無此資力，且到港後何以為
生，亦不簡單，故躊躇不能決定，余之目標在向財委會請
求准由公司補助出國求學，因公司內高級人員未出國者甚
少，無人可以援例也，所成問題者為目前陳主委政治環境
不利，是否有其他顧慮，則不得而知，張兄看法亦相同，
但仍照進行，準備先由張兄備函代余申述，然後同到台中
面請，不問成功失敗云。

職務

齊魯公司蘇雲章協理來訪，謂已接余信，關於待遇
與夫馬費兩問題，曾與財委會談過，現擬俟虞右民秘書明
後日由台中返時再行商量決定，余即表示余之堅定立場，
認為畢、黎等逍遙異地，且提出停止董事待遇以對付余，

余決予打擊者以打擊，對公司今後事態發展，決採積極態度，至於主任秘書待遇絕不放棄，並詢蘇有無知悉畢等在港繼續支用公家開支之事實，蘇只謂決不容許，余即問何人有權使其不開支，款在彼等之手，空言可以止盜乎，彼始無詞以對，余又告以將向中央建議，畢、黎等決不能一走了之，交代不清決不令其逍遙，此意即警告蘇不可貿然接收，否則彼之責任甚大也。

交際

　　下午，外出拜年，計到于永之兄處答拜，渠在家做鞋為生，而情緒甚安，嘆為不易，又訪李公藩兄談託人撥款到濟事，據云呂君行期未定，暫時未能代收款項，又到連雲街訪李祥麟兄之新寓，詢悉已出發旅行，週後始能歸來，最後到張金鑑兄處，值於途。

2 月 21 日　星期二　晴、夜雨

師友

　　午，陳長興兄來訪，今晨由新竹來，係為領國代生活補助費預支，今日下午即回新竹，據談日前謀接農林公司會計處長，因廖國麻兄不肯調遷而罷，刻間尚無其他機會，正謀設法在事業機關謀一職務云。晚，逢化文與楊天毅兩兄來訪，所談皆山東人在台北種種怪異現象，頗多離奇之事，又談楊兄所營印刷廠正在準備後日開工，電力業已按裝，開工後並將會同正中書局向台灣銀行接洽工業貸款，彼時即可推廣業務，且可在鬧市設立營業機構，目前

則只好就較大生意接受若干，門市暫不承做云。

2月22日　星期三　雨

公益

　　上午，到中山北路參加山東輔導漁農生產基金保管委員會第一次會議，此會議包括委員九人，今日到者八人，討論最近由漁業善後物資內提撥之三十萬元新台幣如何保值，此款乃由約值一百萬元之善後物資內提出漁農各二成，已處理者撥出三十萬元，刻存於彰化商業銀行，利息甚為微薄，經研討結果認為買黃金手續極繁，且未必有大利益，不如買紗放紗，既能保值，復有利益，乃推余與孫伯棠、宋延平三人調查詳情後，召集臨時會議決定辦理，嗣復將會之主任委員推定由孫伯棠擔任，副主委由許揆一擔任，有人提議設副者二人由余擔任其一，經余力辭，始未成議，此等事涉及公益，既不能不參與其事，亦不能不格外審慎，故最後由余提出必須推定專負稽核責任之人，隨時檢查帳目，調查內容，亦經一致通過云。

師友

　　日昨與張中寧兄提及向財委會陳主委請求由齊魯公司資送余赴美留學事，張兄將代余寫信請示，但須由余起稿，余昨晚草就，今日下午訪張兄商定再加潤色，當即定稿，隨由張兄立即繕清，由余攜歸，明日即當付郵，此事咸認為合理要求云。

2 月 23 日　星期四　陰、微雨

交際

　　上午，逢化文兄來訪，談因看報知沈遵晦同學之子夭亡，刊有訃聞，即決定同往新生南路其寓所弔唁，時已近午，始於細雨泥濘中摸索尋到，不料其閽者竟謂不在家，乃留片而返，彼既不接見弔者，實勿須登報也。今日余未在寓而來拜年者有劉振東先生夫婦、姜春華君夫婦，又石鍾琇兄。到武昌街水啟寧會計師事務所答拜新年，不在，留片示意。

業務

　　下午，到公產管理處接洽委託清算案件，該處已將醬油會社一處之文卷帳冊備好，待余往取，即於今日取來，至於內燃再生會社一件則尚須待原接收機關有所表示，始可開始，該接收機關本為工鑛處，現為建廳，但不知歸何部門何人主管，尚待探詢。

職務

　　下午，前齊魯公司麵粉廠廠長劉鑑來談在此籌備搾油廠因公司租用之機件未能完全點交，乃發生特殊困難，進退維谷，繼談對於公司畢、黎兩人遠遁香港欲一紙辭呈了事，決不應使其如此便宜，公司在台同人將舉發其弊端，向財委會及中央監察會請求究辦，聞中監會方面對於此類事件極為注意，劉君與王潤生委員曾詳談云。

2月24日　星期五　陰、微雨
師友

　　上午，到金華街訪石鍾琇兄，答拜新年，並轉去王培五女士告已與屏東三中洽妥教職之來信。

看書

　　讀梁實秋著「雅舍小品」，包括小品文三十餘篇，多已發表於抗戰期間之星期評論與勝利後之世紀評論，多就人生種種情味與社會種種形相加以刻劃，讀後苦辣酸甜，可謂鞭辟入裡，其描摹各種習然不察之人情世故，平時每不自覺，經作者點明則不免令人啞然失笑，綜觀此三十餘篇文字，多得力於作者靈敏之觀察與尖辣流暢之筆觸。

2月25日　星期六　晴
師友

　　上午，李公藩兄來訪，談因回魯旅費太重，故趦趄其行，渠認為縱台灣有事，甚至解放，亦決不致使流亡此地者無生存餘地，其不急切也亦以此；又談及地下金融活動者之業務頗廣泛而有利，存放固不必言，即匯兌利益亦大，台港間商人匯兌均係原幣對交，目前港幣對台幣為1比1.54，黃金則由台調港申二成左右，故若在此接受台幣，在港付港幣，另在此套進黃金調港，換成港幣，轉手之間，利益至大，所成問題者為此等活動不受法律之保障，結果有無意外損失，不能不慮及耳。上午，劉階平、于國霖兩兄來訪，談事務所房屋正在整理，于兄會計師證

書業已補領收到，定後日到建廳辦理登錄，屆時余表示亦願一同前往。下午，到南陽街訪呂明誠兄，談其半年前所介紹之女傭今日已決定不幹，望著人與其說明，倘無必須離去之理由，即不必多此一舉，後聞德芳云，呂兄派人來過並無效果云。

業務

　　下午出席會計師公會第二次籌備會，由余主席，討論劉階平會計師等五人所草擬之公會章程草案，頗為精細，定稿後即作為提成立大會之重要文件，關於會員資格有一待解釋之問題，即會計師法規定會計師登錄後應加入公會始可執行業務，同時又規定建設廳會計師名簿登記要項，內容乃根據登錄申請所填報者，其中有一項為加入公會年月日及號數，準此則又似可以不登錄而入公會，因此點關係登記會員資格至鉅，不能了草，經決定推一會計師向主管官署探詢，至於會員登記辦法定於下星期六再度集會商定，又決定大會召開日期為下月二十六日，地點為中山堂，推劉階平向該堂管理方面洽定，今日各會員又各預墊籌備費五十元，今日茶點由虞舜會計師招待。

2 月 26 日　星期日　陰

師友

　　上午，夏忠羣兄來訪，談下午會同召集黨校同學茶會應準備事項，決定茶點用費以八十元為度，召集人四人均攤云。中午，逢化文兄約在其寓所便飯，在座尚有殷君

采、張景月、何冰如、楊天毅諸兄，亦只閒談。下午，在
興台公司與夏忠羣、邱有珍、陳康和四人會同召集在台黨
校同學茶會，所談仍為以前所籌畫之辦學校、辦刊物，及
召集一經濟小組等事，補充參加人數，具體事項則殊尟著
手者，會間有人謂吾同學均能在社會有長足進展及優良表
現，何以集體行動反不能有所成就，其原因值得探討，即
有人謂梅、程、荀尚均各有號召力，如四人同台演出，反
不易排定戲碼矣，博得哄堂大笑。前麵粉廠經理劉鑑又
來談關於清算畢天德、黎超海之一切罪行，已在蒐羅證
據，技術上應暫時不露聲色，設法將此兩人誘來台北，
如果然能來，即行發動，如不能來亦應設法制止其出港
再行遠逃云。

2月27日　星期一　陰
職務

上午，到和平西路訪齊魯董事兼顧問吳風清，不
值，即至其對門訪孫典忱與牟尚齋兄，旋吳兄即至，因談
關於齊魯公司事，渠認為畢、黎二人赴港即欲一走了之，
未免太過便宜，應徹底研究辦法使其來台北，然後課以法
律責任，令不得去，其方式為對外務從和緩方面著手，以
免打草驚蛇，又吳兄主張此地應速召開董事會，研究公司
財務狀況，並召畢、黎來此開會報告，以此項方式使來
乃最自然不過者，余亦然其說，決定即以兼秘書身分先
行聯繫。

師友

　　下午到大元行訪林鳴九兄與于國霖兄，林不在，于兄由余偕赴建設廳訪張棟明股長洽辦會計師登錄手續，余並詢問所辦清算案之工鑛處接收單位內應向何方接洽辦理。

2 月 28 日　星期二　陰
師友

　　上午，到逄化文兄寓與殷君采主委談齊魯公司問題，殷氏再三說明去夏在青時公司各廠成立聯合辦事處，對付畢、黎棄職意味雖極充分，但決無對抗中央之意，今畢、黎又故事重演，避港不歸，自不能默爾而息，因即研究殷氏對此事之基本態度，咸以為應在維護中央之一貫原則下向財委會力持必須撤換整頓並追究責任，否則魯青黨務人員如再有滋鬧不平之事，渠無法遏止到底，蓋現在對畢、黎乃一紀綱問題，會方不可再優柔也。

3月1日　星期三　晴
職務

上午，到齊魯公司與蘇雲章協理詢問余之待遇問題，蘇云前日與財委會秘書虞克裕曾晤面，但欲談此事而未果，余即重申余之立場，應支之待遇絕不放棄，若蘇能認識此點之合法性，應無與財委會商量之必要，否則請先借款使用，結果蘇採取第二種方式，余即照借，其數且超過應支待遇，殊不知其何所為而固執己見也，嗣將董事會文件加以檢查，見青島部分完全無缺，而上海、廣州兩階段則無之，又蘇於無意中將公司在台代辦董事會卷一宗交余，余見其中完全為公司與董事會之往返文件，擬稿者多屬一人，董會者甚至多無人判行即發，余以主任秘書之立場，對此等雙簧作風將於開會時提出糾正也。下午，吳風清董事來訪，談對於齊魯公司之目前狀態，在董事立場決不能默爾而息，因商量合理合法方式，認為多數董事既均已在台，董事會復年餘未開，應由在台董事聯名請曾養甫董事長召集開會，檢討去年業務並決定未來方針，所不能解決者即如曾氏表示不來，應如何進一步行動，則尚無結論也。

3月2日　星期四　晴
職務

上午，再到齊魯公司檢卷，並將歷年董事會會議紀錄分別尋出，尚屬完整無缺，又將此地公司代董事會辦出

之文稿詳加檢閱，種種不合法不合理之發文極多，且不無曲解之處，例如香港成立聯繫機構係去夏常董會在廣州通過者，決議案謂係推銷在粵未銷完之成品及採辦台北建廠物料，並無所謂開展埠際貿易之字樣，但最近公司奉董會函依據常董會決議，飭即成立港處推動埠際貿易，即屬故意曲解，均可哂也。上午，訪吳風清董事，談公司章程所定之董事會召集程序並不具體，但咸認為有若干董事之提請，在法理上自有召集之必要，故此點應即準備發動各董事，吳兄又談及其顧問待遇停止一節，詢余係何項經過，余即據實告之，並謂已表示不能承認，渠認為其顧問係董會聘任，向有待遇，在未按合法手續解聘以前亦不應停止云。

集會

接請柬於下午四時參加總統府招待會於中山堂光復廳，昨日復行視事之蔣總統夫婦到會宣布國政四要點，講畢即去，頗有謂此次復職在憲法上頗有問題云。

3月3日　星期五　晴

職務

為齊魯公司善後事，吳風清董事堅主召開董事會，但召集之權在董事長曾養甫，故主由董事數人電請曾氏及總經理畢天德來台召集開會，余與其他董事將先行交換意見，本日下午往訪趙葆全兄，值其正擬外出，余即扼要提起此事，趙兄意見相反，認為曾氏不召集開會只可聽之，

吾等目前如有所主張即等於攬進責任，譬如去電後曾不肯
來，畢亦不肯來，二人委託余等召集，豈非徒增麻煩，無
裨實際，旋再往訪汪茂慶兄，渠亦係董事，認為齊魯既已
被曾養甫及畢、黎二人斷送百分之九十九，今日何必為此
百分之一再認真研究，曾既負責到底，吾等何必多事，目
前黨政各機關此等事多矣，從未聞能有改善糾正而收效果
者，故吾人大可不管也，云云，二人之見解其實亦即余在
齊魯兩年來之見解，但余數日來因感於公道是非之重要，
對開會一節頗有天真想法，不料開始徵求同意即已橫生阻
力也，國民黨政府下而欲為整頓風氣保障公款而仗義執
言，當然不能引起同情，或且為人目為另有作用，人人知
此，所以各色人等皆以泄沓為尚也。

3月4日　星期六　晴
業務

下午，在漢中街舉行會計師公會籌備會，據報告建
設廳主管科意思會計師公會會員應依法以在建廳登錄者為
限，但仍有若干會計師認為應不以登錄者為限，請列舉理
由請准予擴大範圍，原則上仍訂於二十六日開成立大會，
在此日以前希望能得到建廳回文，當即如此決定，聞主張
此議者均有登錄尚未完成之合作會計師，其動機完全出於
私心云。晚，在劉階平兄寓所與于國霖兄共三人商量衡陽
路事務所問題，決定俟于兄日內往台中回台北後即行布
置，劉兄近來接收案件有公司登記案件係轉託水啟寧會計

師辦理，公產管理處查帳案件則交李秉超等代辦，李因任公職不能出面，故在暗中經營，是劉兄之會計師業務完全有類捐客，居間分潤介費，其本人則完全拉攏奔走而已。

職務

晚，趙葆全兄來訪，談齊魯公司陷於主持無人之境。余等為常務董事，雖責無旁貸，而合法而自然之過問方式竟不可得，目前如希望畢等回台則只能由財委會發動或同人發動，董會因有董事長在九龍，反無法主張云。遇裴鳴宇議長，對齊魯公司極關心。

3 月 5 日　星期日　晴

師友

晚，張中寧兄來訪，面交陳主委覆信，關於余出國留學事，謂目前不易，且齊魯為各方注目，亦不便如此做也云，此項答覆為余所料到，目前中央事如少數人巧取豪奪將百萬事業化為泡影則任其所為，無人干涉，而合理要求則反多無法實現，或且貽人以不識時務與技術拙劣之譏，可為浩嘆也；又談渠日內即赴港，由財委會籌到新台幣五千元，又其軍事方面補貼可以轉手兩千美金之數，此款將調港，託余設法，余允將轉託友人代為接洽云。

游覽

下午，同德芳到新北投沐浴溫泉，此為忙裡偷閒之舉，因若非星期日，長、次兩女上學，三、四兩女則幼小，絕對無法出門，但今日則火車及北投浴室均十分擁

擠，插足不易。

3月6日 星期一 晴
家事

紹中入女師附屬小學，今日始正式上課，且只上課半日，布告排定本週為下午班，余下午送其到校，將教室尋到後留其在校，余即外出辦他事，至下午五時又往接回，但詢其有未上課，結果仍未，即書籍簿冊亦未發出，而家長在外等候者約有數百人，亦特殊情形也。

師友

上午，到和平東路訪李公藩兄，託為張中寧兄設法調款至港，據云須先設法探詢，但此等人乃係經營地下錢莊者，法律上未可完全信賴，風險堪虞，非知其底細者，不能輕於信託云。

3月7日 星期二 晴
職務

上午，訪吳風清兄，談各董事對於請曾董事長召開董事會事均表示不願多事之態度，殊感此事無從下手，但趙葆全兄認為應請財委會表示堅定態度，余將與會方虞佑民秘書商談，吳兄並主先與姚大海監察人一談，如渠欲再度發動，亦可請其領導云。下午，到財委會訪虞右民秘書，適見齊魯公司送核之預算表，已由會方核減至每月一萬八千餘元，其中董監會經費列夫馬費共一千元，秘書已

無，余與談在公司待遇問題，表示非必須幹此秘書不可，余已函台中辭職，但余職務目前尚在，常董薪津停止之議並不適用於主秘，主秘乃事務性，如認為須裁編，應照職員例辦理，余並不因有董事身分而放棄事務職之待遇，虞云須由董事長解決，望逕函，余立斥其謬，因公司停余待遇乃由財委會來文辦理者，虞始又改將與蘇雲章協理談商，今日事余殊不快，因虞完全官僚作風，不能實事求是，反自以為事事合乎法理，又談公司事，據云已電復畢、黎准辭，但須交代清楚，此電係致曾養甫董事長者，曾之辭尚須有待，虞又云，目前設非蘇雲章不允代畢、黎辦交代，殊無理由強其必來，如各方責難並認為畢、黎有弊者不能先行提出證據，財委會決不能嚴令彼等回台，余之看法則反之，認為必須彼等先返，檢舉者始能提證據，因彼等一警覺，更絕無來台希望，虞之觀念在財委會公事公辦之立場上自屬正確，但在欲檢舉畢、黎者則不能不先考慮是否不致虛發，如發作後彼等望風而遁，或甚至仍如過去若干時之一味以曾養甫為擋箭牌，今日仍將無此等願意多事之人也，彼之看法完全為形式主義，殊不足取也。
師友

　　晚，劉桂兄來訪，託為其弟證明已領會計師證書遺失，以便向經濟部請領。晚，逢化文兄來訪，談渠託殷君采主委向虞右民秘書交涉請准齊魯公司發給渠在青島各廠聯合辦事處應聘顧問之應得遣散費事並無結果，明日將再與殷君采主委晤面，商進一步進行方式，余以為虞事甚難

辦，因渠徒知重形式而不明權變也。

3月8日 星期三 晴

公益

下午到中山北路出席山東省輔導漁農基金保管委員會，通過組織規程，並決定推動漁業、農業組織之成立，關於漁業者推委員三人參加召集各縣漁民代表開會，聽取意見，關於農業者將先與農業復興委員會方面有關人員交換意見，計劃辦理墾殖，在此兩項事業尚未開始經營以前，基金已先購到棉紗，為免於呆滯，決定放紗收紗，作為孳息，又其對象限於本省人之經營紡織業者，期限以一個月至三個月為度，並有保證人與抵押品。

3月9日 星期四 陰

師友

下午，到金門街訪劉階平兄，託為劉桂兄之弟奉一蓋章證明其所領之會計師證書遺失，以便申請經濟部再發，當即照辦，由余會同簽蓋，劉兄又談公產管理處對於清算之會計師公費已自行改定，不按資產總數計算，而只按固定資產計算，但又為數太少，今日渠往訪，據云又將照改後之數加十倍云。訪劉桂兄不遇，所辦其弟之證明書交傳達。訪張景文兄不遇。李公藩兄夫婦來訪，據云北返之期又無限延展，又將綢繆經營之道。

3月10日　星期五　微雨

業務

　　上午，到建設廳由張股長訪方股長查詢余所承辦之台北內燃再生株式會社清算案帳簿何在，據云接公產管理處來函後即轉知原接收人查復，頃接復文謂該社已經標賣結束，文卷現金等均已送公產管理處之前身日產清理處保管云，然則余一月來等候建廳送帳簿來此，現悉已不可能矣。訪交通銀行辦事處侯銘恩兄，渠將開設一蜀餘企業公司，商定聘余為會計顧問。到第四建築信用合作社訪劉瑞甫經理，閒談。到農林公司水產分公司訪李秉超主任，擬談日產清算案件辦理情形，不值，留片而返。

3月11日　星期六　陰、有微雨

業務

　　上午，到公產管理處接洽兩清算單位，關於內燃再生株式會社因帳簿不在建廳，乃由該處重查，但仍無確切著落，似乎接收前之帳簿仍在原接收人員處，其所繳到公產管理處者乃監理時期之收支紀錄云，關於醬油株式會社，因原股東代表地點不明，至今尚無帳簿可考，將先由余調查其地點再行追索，至於公費預支事，前者因係已經處理之機構，將如何辦理，尚須核酌補救，且帳簿尚無數目可考，後者則根據卷查該機構呈報之資產負債數先行借支，至於資產內容則應以將來能確實掌握者為限，故偏重於不動產之類云。

師友

　　晚，到劉階平兄寓所相訪，不遇。晚，到興台公司
參加趙葆全、夏忠羣兩兄召集之同學經濟小組談話會，
決定先行調查是否可以成立信用合作社，以作經濟活動
中心。

3月12日　星期日　晴

公益

　　晨，鹿港復興東織染廠陳冠一君來訪，為渠以前曾
為接洽爭取山東漁業物資墊付旅運費等不少，迄未歸墊，
請求數次，物資保管處理委員會表示可以若干款項存其廠
內以作報酬，但亦並未照辦，現在決定放紗收紗，渠頗欲
將此部分棉紗一百四十件整個借入，負責分放機戶，彼出
利息四十分之一，轉手放出則略高，會內可以省卻若干調
查及放收手續，余表示可以略加贊助，但希望向其他委員
亦有所解釋，渠又談此項漁業物資轉手時頗有弊端，確切
無疑云。

交際

　　下午，到省黨部參加方青儒等四人召集之黨校同學
茶會，余到時已將散，只聞張金鑑同學報告此次立法院對
陳誠組閣行使同意權前後之種種曲折及對於立法院內容情
形之分析，最後談及新內閣內有余井塘、程天放二氏分長
內政、教育，在座同學無正式工作者，應請求參加工作，
當推定五人前往代表道賀，並希望各志願同學於今晚以前

填片送交彙轉云。到中央日報社為該社遷台一週年及新屋重建落成一周年紀念道賀。到金山街為余井塘氏道賀，不遇，留片，同去者尚有翁禮維、劉桂、逢化文等三同學。

師友

下午，到上海路訪崔唯吾先生，因財政部易長，崔氏云已決定擺脫錢幣司，立法院已經遞補委員，即決定前往報到，又談當前中央與台省財政問題，認為台省當局得中央之協助太多，而將此功據為己有，殊欠妥允，前次中央將集中外匯，台灣銀行實無外匯而公開表示不就範圍，均極過火云。下午，訪劉巨全女士於金山街，據談監察院推數委員調查國家行局，渠亦參加，所獲內容極為駭人，以中央銀行為最不堪，聞劉攻芸及其所屬之林崇墉等在滬移交共產黨之財產、黃金、銀元、美鈔、物資等，數目龐大不敢相信，共產黨政府稱為光榮接收，其次為郵匯局亦紊亂不堪，比較問題大者為交通與農民兩行，故渠認為黨員比非黨員尚勝一籌。李德民君來訪不遇。

3 月 13 日　星期一　晴

師友

上午，李公藩兄來訪，據云仍將在台從事商業經營，因回魯一事仍認為極不妥當，李兄謂新近有由濟南經過香港來台者，認為共區內謀生方法太為不易，且在交通孔道之處，仍屬賄賂公行，與國民政府統治時大同小異，並無何等新氣象之可言，渠聞知此等情形，仍不

願作歸計云。

業務

　　受公產管理處委託清算日台合資企業之案件之一為台北州醬油株式會社，因資料不全，尚未正式進行，前日到處接洽，認為可以先根據片段數字支用公費一部，今日乃就已有資料加以研究，該會社在勝利後兩年，曾造具資產負債表呈送政府，此項報表所列之資產較之實際自然有少無多，若據此先支公費，在公事上自然說得過去，惟據該處主管人員云，公費計算雖照資產總額為之，但以能變價之資產為限，換言之即以稍帶固定性可把握者為限，其中自然不無可以伸縮之處，此會社資產內前期及本期損失數字佔全部資產之小半，同時其房產已經盜賣，資產內並未列有固定資產，因而可以推定其為隱藏性之數目，故余加以註釋，對此數目不予承認，亦即作為算公費之資金云。

3月14日　星期二　晴

師友

　　上午，到社會處訪牟乃竑兄，閒談，因黨營事業之漆黑一團，談及唯一未受戰事損失之興台公司，謂其印刷廠對外營業所收價值與對內報帳為兩事，經手人完全中飽，又其董事長洪陸東以自身放款所遭呆帳四萬餘元移轉為公司所放，總經理祝麟與洪之女兒結婚，有此姻親關係於是打成一片，現祝夫婦均已辦妥出國護照，據聞以上各

情陳主委非不知之云。

業務

　　上午到公產管理處接洽清算案內台北州醬油株式會社一件之公費，余由劉階平兄已經預支一單位之公費計算方法卷內得悉其底蘊，又據李兆聯組長云，不足五百元者可以補救照加，已足五百元者即仍照定章計算，惟所包括之資產究應何所抉擇，余認為大有出入，固不能完全視其固定資產若干即作為根據，談後余將公函留送。

公益

　　上午，出席山東省漁農輔導生產基金保管委員會，其中關於基金保值一節，放紗辦法又有修正，即以五家連環保證為原則，利率改為每件每月一小包，亦即四十分之一，在放紗時預扣，借約即不提及利息，又談委員交通費問題，未有結論，仍不支領。

3 月 15 日　星期三　晴

師友

　　上午，前濟南市長北平市政府總務長張緘三兄來訪，談本住高雄，現為向內政部謀事，暫來台北，談其在平與趙翔林君發生衝突事甚詳，謂趙在北平市銀行任內放款私收暗息自肥，駭人聽聞，余託其在高雄一帶介紹會計師業務，午飯後去。下午，到臨沂街訪王慕曾兄及其弟振伍，不值，僅慕曾在家，余託其轉達介弟，請為余在基隆方面進行徵聘會計顧問，以前曾面談一次，未有具體結

果，此次能有積極表現則佳矣。

3月16日　星期四　晴
起居

近來因家無女傭，凡事由余與德芳自任之，余所任者不過晨起之灑掃，有時抱持嬰兒，較之德芳親任炊事、洗滌、育嬰等事，自屬不及遠甚，但因時間不能自行控制，致每日全為此等瑣事所佔，近又每日送紹中上學，有時到市場買菜，欲求一完整沉靜之時間，實為不易，晚間余多半不出門，到台後應酬亦可謂絕無，但因晨起太早，則就寢不能過遲，且書桌為紹南溫習功課佔用，余欲工作往往因不能攤開而作罷也。

3月17日　星期五　晴
看書

讀俞子夷著「電的常識」，此書為一極簡單之常識讀物，其內容當不逾中學物理學內電學部分之所包含，但余覺新鮮有味，尤其對日常事務多有瞭解，足見以前讀書皆已隨時間而遺忘，至遺忘之原因為讀時印象之淺薄，印象所以淺薄即因對於日常生活未生關係，遂不免過目即忘也，余於此深體古人所謂「溫故知新」之深刻含意，非真能知新也，實因經過一番事業之印證，遂對已知者有新的瞭解也。

3 月 18 日　星期六　晴

業務

　　下午，到公產管理處接洽受託清算日台合資兩單位清算事，其一為內燃機再生株式會社，該處本轉函建設廳送帳冊至余之事務所，余至建設廳查詢時，知該廳轉原接收人現任第七機械廠長林松濤檢送，該員則呈復已於卅六年標賣時將該廠交得標人徐東海接管，並將帳冊送公產管理處，公產管理處則查明其所送帳冊實為其接收監理時期者，而該會社接收時之原帳冊則刻在何處，尚無從得知，將先仍會該接收人呈繳，至於此單位已否標賣，則據公產管理處查其所有資料均無記載，惟原呈既說明有得標人，則決不致為虛構，具見其中登記處理有脫節之處，尚在續查之中，如果已經標賣，依據處理慣例係不委託會計師清算，而由該處自行辦理，其原因為已標賣所得價款均繳存台灣銀行，該時舊台幣縱有千百萬，打成新台幣最多數十元、數百元，甚至數元，再按百分之五算給公費，乃不可想像之事，此案如查明確已標賣，恐亦將收回自辦矣，第二為台北州醬油株式會社，余根據卅六年該會新呈報之資產負債情形要求預支公費，文係四天前交該處，但經辦之葉股長未見，經在組長處查出，詳加研究，余初意其資產有一百卅餘萬，除去未收資本外尚有一百萬舊台幣，但葉君認為應只算有形之資金，只數萬元，經再三折衝，加入計算者假定為四十萬，假定物價指數至去年改幣為一千倍，去年至今為二倍，合新台幣為二萬元，則公費為八百

元，將先預支半數為四百元，於三數日內領取之，費時二小時始將此事說妥，余於此事所獲印象極不佳，蓋其中討價還價有類商賈，主辦人又夾雜公務員腦筋，認為三數百元已經不少，故多方設法使此項預支數限於三、五百元，殊令人不快之甚也。

3月19日　星期日　晴、下午小雨
師友

下午，逢化文兄來訪，談其買省府交際科之米，已將原售人訪尋接洽，可以再送，但余因無款，故請轉達俟三數日後再行送來，因談及此項經濟狀況，逢兄頗覺以前欠余之款至今歸還無期而感覺抱愧，渠借余之款已有月餘，當時係余由齊魯公司借來，而余在該公司之待遇已兩月未送也。下午，到成都路訪王文甲兄夫婦，德芳同往，未遇。同德芳到永康街訪朱佛定夫婦，朱氏係在皖時之省府秘書長，已數年未晤，談及時局渠殊無樂觀成分，又渠係隨陳主席一同交卸，對於當時省府之改組使當時有若干事功無從實現，深為扼腕，余極稱道其民廳任內三七五減租之成功，渠似當仁不讓。

3月20日　星期一　晴
師友

上午，李公藩兄來訪，談已將北返之計打消，因聞濟南大舉派募公債，寶豐公司及其個人均派一萬分，共兩

萬分，相當於麵粉七千袋，照其負擔能力勢必將所有股分捐獻始可，此實為變相之清算，渠按照此種情形，實覺無回濟之必要矣，現在將在此設法經商，其方法或即將貨物囤進，設一門市，賣否無關，聞懷寧街有一市房只需四十餘兩即可賣斷云。宋志先兄來訪，託余介紹陳厚德兄為其解決一電學上之問題，余即寫卡片為其介紹到電力公司拜訪。

3 月 21 日　星期二　晴

師友

　　上午，到廣州街訪郝遇林兄，不遇，留字謂渠前談基隆有一商號有查帳案件待辦，詢其是否到可以進行之時期，又渠曾託余詢問經濟部辦理核准赴日貿易商之手續，余亦留字告以經濟部已不辦此事，將來由建設廳辦理之，如仍有探問之必要，請示知云。下午，到廈門街訪劉階平兄，因其封翁在濰縣原籍病故，特往弔唁，並談會計師有關問題，據云公會會員之資格問題已經由建廳指復公會發起人，謂仍以登錄之會計師為限，不得將僅有經濟部登記有證書者加入，此案既獲解釋自應照此原則賡續進行公會籌備事宜，但仍毫無消息，是否有若干發起人須等待一部分聯繫之會計師將登錄手續辦好後始行開會，則不得而知矣，又近來頗有會計師未登錄而登報招攬生意者，未聞主管官署干涉云。訪王春芳、張金銘二兄不遇。

3月22日　星期三　晴
起居

余現在之生活情態乃最適宜於鍛鍊耐煩者，惜乎事實上為性情所限乃不甚可能，譬如以前出門皆有公備之專用交通工具，十餘年來無例外，現則三輪車太貴無力乘坐，公共汽車復為所見各大都市班次最少之公共汽車，等待每在半小時以上，竚立街頭，非有高度修養者，絕不能耐，而有時間上之辦公或會友，賴此車以赴，必致誤事無疑也，再以在台住家之女備問題最難解決，現在一切家事由德芳操之，已近一月，余每從旁協助，尤其抱持嬰兒一事，使大人之時間決不能有絲毫規律之可能，故最重要之事亦往往因而必須延遲，或一日兩日乃至十天半月者，均不能一律，如欲安排妥當，輕重緩急，均不失時，亦為事實所不可能，此等情形設非能看成一種常態，則稍有急躁，即有不可終日之感，故鍛鍊耐煩最重要而最不易也。

3月23日　星期四　雨
業務

上午，到公產管理處與第四組清算股長葉元熙洽詢預支公費問題，前數日本已經過半天的商量，決定將此案內之醬油株式會社公費先行照該社呈報之資產負債表所列數目計算預支公費，且約略算得為四百元左右，今日再詢，知其股內一科員認為只能算表列之固定資產（此在該表內實屬微不足道），則可能預墊之公費不過數十元，微

末至此，彼等亦覺無以自解，余乃提出變通辦法，即仿照
劉廷芳會計師承辦之第一單位，先行預支三百元，如果該
處有困難，余即敬謝不敏矣，彼等承認此一變通辦法，余
即聲明此辦法如再有變卦，余即不再承辦，因前次預支之
事彼等先允而後又變卦，實不應當也，余又聲明余之立
場，此醬油會社帳冊須待追索，此項工作乃一般清算工作
以外者，且比清算本身更費心思，設不能預支公費，余決
不能承辦，設預支後不能承辦，自當退回，彼等不希望退
回，後晤李組長，亦不希望退回，但稍涉具體問題即不脫
科員政治之窠臼，必須以經常之方法與根據以解決非常之
問題與癥結，是真不可思議者也。

師友

　　下午張景文兄來訪，談政府超然主計制度恐有變
動，各部會會計長大有取消可能，資委會之所屬各公司將
考慮一新的控制會計辦法云。下午逢化文兄來告已代買米
九十斤，余允明日往取，渠欠余債，知余款不措手，而竟
不能先行墊付，想係困難更甚也。

3 月 24 日　星期五　晴

瑣記

　　日來限於周轉不靈之窘境，在余之經常生活中為僅
見，蓋公產管理處應支之清算公費尚在科員政治中表演公
文旅行，齊魯公司欠款則在財委會與公司間互相推諉，而
台灣銀行之黃金儲蓄則日來金價一蹶不振，利息竟無所

獲，友人借貸亦因不肯償還難作用途，積此數因，現在竟
至無錢可用，而逢化文兄代買食米九十斤，用款六十餘
元，亦無以籌措，其實逢欠余之款未還，米款又不能代
付，余無法可想，乃將僅存之銀元二十餘元向市上出賣，
得款數十元勉強支應過去，上午由市場回寓，下午到逢兄
處取米，渠在寓以酒肉饗客，而負債不還，使人反致無隔
宿之糧，亦欠缺人情也。

3月25日　星期六　晴

師友

　　上午，李公藩兄夫婦來訪，談又接家信，據談山東
局勢非如想像之安樂，現在普遍之糧慌正使民生疾苦不可
想像之惡劣，且麵粉廠缺乏原料不能有規律的開工，其家
庭狀況遠不如昔，故已斷念，仍留台灣，但為今後生計，
不能不從詳籌慮，余對此素未探討，不能參加意見，渠意
將赴台中一行，調查彼間情形，設能將此間房屋頂出，在
台中頂進，即可售出一筆資金，所不知者為台中能有何業
務可做耳。

3月26日　星期日　晴

游覽

　　上午到士林園藝所參觀蘭花展覽，出品以蝴蝶蘭為
主，亦有普通蘭花，但亦不多，蝴蝶蘭凡千餘盆，均植於
懸掛之特製花板上，皆正盛開，花頭自一個至十個左右不

等，葉瓣均與蘭花不同，亦無香味，反似水仙，惟多姿耳，據陳列標示謂須八年餘始育成開花，甚名貴也。

交際

　　下午，到電力公司員工勵進會參加宋志先、逄化文、石鍾琇、劉桂諸同學發起召集之茶會，所談有請陳果夫先生收回各同學已領外匯未出國者之外匯改辦刊物與學校事，所繕函稿是否妥善，此事已醞釀一兩月，似乎若干人興頭已盡，表示冷淡，結果推人修正再行送出，又討論向內政部余井塘部長要求崗位事，已有八人預擬工作，再向余氏提出，余未散會而返。

師友

　　下午到中山北路開山東漁農基金會，流會，遇何冰如、孫伯棠、裴鳴宇諸氏閒談。晚，楊天毅兄來訪，將向基金會借款，望贊助，又談其與第四建築信用合作社所發生之借款糾葛事甚詳。

3 月 27 日　星期一　晴

師友

　　上午，郝遇林兄來訪，談會計顧問事可以代為進行幾家，但基隆某行查帳事已經因其內部問題消逝而成過去矣。叢芳山兄臥病醫院，其夫人昨日來託余今日代至銀行將所存之黃金儲蓄十五兩掃數提取代為賣成現款，如有可放之地方即代為放出，余允代為取出並賣成現金，放款事一時無對象可尋，未允照辦，今日上午將存摺送台灣銀

行，午飯後將金提出，即至延平北路賣出，今日行市反不
如前日，又降至三百卅二元（成色九八五），且多表現不
願收進之神氣，每條只能盈餘十餘元，實係按台銀純金補
色部分挖出一部分以補市價與官價之差額，補後只餘十餘
元也，賣出後即回至叢寓交叢太太，並略談經過而返。下
午在途遇劉鑑廠長，即至其家閒談，據云此次被遣散之齊
魯公司同人仍有對蘇雲章、畢天德、黎超海等檢舉其祕密
之準備，余認為如彼等能來更好，否則即不必一味等待，
因畢、黎雖不來，蘇乃其替身，迫蘇亦間接於全案有利
也，彼等又極希望公司由余主持，余表示無意於此，但彼
等伸張正義之舉動極願贊助，又劉等籌備之油廠因機件不
全將改用土法云。

3月28日　星期二　陰
師友

下午，到台灣大學醫院探叢芳山兄之病，渠住第三
內科第十七病室，係二等病房，甚為宏敞，但據云管理不
佳，進院四、五天，照X光尚無報告，致迄今病情尚不能
確知云。晚，由孫伯棠參議員介紹偕同往訪張銑局長，張
局長山東人，因渠為省府委員乃在秦紹文任內，余向未謀
面，前由孫參議員託其轉向土地銀行介紹為會計顧問，因
該行經理與張局長為同學之故，渠有意與余見面，乃偕同
往訪，但只談一般情形業務等，未談該銀行事。

公益

　　下午，到山東省漁農生產基金保管委員會出席會議，今日所討論者仍為放紗生息問題，因以前決定放紗為採保證抵押方式，資力如此殷實之借戶未必太多，設無法提供如此確實之抵押品，即不予借給，又失輔導生產之旨，總幹事宋延平提出合作兼營辦法，即除能按提供抵押品者照供外，設有未能借出部分即委託紗布業代為每日賣紗，並云即向紗廠按配價補進，利益仍收利息，盈餘歸經營者得之，亦有扶助生產或小商人之作用，研討再三，未獲結論，決定推余與宋君擬具詳細辦法下次開會再行決定。

3 月 29 日　星期三　晴
集會

　　下午到鐵路局大禮堂參加國民大會兩週年紀念，由焦易堂代表報告紀念意義，又通過提案一件，捐一日所得賑濟災民，嗣即準備開映電影，片為「小城之春」，余因有他事，即早退。

交際

　　下午到鹿鳴春赴田誼民、李漢三及劉心沃三委員之宴，在座多為山東輔導漁農基金保管委員會委員，飯後由田誼民報告渠在屏東參加震華文學院農場經過，認為前途有望，希望輔助，該廠乃王玉圃率學生來台後向省府租到者，計有六百甲，每甲十四畝餘，但只學生三十餘人，只

墾出一百五十畝，如全部墾成可養四千人，但資本不足，希望保管委員會協助，在座對王玉圃為人多有批評，但現在如王玉圃不能過問此事，始可考慮及之，決定王事實上已不能作主，會方可以考慮此事，希望田誼民委員先將計畫擬定再行討論云；會後裴鳴宇議長語余正發動黃海漁業公司股東對公司經理人及負責董事楊鵬飛等予以切實清查，經濟部亦大股東，希望余亦設法聯繫云。

3月30日　星期四　晴

師友

上午，李公藩兄來訪，據云接于國霖兄由台中來信，謂日內尚不能回台北，如渠願赴台中，當不致相左，李兄又談即將往農村復興委員會接洽在台東領地開墾，聞其條件為每戶兩甲，供給住房及墾地之資本，為期十年，此事最重要者為必須有足夠之人力，又當地治安風土等情形亦須先有大致了解云。楊天毅兄來訪，詢問山東輔導漁農生產基金委員會關於放款決定情形，因渠申請供紗十件也，余告以尚須待擬定辦法後，下次會議始能作具體決定云。

職務

下午，齊魯公司已疏散之同人劉鑑、姜春華兩君來訪，據云關於檢舉公司主持人各項弊端，已決定即行蒐集證據作成文字即行發動，但認為台北之財委會各辦事人員態度不夠明朗，如在此以彼等為對象，恐有石沈大海之

虞，余主張向台中陳主委提出，但彼等認為現在此雖為最
適宜之控訴對象，仍恐其顧慮曾養甫董事長之情面，在家
醜不願外揚之原則下，大事化小，小事化無，余乃以個人
資格表示意見，認黨內非僅陳氏一人所得而私，最高當局
非不可以作為對象也，至於配合發動方面，董事方面亦大
有人在，常駐監察人姚大海亦不願棄其職權，山東青島黨
務負責人必要時亦可有適當之運用也。

3 月 31 日　星期五　有陣雨

業務

　　晨，侯銘恩兄來訪，談與交通銀行有關之中本紡織
公司最近因出廠貨物稅事與台灣財政廳及台北市、台北縣
兩稅捐稽徵處發生齟齬，該公司負責人將託其會計顧問王
庸為之接洽辦理，經侯兄向其說明不如請余為其接洽，在
公司方面因余與財廳方面熟人較多易於知其真象，獲悉要
領，在余之方面則與該公司發生關係，對會計師業務之推
廣必有大補，余允其請，下午乃到交通銀行訪侯兄，同往
該公司訪王經理洽談，並閱其文卷，大略研討，知其問題
有兩點，一為稅局之管轄問題，即該公司有兩廠，一在市
區，一在縣區，工作程序上最後出廠在市區，故希望不致
重徵，但兩單位之稅局互不相讓，第二點為適用稅率問
題，據云在上海徵稅以半製成品之毛紗毛線為對象，至於
織物及毛冷則不徵稅，如紗廠不收布稅及縫紉線稅情形相
同，今台北縣則對於毛線收稅，而估價則照毛冷，毛冷亦

應徵稅，估價方面該公司要求照成本算，且與其他同業相同，財廳指示則照市場批價算，因此發生爭議，余將先向財廳調查法規研究詳情云。

4月1日　星期六　晴
師友

　　下午，到財政廳訪馬兆奎兄，請代查有關毛紡織業之統稅法規，渠即轉託第一科主管人員代查，改日當有回話，又談所進行菸酒公賣局會計顧問事，本已與該局會計主任洽談，認為需要，但須轉請其局長核示，最近該局易長，而此事一直未提，恐有困難，余即託其再作一度催促云。在財政廳訪張由紀秘書，互道契闊，渠本在民政廳任秘書，朱佛定廳長調職後改調財廳，張兄係抗戰期間在安徽會計處任職者，今日在財廳無意中知其在此。于國霖兄來訪不遇。

4月2日　星期日　晴、有陣雨
師友

　　上午，到陳運生兄寓賀其升遷財部主任秘書，又與馬兆奎、牟尚齋、虞克裕兄相遇，牟、虞談財委會扶助設粉絲廠事，余詢虞以齊魯公司事，據云董事會即改組，以姚大海為董事長，畢、黎有表示欲不來交代，但仍令來，余之待遇事，蘇雲章協理謂須請示曾養甫董事長，此不過解嘲而已，余詢以財委會對公司事多已直接過問，何以此事獨不肯負責，虞謂大事可代管，閃爍其辭，完全官僚口吻，並謂俟董事會成立，余之主任秘書問題可以在會上解決，余謂新董事會之董事望勿將余加進，余認為齊魯公司照此日之作風，乃絕無前途者，送喪不必待至下葬也，又

詢以將來如何作法，謂只建廠，詢以廠長誰屬，謂仍用陳
國瑲，副廠長不定，或由姚大海氏決定之，余提出陸冠裳
乃適選，渠謂不便硬按插人，可謂一派囈語，詢以公司本
身又採何型態，謂因仍現狀，蘇雲章仍為協理名義，但別
無總經理，此恐係另有打算，不欲明言，遂有此滑稽答覆
也，總之此人說話完全官派而不著邊際，余不知何時曾有
得罪，今日乃以此相對，有之惟有以前於主持山東省銀行
在南京辦事處成立時，未接受其介紹其情婦入行辦事，或
至今猶啣恨歟？隋玠夫夫婦下午來訪，現已移居延平北
路。下午，李德民兄來訪，談生活狀況十分清苦，夫婦兩
人工作所得須付給下女一半，餘作為大小三口之生活費
用，非此又別無更妥善安排云。宋延平君來訪未遇。訪于
國霖兄於衡陽路卅六號，據云決定先與余兩人在該處將事
務所設定掛牌，但房屋未修繕完成，即暫在樓上客廳處理
一切，渠將於日內再回台中一行，約旬日以內即可回台
北，在此期間係為友人料理債務糾紛，殊有萬不得已之苦
衷云。

4月3日　星期一　晴

師友

下午，到財政廳訪馬兆奎兄，查詢託向第一科詢問
之課稅法規兩種，一為課稅物品評價規則，一為毛紗毛線
及皮統稅稽徵規則，其中所定各點與台北縣徵收處對中本
紡織廠之指示及財政廳之表示均大致相同，惟此項統稅之

基本法則未及查出，尚須改日再查云。晚，逢化文兄來訪，談及殷君采主委已經由屏東來台北，關於其本人向齊魯公司索疏散費事已無法再進行，余亦認為此事頗有困難，蓋余向公司索款乃名正言順者，而迄今不得要領，逢兄認為財委會虞克裕為人有問題云。

4 月 4 日　星期二　晴

公益

上午，到中山北路山東漁農生產基金會保管委員會出席會議，討論貸紗辦法，此項辦法為前次會議推余與宋延平委員草擬，宋君擬就，余粗看一過，即行提出，決議通過，但推人整理文字，此項辦法之要義包括數種方式，一為憑抵押品貸紗，以十件為限，如不能貸完及與紗行合作以投行之織布業者所提供成品為質，按七成借紗，隨借隨還，其責任由紗行負責，再有不能貸出者即由紗行隨時賣出並向紗廠按配價補進，惟此項經營須加多手續，會方須派人控制會計，故利錢視單純押借之預收四十分之一者為高，按月息四十分之一‧五換算日息千分之一點二五收取，則利益較大，惟須事後再收耳，今日會中又討論有若干興辦農場請求貸款者，決定因所請求者與貸紗辦法不符，須俟將來正式運用基金扶助漁農生產時再行接辦，今日開會有若干委員不到，其中有連續數次未到者，似認為此等公益事不能向人人討好，遂求躲閃，亦未可知，又此次所定貸紗與隨時賣出買回一節，運用方式甚為微妙，據

云與商場習慣甚合云。

業務

　　下午，到圖書館查閱貨物稅法規，藉以明瞭中本紡織廠之毛紗毛線完稅問題，查閱後之此項統稅在卅六年以前初辦時係對成品徵稅，斯年以後改為對原料徵稅，在前一階段財政部曾訂有徵稅物品範圍，甚為明白，但改制後又不見其有何修改規定，仍屬疑團，乃又到財政部訪總務司長李伯平君，渠辦統稅有年，承李君又介紹一實務人員朱君詳談，知課稅對象限於毛紗毛線，至毛絨線則僅對用未稅毛紗線製成者始課稅，又關於評價一節，則應以市場批價為完稅價格，無者可轉用出廠價格，中本所請照成本課稅則於法無據，現在台北縣向中本所徵之稅係對毛線徵收而價格則用毛絨線者，其中確有混淆加重負擔之處也。到經濟部由劉桂兄介紹訪商業司張司長，因其主管會計師業務，故往聯繫，又訪新任次長張靜愚氏，不遇，張氏乃山東省銀行余負責時期之董事，故亦加聯絡也。

交際

　　晚在李公藩兄寓便飯，在座尚有于國霖、劉階平、劉瑞符、冷景陽、王成九、李紫宸諸君。

4月5日　星期三　晴、夜雨

業務

　　上午，到中本紡織公司台灣分公司訪王士強經理，告以日來關於毛紗毛線完稅問題調查結果，談公司當前問

題有數點，一為完稅價格，依法應為毛線毛紗，亦即毛織品之原料，至於成品如毛絨線則不在內，現在台北縣徵收處所列徵稅品目無誤，即毛紗毛線，但價格則按毛絨線處理，實係張冠李戴，纏夾不清，此點請求改正應無問題，至於完稅計算根據係批價或出廠價，決不能照成本價課徵，此則公司方面應將以前呈送計價方式加以修改，請求因無市場批價，應按出廠價格計算也，談話結果渠託余將稅法根據開出，以便辦文請財政廳補救云。

師友

下午訪楊天毅兄，正在向溫州街移居，據云印刷廠已覓定門市地點，借紗事尚未決定。下午訪張景文兄請注意黃海水產公司股份問題，希望官股、商股對公司態度一致云。

4 月 6 日　星期四　雨

起居

近來日常生活完全為另一形式，晨起助德芳整理房間，鋪席之清掃及走廊與桌椅之抹擦由余任之，有時洗滌茶杯亦為余事，晨間一小時餘之勞動，手足並用，對身體應有裨益，買菜亦由余前往，或於九時、十時辦理，或於午間由外歸來時辦理，紹中上學隔周為上午或下午班，適上午班時，由紹南率同入學，過小學時順便送往，適下午班時則紹南放學後同其歸來，而上午之接與下午之送則由余為之，故上午出門往往十二時前過小學而返，下午則又

常率紹中同出也，至於日間協同德芳抱持嬰兒，亦為常
事，綜觀所忙多為家庭子女，久之雖不以為煩，然心情恆
覺蒼涼也。

4月7日　星期五　雨
業務

　　公產管理處委辦清算案有台北州醬油株式會社一單
位，因並未經過接收，致財務狀況無帳冊可憑，該處登報
限兩星期登記債權債務毫無反響，在余早已認為係在可辦
與不辦之間，如該處預付若干公費，尚可考慮著手，否則
作罷，因而對於該處之公費是否預付及何時預付，近日毫
不在意，惟前數日接該處經辦人通知，已核定預付三百
元，自可照領，今日往洽，謂須明日再往取支票云。中本
紡織公司完統稅事之法律根據前日已往談過，因該處需要
此項資料而又未明書託辦，故只將已經查明者於今日寄
去，設不託辦，即從此告一段落矣。

4月8日　星期六　雨
業務

　　今日到公產管理處取昨日所開支票，云經手人下午
未到，須待後日，無法可想，只好又空走一遭，官廳事往
往如此。郝遇林兄介紹全聚發銀樓與河北貿易行兩家會計
顧問，於今日見報知之。

師友

上午，李公藩兄來訪，託為其友人翟子潔君參加共同為劉階平兄遙祭其兩親送禮事，余因尚未決定送何物件，故未允即辦。到合作金庫訪隋玠夫兄，閒談，並託代存款一千二百元於該庫。下午，到衡陽路訪于國霖兄，據云已於今午回台中，余及渠之事務所牌均已掛出。

瑣記

自齊魯公司薪俸停支後，會計師業務亦尚未正式開展，日常開支甚感拮据，今日將所有飾金約五市兩送至延平北路換成現金，存入合作金庫，其中有在濟時遷居經九路省行全體同人所送金杯一隻，重計二兩，上題長州新苑四字，本供陳設，現則濟寓已不知是何景象，而余親持此等紀念品赴銀樓換賣，亦所謂別是一般滋味在心頭也。

4 月 9 日　星期日　陰

師友

上午到金門街訪劉階平兄，探詢其明日為其已故父母遙祭情形，在劉寓遇李公藩兄因有翟子潔君託渠參加送禮，欲在余所備禮品上加名，余已允予照辦，歸後即買白紙寫上下款於輓帳，當明日送去。前安徽省銀行行員金永恕君來訪，據云年來任職教育廳甫卸云。

家事

四女紹因月前種痘，痂已脫去，前數日又患腹瀉，至今不癒，曾服消發廣尼定片亦未見效，今日又有外感，

且有微熱，休假日不能診療，買同仁堂牛黃抱龍丸一粒分
兩次服之。

4月10日　星期一　陰
交際

上午，到金門街弔祭劉階平兄之已故父母，並面送
素帳一幀，收禮及來客不滿十人，極簡單。

家事

四女紹因染病昨夜發燒最甚，且因鼻塞睡眠不寧
貼，昨服牛黃抱龍丸在糞便中現黃色，似有效力，半夜本
商量今晨赴陸晉大夫處求診，取其經驗較富，但天明後見
嬰兒熱度已減，且陸寓極遠而交通又不便，故又改到省立
醫院福州街分院就診，並由德芳抱往，取來藥粉今日已服
兩次，腹瀉已漸止，食慾漸強，但人為的加以節制，寒熱
已退，或大半為昨服丸藥之效力也。

4月11日　星期二　陰
業務

下午，到公產管理處取清算台北醬油株式會社預支
公費三百元正，此款自交涉至確定，頗費時日，僅支取亦
前往三次之多，其實支票乃本月七日之日期，開出後因經
手人不在辦公室而有拖延也，今日將此支票取到，見係劃
線支票，非託銀行收取不可，乃送至合作金庫作為優利存
款，送到之時為下午，因交換關係須明日起息，於是利息

上又吃虧一天矣。上午，侯銘恩兄來訪，不遇，留字謂中本紡織公司將聘余為會計顧問，詢有無空白格式，余下午到交通銀行接洽，託侯兄轉達，請來一聘書可矣。下午舉行會計師公會第四次籌備會於掬水軒，因建設廳解釋會員資格以登錄者為限，在座尚有持異議者，決定一面預備於下月十四日開成立大會，一面訂於日內再前往請求放寬限制，所以如此者，因有人提出謂據經濟部商業司張司長解釋，認為是否以登錄為限，正反兩面均可說通，因法無明文可以依據也云。

師友

　　上午，姚大海委員來訪未遇，未知何事，大約與齊魯公司有關，下午前往答訪，不遇。下午到合作金庫訪隋玠夫兄，據云正活動招商局職務，未知能否有成。到中山北路訪王春芳、張緘三，不遇。

4 月 12 日　星期三　陰

職務

　　到中山北路訪姚大海委員，據云將於星期六召集齊魯公司各常務董事及公司高級人員與財委會重要職員在公司聚敘，討論建廠及過去與將來之劃策，渠現在已奉派為董事長，常務董事亦經補充數人，俟先談有具體輪廓再行召集董事會，至於公司經理部分之組織尚未定，是否再設總經理，須考慮，畢天德、黎超海等在港呈辭，令回台辦交代而不肯來，反要求獎金，可惡之至，談頃即同至公路

局訪譚嶽泉局長，姚委員說明來意，希望星期六前往參
加，譚兄稍有遲疑，引起過去之牢騷，但亦即允屆時出
席云。

4月13日　星期四　陰
師友

　　下午，齊魯公司蔡繼善君來訪，閒談公司事，余因
後日將有新任董事長姚大海召集之聚餐，希望同人對於公
司前途之看法亦能有所表示，余將反映至會議席上，蔡君
認為公司一般同人對將來不存信心，原因為橡膠廠各工程
師不感興趣，業務方面則弊端重重，無論蘇雲章不能控
制，即換別人亦不能改善，財委會派稽核如能有適當人
選，或可較有控制，但打成一片之可能極大，亦屬可慮，
總之樂觀看法者甚少也，蔡君又知余公司已三月未送待
遇，主張先行借支，余同意此法，即寫據託其帶回，下午
即派人將款送回。下午，到萬全街七十八巷一號訪楊孝先
氏，暢談數小時，楊氏來台已數月，因在貴陽、桂林撤退
倉促，平生積蓄又在兩地蓋房用完，來台時只有其夫人紀
念品黃金兩條，在此零碎變價維持生活，已將用罄，刻尚
不能決定是否赴港，以及如仍留台之職業問題，楊氏生平
待人忠厚，如此下場殊令人寄與無限同情也，余表示生活
方面當力籌補助之法，楊氏遜謝。下午訪宋志先兄於羅斯
福路二段八十一號新居，不遇。下午到浦城街訪陳舜畊總
經理，賀其新膺農林公司之任，並談關於會計師業務，渠

有意與余配合。晚，張由紀兄來訪，暢談安徽往事及此間
財政方面一般情形，甚歡洽。晚，楊天毅張景月兄來訪，
楊兄所主持之振中印刷廠組織方面，中央財委會有意成立
董事會，渠恐人多嘴雜，不願接受，就商於余，余主張仿
齊魯公司油廠辦法作為租借，則管理權可以完整云。

業務

　　晚，侯銘恩兄來訪，代中本紡織致送聘書及公費，
因余曾為該公司接洽事務也。

4 月 14 日　星期五　晴

師友

　　上午，楊孝先氏來訪，談原則上仍將赴港以便與貴
州家人聯絡消息，手頭有黃金十兩左右，欲加運用，余因
商號存款危險太甚，連日金價甚勁，勸其辦黃金儲蓄，乃
同到成都路將黃金十兩售出，並同至重慶南路台灣銀行用
余之身分證開辦儲金，時已中午，在余寓午飯後辭去。下
午，到合作金庫訪隋玠夫兄託處理存款，知數日前託存之
公產管理處所開余之抬頭支票三百元，因銀行須有會計師
字樣之圖章背書，余只蓋私章，未能照存，此等銀行員亦
可謂吹毛求疵矣。到交通銀行訪侯銘恩兄，不遇，將昨日
中本紡織公司公費收據留請轉致該公司。

瑣記

　　余任會計顧問之第四信用合作社今日派人口頭約晚
飯，余不在寓，歸時德芳轉告如此，余因此社不通人情之

事太多，此等方式本不擬往，又覺不願使人難堪，至時仍往，櫃台人云劉經理不在社，亦不知約余有何事，乃退出，歸聞該社又來催請，是真令人如墜五里霧中矣。

4月15日　星期六　晴

師友

上午，到合作金庫訪隋玠夫兄，閒談並將昨日存單取回，票據補加背書，亦換成存單。上午到博愛路文化招待所訪振中印刷工廠楊天毅兄，渠之業務正在開始，此間為一寫字間，頗合用。

職務

晚，齊魯公司新任董事長姚大海在公司宴各常務董事、常務監察人及公司內業務與建廠負責人等，常務董事除董事長外為六人，余與趙葆全、譚嶽泉為前有者，殷君采、宋志先、李先良為新任者（李未到），姚所遺常監則改聘劉文島，橡膠廠廠長為陳國瑄，另以樊中天由會調充副廠長主管行政人事等項，飯後開常董會，由財委會虞克裕秘書報告公司一再播遷緊縮之經過，其中有一點謂曾養甫董事長與總、協理畢天德、黎超海均措置正確，未知是否影射其外間所傳彼等大發其財乃屬查無實據之見解，蘇雲章、陳國瑄則相繼報告業務與建廠情形，最後略有討論，一為前後任交接，決定以明日為劃分之期，由財委會電曾氏責成畢回台交代，建廠則積極進行，由董事長與常監暫同處理，公司體制則仍維持現狀，業務部分由蘇以協

理名義主持，廠務則屬之，建廠事虞秘書曾提出為免輾轉商量請示，不若即成立小組指定常董、常監以負責，趙葆全兄推余，余推譚嶽泉兄，均不願任，余聲明正在開展本身職業，對董事職已請辭，雖無結果，但不願再負具體責任，且過去在公司二年餘毫無貢獻正自慚愧，亦不願再有貽誤也，結果乃將由常董參加之議取消，余之所以有此表示者，蓋公司目前乃一舊瓶裝新酒之狀態，此輩舊人承畢、黎衣缽，作風腐敗，絕無革面洗心之理，參加董事躬親事務仍將在權責系統淆混不明狀況下供彼等利用，殊不值得也，又在討論交接時，余提出報告謂余原任主任秘書，本有典守印信之責，但現在不能提出移交，因早被曾氏提去，且後一段主任秘書對公文亦無法負責，深自引咎，姚氏於此案解決後又輕描淡寫提出董事會似不必再有職員，一切由公司代辦可也，余謂自然如此，今日已非昔在青島之比也，談及建廠資金事，原計畫變價物資八萬餘美金約不敷數千元，今日又謂恐需補充一兩萬元，財委會並無撥款可能，此點討論無結果，只決定請會方備案，留以後要求地步，技術方面一任陳國瑝廠長主持，殆付以全權，將來如何控制，余暗自焦慮，但不願表示任何意見，建廠流動資本及成品出路亦無確計，余恐將來不免為公司僅餘之八萬餘美金徒然換另一報銷方式，吃盡賣完為止，此在今日酒酣耳熱之餘，自屬不識時務之論，故亦隱忍未發，今日之會即在似有結論又似未有結論狀態中結束，時已深夜十一時矣。

4月16日　星期日　晴

師友

上午，楊孝先氏來訪，謂有與友合辦刊物需作文一篇，起有初稿，託余潤色補充。下午，王冠洲兄來訪，余與談以前來談之台東墾殖農場聘余為會計顧問事，決定促其實現，王兄對會計師業務之複雜困難，提出若干點，雖非業內人，而頗有見解也。

瑣記

明日為市府定之春季大掃除本區檢查日，今日乃全家動員從事掃除，由全部鋪席搬出曝曬，以至全部房間上下內外灰塵掃除，以至重新安排妥當，一整天始告完成。

4月17日　星期一　晴

瑣記

體力勞動乃一種習慣與一種鍛鍊，勉強而行之，非旦夕所能一蹴而幾，譬如騎馬如能成習慣，自然游刃有餘，偶一為之，必遍身疲憊痛疼，昨日與德芳、紹南通力合作，從事清潔掃除，計共同移出移進鋪席凡廿二疊，按好後又掃除及搽灰，紹南任八疊，余任十四疊，屋內掃灰，余任一間半，德芳亦一間半，余又掃擦相當於八鋪席之走廊，德芳並任前後院落及廚房，如此自晨至夜九時始竣事，今日均覺遍身支持為難，余中午睡二小時，入夜又於九時即就寢焉。

4 月 18 日　星期二　晴
起居

　　余居台北已半年餘，飲食起居具甚能適應，尤甚水電方便，蔬菜四時完備，即如自新年過後，黃瓜、蕃茄、黃豆、茄子、莧菜等在內地冬後絕無之蔬菜，在此則滿坑滿谷，水果如柑橘、香蕉、西瓜亦均在鮮美可口之時，故在飲食方面之享受殊不虞缺乏，居住則日本式之鋪席房屋，久之亦即習慣，惟因余屋外空地太小，幾乎無散步迴旋餘地，而最不快者則隔壁有製醋作坊，終日煤煙散布，室內為之變黑，洗白衣則在室內晾乾，大為不便也。

4 月 19 日　星期三　晴
師友

　　下午，吳風清兄來訪，談對公司過去之應徹底查明一切情弊，渠認為乃當務之急，縱畢、黎等畏罪不敢前來，亦當在中央有案，將來隨時可以追究，又關於與余二人請向公司索疏散費事，商定於本星期日往訪董事長姚大海氏，說明立場並非為一味要錢，雖不給錢，而理屈在公司辦事人云。晚，楊天毅兄來訪，談其所營振中印刷廠，中央如何參加管理亦尚未定，余意主管方面無正確意見以前，可以先拖延云。

4月20日　星期四　晴

師友

上午訪叢芳山兄，據云已漸癒，主要為心境不佳，體質上並無大病也，又云其所住房屋擬頂出遷至鄉間居住，因防空問題有日趨嚴重之勢，設萬一有轟炸情事，則市內房屋將價格慘跌，不若此時即行解決也，聞有此意者甚多云。晚，李公藩兄來訪，謂此間和平東路房屋已頂出，台中房則頂進，後日即先遷一部分前往，又擬代翟子潔還余合送劉階平喪事儀金，余卻之，又上星期五第四信用合作社請客事，據云曾留話於櫃台內之職員，俟余到時即請至某菜館，而為其職員所誤，可見用人訓練不周，即易有此等事耳云。

家事

下午四時參加女師附小家長會，討論防空，一般均反對車接，主張加強壕洞，縮短時間，分部上課或轉學、休學、保留學籍，或部分疏散郊外，決定分別辦理或洽有關機關。

業務

晚，于國霖兄備函介紹華信公司李立言來訪，因渠與田耕莘之代表人因股務及債務涉訟，一星期前庭諭委託會計師查帳以作檢察官參考，明日即到期，于國霖兄因在台中不能前來，託余承辦，余即與約定明日同往訪承辦律師周旋冠兄洽談再定。

4 月 21 日　星期五　晴

業務

上午，華信公司李立言來，同訪其承辦律師周旋冠兄於臨沂街廿五巷十五號，據云此案因李君帳目手續不甚完備，以致糾纏不清，其本身立場尚站得住，余決定承辦其查帳業務，首由周律師代辦一狀呈明地院檢察處，即同到余處立查帳委託書，辦妥後同到法院遞狀，狀遞後有書記官來告，原訂為兩造今日各聘會計師來解決查帳事宜，但原告方面未到，余即聲明請院方令彼方將帳交出，以便進行工作，並請檢察官對於查帳範圍有無意見考慮後告知云，此事尚在偵察階段，竟纏夾民事手續如查帳之類，甚為不解，但如此亦對當事人有利，因當事人雖負擔一筆公費，其所請人選應有慎重考慮餘地云。

師友

晚，同德芳到和平東路訪李公藩夫婦，渠將於明日起開始向台中遷移，故送以糕餅糖果之屬，李君最近又遭受放款呆帳，幾乎為大部分落空，受損失友人極多云。

作文

前數日楊孝先氏為光復雜誌作文「三兩黃金四兩福」，闡釋無論公私財政均不能有財無政，開端只五百餘字，託余為其續成一千餘字，余從未做過此種工作，但來意懇切，不可固卻，乃於今日下午屬稿，大意在說明民國以來預決算歷來不能成立，又收支適合及開源節流等口頭禪之完全不著邊際，對於抗戰前法幣之成就及其抗戰勝利

後之失敗，金圓券之曇花一現，均由有財無政之見地，予以輕描淡寫之說明，凡千餘字，合共不足兩千字，余極力思模仿其筆調，但終不甚易易，結果亦只好各行其是矣。

4月22日　星期六　晴、下午雨

交際

上午，到齊魯公司訪詢樊中天兄丁艱設奠情形，知尚待卅日開弔，余即改至武昌街圓山木廠其寓所弔唁，未遇，留片，謂驚聞大故，尚乞節哀。逢化文兄為此事兩來造訪，余告以情形，決定俟將近月底時，或約友人數人合送輓帳一幀，送錢與否則再定云。

師友

上午，到民生路萬全街訪楊孝先氏，面交昨日代作之文章，渠認為可用，又閒談時局，對於此次海南島之大捷甚為興奮，但認為美援不必因戰勝而踵至，因美國人準備二千架飛機取台灣，縱國民政府不能保持此地，美國人認為奪回極易，彼不必考慮國民政府之存在與否云。劉鑑廠長來談將配合齊魯公司新董事會之即將舉行，加緊蒐羅畢、黎舞弊資料云。

4月23日　星期日　雨

瑣記

天下事往往如天地運行，使人不覺，而新的變遷新的階段於焉出現，余幼年曾對於體格鍛鍊略有功夫，如學

習拳擊之類，對於身體之壯健無病，必有甚大之關係，入中學以後即不復有此等機會，然亦不覺有何退化現象，十五年來從事金融經濟工作，更靜如止水，直至近一年來始漸覺有異，如兩鬢斑白，與日俱增，右面臼齒數月來不敢咬合，略酸之物不敢入口，痔瘡雖無痛苦，而有時出血極多，稍有勞累即腰酸背痛，凡此種種皆壯年將逝之象也。

業務

余受託辦理公產管理處清算案兩單位，除其中內燃再生會社一單位係已經標賣，該處失察竟予委託已來函取消外，另一即為醬油會社，因帳冊不全雖預支公費而未能著手，今日已開始初步進行，先辦公函致該會社以前代表人，請其持帳來事務所洽辦，倘不獲答覆，或因事隔數年地址變更而無由送達致遭退回時，再權第二步之辦法云。

4 月 24 日　星期一　雨

師友

上午，到台灣銀行會同楊孝先氏辦理其黃金儲蓄事宜，因身分證關係，前係以余為開摺者也，計自取出變賣至再度存入，費時半月。晚同德芳到南京西路訪隋玠夫兄夫婦，又到南京東路吉林路訪張景文兄，因其正式門牌不知，只知為丁字135號，而省府承建此等房屋散漫無序，摸索良久，未知其處，黑暗中泥濘跌交，狼狽不堪，終於廢然而返，已深夜十時矣。訪李耀西兄，閒談，渠亦擬執

行會計師業務，正先向考試院領取檢覈證書，憑以向經濟部登記。

職務

下午，同吳朗齋兄到齊魯公司訪姚大海董事長，因渠係近來初次見面，所談較多，對於建廠一節，主張審慎，並主速開董事會磋商大計，勿仍如過去曾養甫主持時代之漠視全體董事職權，最後談及此次余與彼二月間停薪事，余先說明曾、畢等所採形式使人難堪，且忘記余在公司乃主任秘書，彼等既以不客氣方式而來，余亦採不客氣方式，以公司職員資格向財委會及公司要求照遣散辦法支給待遇，此事即不給錢亦當解說明白，表示立場嚴正，否則人將視余等為無聊人矣，吳兄繼說明其顧問職務乃一職員，不能因有董事地位而予以抹煞，姚氏允協助解決，此時適財委會虞克裕秘書因他事而至，吳兄與余乃予揭開，虞謂當與姚氏商量解決，渠意此事要點，關於余者為所支為主任秘書薪俸，乃屬職員自當照發，而吳兄則顧問是否職員當在公司查明處理，三、五日內有解決辦法，至於陳果夫氏是否知其事，據虞君云，對余事知之，吳兄事則未談，因余曾去信也，但余從未為此事去信，虞所持者恐係以前張中寧兄函請資送出國之事，余因此事向未與虞談過，故亦未再深問，僅問其陳氏對余之疏散費事有何表示，渠云無何意見，辭出後吳朗齋兄云，此錢非要不可，余亦云然，蓋公司對余等若凡事真能尊重人之體面，此等要求本在可提與可不提之間，今彼等一再表示一種忽視之

態度，余等自須認真交涉，設不能達到目的，則將來顏面更將置於何地，並同意俟三天後再繼續交涉，決不容其復仍以拖延方式希圖卸責也。今日與姚大海氏談公司前途，余所得印象殊為模糊，蓋姚氏論業務則全無數字觀念，論責任則全推之財務委員會，甚至對於公司業務部分與廠務部分之關係，以及今後既須積極建廠，會計方面如何處理似均無輪廓，可見其對若干實際問題均不能切實顧慮，余恐將來仍不免為一般宵小所蒙蔽包圍，陷於一敗塗地而不自知也，又姚氏一再強調不用新人，謂係財委會所規定，故副廠長由財委會調用，建築工程師則將由興台公司借用，此言未畢，而財委會虞克裕秘書即往介紹財委會已疏散之職員充任稽核，可見姚氏全無主宰，不知其對於公司前途有何信心，若事事聽命於此輩上級人員，下復受小人包圍，公司將必無幸矣。

4 月 25 日　星期二　雨
體質

　　本月四日因到菜市場買菜未帶口袋而所買種類特多，均用草索綑縛，以手提之，而右手中指之壓力為特大，及返寓時見中指尖端之一節色如黃蠟，感覺麻木，右側最甚，左側略輕，急加以撫摩，當時未即復原，以為稍待必痊，亦即不以為意，不料迄今三週，亦只有一半之病象消除，而半麻木狀態，近來已趨於固定，長此則終身之累也。

家事

雨中無事，除抱持嬰兒及買菜外，終日無所事事，今日雖為第四天之雨天，但晨起以至中午，似有放晴可能，故長次兩女上學均未攜雨具，迨下午四時餘，雨漸漸由小而大，遂至女師附小為紹中送雨衣雨鞋，並將紹南雨衣亦帶往，因紹中下午上學之時例須由紹南經過附小接其回家也，故在附小門首待紹南之至，余由接送學生上學，心情時有蒼老之感。

4月26日　星期三　雨

師友

上午，周淑明女士來訪，謂晨間往送李公藩夫婦赴台中，到李寓時已起身，未能相遇，談及宋志先兄進行工作事，謂關於農林公司陳舜畊接任總經理後情形未必完全知其內容云。

交際

逢化文兄來訪，謂關於樊中天君丁憂送喪儀事，渠已由家中找出成料一段，將與楊天毅兄合送，詢余是否亦即參加，余為省事起見，即告以參加合送，至於齊魯公司內有送現款者，為數若干余尚不知，但不擬致送，因少數無何用途，多則非力所能及也。

4 月 27 日　星期四　雨

業務

晚，華信工廠有限公司李立言君來訪，謂接地方法院傳票，定於明日上午九時續開偵查庭，希望會計師一同出庭，彼方所聘會計師亦一同出庭，雙方商定如何舉行查帳，略談即辭去。

家事

四女紹因生已六月，下顎門齒已出，凡兩枚，甫離牙肉，甚平整，生齒可為甚早者，又其左目上瞼冬日為蚊蟲所咬，腫脹至今不癒，初不以為意，及見其久久不消，又恐成為永久之累贅，但倉卒間又無善計，又此女髮特硬，不減於余之頭髮，在嬰兒中殊屬不多見也。

4 月 28 日　星期五　晴

業務

上午，華信工廠李立言君來約同赴法院參加偵察庭，比即前往，余在律師休息室坐候，自九時半至十一時餘，李君始來相告，謂已開庭，望余前往，至則見已審訊大致終結，原告出庭二人，被告一人，原告所聘會計師姬奠川已先在，余入庭後，檢察官即宣布此案由兩造所託會計師先行查帳，望據實為之，繼問姓名、年齡、籍貫、住所，並各具證人之切結，謂如有不實在情節當負法律責任，具結畢，又詢何時可以查完，余謂帳簿多少尚未之見，不能預定，檢察官則主張先限十天，如至期不能完

成，可再延展，自下月一日起算，至十一日完畢，乃退
庭，余與姬會計師作私人談話，渠謂前已查過該公司之
帳，認為浪費與公私不分乃不可免，其他則意氣用事，渠
曾有意為之和解，而未能辦到，旋研究如何開始，經決定
下月一日同赴中壢該廠取帳，取來後即在渠之事務所會同
開始查帳，事後與李君說明此點，渠認為應再覓一第三者
之地點，余謂亦無不可，乃同到周旋冠律師處閒談，周律
師認為李君頗站得住，但查帳時帳外資料應充分供給云。

4月29日　星期六　晴

業務

　　上午，水啟寧會計師來謂會計師公會籌備會定今日
下午舉行一次，望出席，乃於下午前往，討論決定十四日
成立大會應準備事項，大致為先行登報公告日期，另向建
廳查抄名單按址分函請屆時隨帶登記表前來參加，並分別
柬邀有關機關主管長官屆時前來指導云。李立言侵佔案原
告會計師姬奠川來訪，未遇，當係接洽查帳按之進行者。

瑣記

　　今日午夜為全省戶口總清查之期，屆時接受清查，
在身分證戶口名簿各蓋驗縫章。

4月30日　星期日　晴

交際

　　上午，到極樂殯儀館弔樊中天兄封翁之喪，事先由

逢化文兄代辦合送素帳一幀。

師友

上午訪姚大海董事長不遇。上午訪張景文兄於吉林路，談黃海水產公司之清查事。下午到金門街訪劉階平兄，雜談關於會計師公會成立前之聯繫工作事，及公產管理處委託清查案之公費改定標準事。下午，陸冠裳兄來訪，甫由港澳來台，談檢舉齊魯公司負責人舞弊證據已在準備提出，聞曾有人利用詐索到手千元美金云。

5月1日　星期一　晴、有陣雨
業務

關於李立言被控侵佔一案之查帳案，法院規定為今日開始，十天完成，日昨李君來訪，謂公費無力籌繳，希望以打字機一部會同送至委託行代賣，以價款付費，余當即拒絕，謂吾人業務從無收受實物報酬之例，但在未先繳半數前亦不能開始工作，果在目前無力支付，只好順延查帳日期，渠知此計不成，即辭去謂再行設法，明晨當再見面，今日余因事外出，渠來訪兩次，余均未遇，由德芳接談，渠始終未提起公費事，足見存心搪塞，余因與原告方面會計師姬奠川約定今日下午前往取帳，故於下午到姬處談今日不能出發之原因，但於公費一節則未提及，只謂渠主張雙方均到廠查帳，以昭慎重而資便利，姬對於李之存心拖延，大不為然，乃謂到廠雖無不可，但渠日內將有香港之行，不如仍將帳移至此地，由原告方面律師會同開啟與加封，庶多便利，余亦同意其見解，乃假定明日與李接洽，後日再到工廠，如李再拖延，余當辭謝其委託，不復承辦此事云，嗣又略談公會成立在邇，北人應速覓取聯繫，均有同感云。

5月2日　星期二　晴
公益

上午，到中山北路出席山東漁農基金保管委員會，主要問題為研究以合作經營方式貸紗收息扶助小工廠之條

件問題，決定派人會同經營，收息四十分之一，如有紅利則再算收四十分之點五，此當由帳目稽核上注意及之，又關於此項基金運用之根本方案，漁業方面尚未定計，農業方面僅通過一主動合作之議案，其方式則未涉及，致紛紛請求扶助者無從核定，乃決定推人擬定合作方法之要點，作為審核標準，此事殊非易易，因稍有疏漏即有去無回也。

職務

　　齊魯公司被遣散職員姜春華君來訪，謂關於檢舉公司負責人舞弊之材料已開出節略，交劉鑑廠長將彙總轉吳風清董事，候陸冠裳兄之資料提出後即可作成一整套，準備於董事會內提出，余告以余態度唯公正是尚，無何顧慮云。

5 月 3 日　星期三　晴

業務

　　上午，按前日與姬奠川會計師之約定到其寓所將共赴中壢暫運華信工廠之帳簿等，至則其家人謂已出門，且不知有約會，余亦不急於前往，乃返寓，移時該案原告律師李洪嶽偕原告關係人李東園來訪，謂李律師代表姬會計師在其事務所等候余半天，始知此事竟出兩歧，李君謂會同查帳一案因姬會計師日內出門，已將圖章交李君以備與余共同啟閉，何時前往均可，但須被告當事人李立言同往或去信，以免有被拒提帳之可能，余允俟晤李君與其談妥

後即行奉告並約同前往云。下午，華信工廠一案之被告當
事人李立言來訪，謂日前曾赴台中，因預付會計師公費籌
措不及，故託于國霖會計師來信請予通融，該信只謂李賣
物繳費，但並未提及確切日期，余即告李謂既承于兄函
託，自無不可，但亦只能將規定預收半數部分延至查帳將
行完畢余之報告書尚未提出以前，設屆時無款，即不再予
以承辦，李君要求如屆法院所定限期報告書未能提出時，
應否聲明係帳未查完，余謂此層須屆時再說，乃決定查帳
事即著手進行，由李君通知廠內準備箱篋裝運台北，俟妥
當約同前往暫運云。

師友

　　下午，途遇楊憶祖氏，據云將租房居住，乃由余陪
同到廈門街一帶看視房屋數處，有極簡陋者，有極壯觀
者，價格高低亦如此，直至下午六時始分別回寓。

5月4日　星期四　晴

師友

　　上午，到台灣銀行協同楊孝先氏處理其黃金儲蓄，
因所存黃金十兩今日到期也，至則楊氏已先在，乃商定因
近日市場價低，尚不如存款有利，即於取出後不再存入，
取出後即至太平食堂吃飯，飯後到延平北路將黃金售出，
又到台灣銀行將摺內尾數七分亦取出，楊氏並改存五兩，
以餘款連同外有之款共三千餘元由余介紹至合作金庫隋玠
夫兄處存入優利存款，時已下午二時矣，楊氏對赴港與否

一節極為躊躇，但仍以不去所占成分為多也。晚，李公藩
兄來訪，談移居台中已安排就緒，此來為料理成問題之
債權，又談及李立言託余查帳事，渠不肯速付公費決非
因無款可付，乃因其妻把持過甚，致形成對外不顧信實
之狀態云。

5月5日　星期五　雨
集會

午後，到師範學院禮堂參加憲政督導委員會，討論
今後之大會會期與各委員會之會期及會長未產生前各委員
會召集人之補救辦法，僅此兩案即已費時一小時，其實五
分鐘可以決定也，以下尚有工作大綱及大會宣言兩案，余
因為時已晏，即先辭出，又會場中有發起徵求簽名上總統
書，仍索房屋租賃費者，余亦簽名，蓋此事在立、監委員
陽退陰收之姿態下，實屬欺人過甚，本諸平等原則此種要
求在現狀下實為合理合情也。

師友

晚，逢化文兄來訪，送來其數月前因頂賃房屋所借
之款一千元，謂係出賣鋼琴部分代價。

5月6日　星期六　雨
瑣記

余在台灣銀行儲蓄部辦理黃金儲蓄存款，最近一次
到期為上月卅日，適為星期日，次日即本月一日始取出，

值財政廳發布談話謂為收縮通貨此後只付黃金不付現鈔，即金價跌至官價以下亦然，而黃金買外匯之價格又低於新台幣，於是黃金用途減少，價格未能上漲，星期一取出時為每台兩時價三百卅七元，視前週亦降二元，余判斷為一時市場刺激，次日或一兩日即行回升，不料本週內始終上落於此價格，按投資利息計算不能日漲一元即須犧牲一天的收益，如此待至今日，更無起色，明日即為休假，設下週一不能上漲兩元，仍不上算，無已，即於今日上午隨市售出，較星期一每兩且低兩元，扣五天利息消耗，每兩七元，總數十六台兩，共吃虧一百元有餘，由此得一經驗，即不能有最低限度日漲一元之把握，決不能坐待行市，尤其不能日日推延，與之逞強也，至於大起大落，則為例外，惜乎無從把握也。

5月7日　星期日　雨
起居

今日為星期，無事可為，下午本有翁禮維等六同學在中山堂茶會招待友人，因雨未往參加，閉門高臥，數日疲倦，得以稍蘇，按近來生活情形，雖不過勞，而實繁雜，譬如抱持嬰兒，重量有限，但同時不能兼顧其他，即看報亦不可能，再如晚間諸事完畢，就寢每在十時後，夜間恐小孩遺尿，須時時驚醒，晨六時即須起床，因過遲即不足整理房間也，諸如此類，而德芳所任者又倍之，故事實逼迫社會關係日趨簡單，隨家事繁雜而成反比也。

5 月 8 日　星期一　晴
師友

　　下午，到農林公司訪陳舜畊總經理不遇，留片，此次往訪之目的因聞該公司似有查帳案件須託會計師辦理者，為恐為他會計師所奪，故再往一洽云。受張中寧兄函託到民生路僑務局洽詢其入境證事，據查尚未到來，此事須有日本方面之親友始便於查詢云。下午，林文軒君來訪，談其所服務之農林公司畜產分公司主計室，因近來與主任不甚融洽，深恐為其到總公司主計處有所中傷，希望余便中與廖國麻處長一談，俾知乃屬情感問題，不致吃虧云。

5 月 9 日　星期二　晴
師友

　　上午，李公藩兄來訪，據談此來為料理華強肥皂廠之債權，原則上以出品還債四成，其餘六成分三個月攤還，但恐肥皂無法出售，而三個月之時間亦無從把握也，留午飯後辭去，謂一、二日內即行返回台中，余託其轉達于國霖兄務於會計師公會成立前來台北云。下午，前安徽省銀行行員趙榮瑞君來訪，趙君係余在台灣銀行偶然相遇者，據云在此無所事事，將於日內赴台南與友人合辦飲食店，又該皖行同人在此者絕無，有一二在香港九龍，生活亦非容易云。

5月10日　星期三　晴

師友

上午，潘維芳兄來訪，謂今晚回屏東，王培五女士曾託其將存余處之被包帶往應用，乃交潘兄帶至車站交運，至下午，崔唯吾、張志安兩氏來，謂立法、監察兩院山東委員代表定明晨至中央黨部向常會出席委員請願，關於任新舫、弓英德等新近又被澎湖駐軍扣押，請求中央制止，關於與此案有關之張敏之等被殺案，託余據張之服務證件等撰一節略，說明其被誣，將於請願時一併提出，余因上項行李內有張之服務證件可資引證，而適又運去，殊不湊巧，乃到泉州街訪潘兄，同至車站擬查出行李將該件取出，不料車站已先期運出，未待至其車票相當之一次車，乃廢然而返，余遂至中央日報社訪周天固兄，託將記載張兄處決時判決書之十二月十二日新生報查出，將要點抄明，回寓後即根據該判決所舉犯罪事實將時間及情形矛盾之處予以說明，凡千餘字，寫好後於晚間到崔寓商討文字，其時尚有叢芳山、劉馨德兩兄亦在，乃加以修正，至十時始事畢回寓。齊魯公司同人蔡濟善君來送余要求數月未發之主任秘書疏散費，該款係按一月份待遇計算五個月，二、三月夫馬費又加入，扣除先後借款三千一百餘元，只餘六十元，並解釋如需款不妨再借，余因此款已交涉數月始行送來，對於按何月份標準以及何月份始可截止一節，已不願再事研討，故吃虧近二千元，亦只好聽之，惟另借一千元，稍資挹注耳。

5 月 11 日　星期四　晴

集會

上午，到中山堂出席憲政督導委員會研究委員會，到者不多，僅為推舉召集人，余早退。下午，出席山東、青島兩議長裴鳴宇、李代芳所召集之響應衣褲勞軍籌備會，到五、六十人，決定推舉人員成立兩個小組，分向工商界及黨政界勸募，並先談墊款約需九萬元云。

師友

下午，姜佐舟兄來訪，談山東漁農基金保管會轉渠一函，係匿名恫嚇，請早日決定辦法，又聞未處理之物資係交商人轉存於銀行倉庫，竟為此商人押款充作質品，而此商人近有不穩之說，此事影響殊大云。晚，楊天毅兄來訪。宋志先、周叔明夫婦來訪。

業務

遇華信工廠送案之原告律師李洪嶽君，談及今日為雙方會計師查帳預定竣事之日，而事實上尚未開始，應向法院表示，余即先與被告洽談後再行辦理，下午被告李立言來訪，謂數日未來，因公費籌措未著，故不能來，現考慮是否能再試行和解，余告以非不可以，但如何進行務於本週內有回話，如不需會計師更好，則渠願請何人，余無意見，但余不願再代理此事矣。遇周傳聖兄，據談十四日會計師公會成立，選舉事定後日晚在吳崇泉家商談，後劉階平兄來訪，謂水啟寧、曾秉、虞舜、王庸等之意一再持名單來徵求同意作為投票之準繩，余知水必有此事，渠昨

日來訪，似有未能啟齒之事，殆此也，劉兄意其名單雖有
余等，乃係一種陰謀，不可受其愚弄，因單凡三易，莫衷
一是，故余等仍須早作競選準備也。

5月12日　星期五　晴

業務

　　上午，訪華信原告律師李洪嶽君，將昨日李立言所
談各節告知，渠不信其有誠意，當決定由余主稿寫一報告
致地方法院檢察處，與姬奠川會計師共同報明係因帳冊未
運到致未開始查帳云。與李君談明會計師公會開會時如姬
奠川尚未回台，當由余代表出席，其委託書由渠代備云。
在逢化文兄處晤鄒馨棣會計師，渠認為公會理事應有女性
者當選，並希望互助，余同意其見解，並允與同一立場之
數人說明，以便交換選票，下午在館前路與劉廷芳、周傳
聖兩兄作競選交換意見，現在已分裂為若干集團，足十人
者為最多，如能加緊爭取散票，余等可以超過此數，當有
勝算可操，當決定應從此點加以努力，鄒之交換票可接受
云。下午舉行公會籌備會，社會處、建設廳派人參加，決
定若干在成立大會前應準備事項，余被推為辦理登記審查
人之一，此外若干事務亦皆分配。

師友

　　楊孝先氏晚間來訪，談後日其黃金存款到期，仍約
余屆時前往助辦云。

5 月 13 日　星期六　晴
業務

　　晨，鄒馨棣會計師來訪，如昨約同到延平北路民樂街訪林有壬會計師，林君係初次晤面，但因事先有其他友人聯繫，故交換意見後，彼此對於明日會計師公會理監事之選舉立場完全相同，林君對於虞舜之四出活動，大不為然，認為律師界兼辦會計事務者不能使其處於領導地位。晚，若干會計師在中山北路吳崇泉會計師家交換對於明日選舉之意見，到者十餘人，經檢討後立將候選人名單擬定，設其餘會計師並非一個集團，必有取勝把握，但為希望當選者不可清一色，並推出兩人與對方交換選票，又如有代表其他會員者，亦希望明日即行辦妥，到會時如被代表之會員人數不超過對方時，並推人發言反對代表辦法云。

5 月 14 日　星期日　雨
業務

　　上午，虞舜會計師來訪，少坐即去，後於到公會成立大會會場時向余聲明必投余之票，余僅向其道謝，選舉後告以未投彼之票，謂事先已全答應別人云。晨，劉階平兄來訪，謂昨晚開會籌備選舉，覺其流品太雜，不願受拘束全部投票，且有數票須向其他圈外人交換云，余未表示意見。上午，訪鄒馨棣會計師，洽定交換選票之最後辦法，渠表示自行活動之票不多，願與余及同立場者交換

十二票（共只十四票），余即將名單交去，並囑守秘密
云。午後，到南陽街訪李洪嶽律師，取來代備之委託書，
姬濬會計師託余代表出席公會，余並交去繕就之遞送台北
地方法院檢察處報告一件，陳明華信公司李立言侵佔背信
一案查帳鑑定工作因該公司未將帳簿運來台北，致未能著
手辦理如期完成，此件由余與姬共同具名，託李律師帶往
法院。下午，到虞威廉會計師處探詢今日上午所知之選舉
狀況，但全局仍未完全明瞭，虞所負責聯繫之台灣會計師
涂方輝亦迄無確信，與其昨晚所談者距離甚遠，可見此人
並不切實云。下午，到中山堂出席會計師公會成立大會，
余先期到會，並辦理接受登記表之工作，開會時實到會員
廿七人，外有四人係代表，開會有經濟部、建設廳、社會
處及保安司令部之代表參加，並各致詞，嗣討論章程，費
時獨多，余發言不少，均中肯綮，最後選舉，係用記名連
證法，每票舉理事十一人、監事三人，余全照昨晚討論結
果投票，開票結果，劉階平約廿五票，最多，余十四票，
但另有監事票九張，量係反對方面故意作成之手段，實際
等於廢票者，其餘當選者九人，各有十餘票，票數最少者
十二票，但有票數相同者須入候補二人，拈鬮結果為反對
方面所得，總計兩個陣營，余等有六人，佔多數，監事兩
人亦佔多數，候補者亦佔多數，且均列前，此選舉可為完
全成功，開票後即攝影，散會，時已七時，前後共費時五
小時云。

5 月 15 日　星期一　晴、有陣雨

師友

　　上午，到台灣銀行協同楊孝先氏辦理黃金儲蓄，據云決暫留台，集四友在民生菜場售食品云。

業務

　　下午，周傳聖兄來訪，談會計師公會之常務理事選舉問題，現在理事十一人中余等同一立場者為六人，勢可操縱，但亦應容納異己，如此名額支配實非易易，因常務理事只五人，如此決不能全出，何人退讓而不致因不愉快而分化為人所乘，實大值研究，因決定明日在吳崇泉兄家集體商討，後晚間因應虞舜邀在金門食堂相遇，據云六人中兼律師業之富維驥表示放棄，再有一人退讓即可成議云。虞舜請客係為競選常務理事之目的。

5 月 16 日　星期二　晴

業務

　　午前到金門街訪劉階平兄，談會計師公會之常務理事分配問題，渠意此次選舉結果雖取得壓倒多數，但為示大公，應將對方加入一人為常務理事，現十一當選人中我方為六人，共出常務理事五人，減去對方加入一人，我方只有四額，如何去取，當再研究，余告以其餘各人意見大致從同，定今晚在吳崇泉兄家商談，屆時前往，六人為吳、劉、周傳聖、富維驥、林有壬及余，富係律師兼會計師，誠意表示放棄，但認為對方加入之人選絕對不能為律

師兼會計師之虞舜，經眾接受，乃由其餘五人中決定如何
去取，並先決定不當選之一人將來由常務理事推為總幹
事，予以待遇及種種便利，此職係義務亦係權利，當時
劉、林兩人表示不願擔任，餘吳、周與余三人均無成見，
乃抽籤，結果周放棄當選，然後又研究投票方式，決定余
等當選之四人均投圈內之另五人，富、周則不互投，而改
投對方之王庸，使其較該集團內任何一人之票為多，即可
按預料產生，此次競選者尚有水啟寧、虞舜與廖兆駿等，
一概不予考慮云。

5月17日　星期三　雨
師友

　　上午，陸冠裳兄來訪，所談為關於其設法回橡膠廠
服務事，余勸其與姚大海董事長晤面，談其以前在公司服
務經過與畢、黎、蘇等曾發之諾言。上午，逢化文與陸冠
裳兄來訪，談明日齊魯公司舉行常務董事會，逢化文所要
求之疏散費事將與各常董聯繫爭取，其各廠廠長所辦之請
求呈文則託余帶致姚大海董事長云。午，楊天毅兄來訪，
攜來所辦振中印刷廠之帳簿，詢如何據以報財委會，並將
託余設計改善，以便於以後之應用云。

5月18日　星期四　雨
職務

　　下午，齊魯公司開常務董事會，所列議程皆屬例

案，但亦有應提全體董事會者，如去年度工作報告書與決算表報等，較為重要者為關於前總經理畢天德表示在港患病不能來此親辦移交，經討論認為不可，其中列席之常駐監察人劉文島氏對此更為激昂，且對曾養甫董事長亦有微詞，最後決定仍請財委會促其速來，並指定人員監交，議程進行完畢後余提出董監事夫馬費問題，認為在台北者如不願領取，可以不領，但在外埠者則應供給旅費，此事乃為補助殷君采董事而發，結果其本人不肯，其他董事亦認為不必要，即未討論，今日開會會場尚有一種空氣頗值得注意，即公司報告內一再強調員工風氣之不良，殷君采氏發言認為係主管人領導無方措置失當之過，一味責備員工，有欠公允，因而就在青島時畢、黎等不肯多與外間聯繫，最後一聞謠言不告而別之經過加以說明，其他董事對此點亦多表不滿，此等空氣為一種正義感之表現也。

師友

逢化文兄將所備由青島各廠具名上姚大海董事長呈文，請為逢補發疏散費事交余於下午開會時遞之姚氏，余於會議完畢時與殷君采氏合送姚氏，並由余及殷氏與宋志先分別發言支持，但姚氏似已早知準備，表示此為四月十五日渠接事前之事，不好開端，商談良久，終無結果，晚逢化文兄來詢情形，即詳告之，俄逢兄又來謂遇樊中天君，似乎主張繼續進行，並謀補董事缺，則以後更好說話云，余即囑其應設法打通台中陳主委之關，渠即將先與殷君采氏交換意見云。張中寧兄函託向太平商場李育鈞洽收

所存之款八千元，余於今日往訪，渠云可與其董事長賀鴻棠在港面洽辦理，此間不擬付款云，余見其高朋滿座，不類開會，亦不似來賓，更無職員，不知是否又是周轉不靈，深為擔心，因台北此類事太多也。

5月19日　星期五　雨
師友

逢化文兄來訪，仍談其向齊魯公司索疏散費事將繼續進行，余謂只須殷君采主任委員繼續代為爭取，余亦願會同進行，渠即往訪殷氏，移時歸謂已談妥明晨在劉寓與殷氏會同出發，余並主張當時發言之宋志先兄亦往參加，逢兄謂即往聯繫，明晨亦到劉寓云。陸冠裳兄來訪，余告以日昨齊魯公司常董會決定下星期六舉行全體董事會，若干同人將俟此會召開時控訴畢天德等，望即轉告準備一切，又吳朗齋兄對此會之開特感重要，公司去年度工作報告頗有關係，渠若到市內不妨先行閱覽接洽也。到上海路訪崔唯吾氏，將慰問其因張敏之案與劉志平衝突致遭毆辱事，至則家無一人，留片而返。代張中寧兄再訪太平商場李育鈞索債，仍謂須在香港解決云。途遇楊天毅兄，並到其新寫字間參觀，據談何冰如君之眷屬由山東至定海，因大撤退而無下落云。

5 月 20 日　星期六　雨
師友

上午，到廈門街訪殷君采主任委員，談昨日逢化文兄所約之會同往訪姚大海董事長，交涉疏散費事，殷氏對此事極躊躇，認為對姚氏已不可再超過分寸，自討沒趣，余謂余之看法亦相同，僅因逢兄謂殷氏願往，乃來附驥耳，因即決定作罷，理由為殷氏血壓太高恐有危險，今晨赴醫師處放血，當告知逢兄容後再行洽辦云。晚，李公藩太太來訪，謂人心浮動，三月內共匪有進犯台灣企圖，進退兩難，其實此事最大危險乃在空襲可怖耳。

5 月 21 日　星期日　晴
集會

上午，到省黨部參加政大校慶紀念會與校友成立會，投票選舉理監事，預發參考名單，以圈選方式出之，謂此名單乃將各校院班全部容納者，余投票後未及散會即退出。

看書

讀沈從文著「主婦集」，凡五個短篇，「主婦」寫夫婦生活與性格調和之微妙處，似為作者自白，「貴生」寫粗人之婚配，獨多風土味，「大小阮」寫兩個不同路線的青年，極能對照，「王謝子弟」寫沒落中之仕紳，糊塗乖張，「生存」寫窮困中之青年，極淒楚有味，皆力作也。

5月22日　星期一　晴

職務

下午，吳朗齋、劉鑑、陸冠裳三兄來訪，談本星期六齊魯公司舉行董事會，乃員工發揚正義之最好機會，決定由陸、劉諸兄將所得過去畢天德、黎超海、蘇雲章等之弊端加以揭穿，由在台被疏散員工聯名檢舉，分向各董監遞文，以便提出會議，目標為由董監會成立清查機構，在清查期間畢等之責任無法解除，至於工作報告與決算書表亦即不能通過，而仰畢等鼻息之蘇雲章亦使之不能立足，庶幾耳目一新云。

5月23日　星期二　晴

公益

下午，應裴鳴宇、許先登、趙季勳之邀在中山北路舉行茶會，所談為捐募勞軍內衣褲事，三人分成一隊向不屬於軍政工商之人士勸募，十四人分擔二百套，計每人擔任十四套云。

師友

到中山北路訪吳崇泉兄，談關於會計師公會常務理事之選舉事，將於明晨到劉階平兄寓所交換意見，又談會計師業務，吳兄亦云十分清淡，因此類事實際上並無毫無原由者登門求教也，吳兄在台任日產管理處處長有年，對清算日產事甚熟悉云。

5 月 24 日　星期三　晴

業務

上午，到劉階平兄家與吳崇泉兄等談會計師公會選舉理監事之進行事宜，本約有周傳聖兄，因渠另有他事未到，另有林有壬君，因通知未到，故亦未來，劉兄報告一週來活動為常務理事者除王庸外，尚有廖兆駿、虞舜等，林有壬本在余等之團體內保證其當選，但渠又四出活動，致吾等策動情形全被洩漏，致生出若干枝節，云云，經交換意見後，決定下星期一必須召集開會，余等六人之立場絕不變更，林君處由吳崇泉兄加以勸告，並俟開會時傍林君就座，便中監視其投票，免為所貽云。

5 月 25 日　星期四　晴

師友

下午，李祥麟兄來訪，談最近存款於三盛銀樓與金建豐銀樓，前者已取出，後者尚未，前日兩家均倒閉，實際上金建豐債務不多，且與三盛只有一個股東相同，三盛則為獨資，其經理已逃匿無蹤，負債頗多，資產不足相抵，乃將目標轉移金建豐，明日金建豐債權人開會，詢余應如何主張，余告以此兩家資本之構成不同，自不可混為一談，而金建豐之債務不多，且股東不必有歇業之意，此刻應挺身而出，對於債權人表示負責，亦即等於對其股權表示有限度之責任，如顧慮彼方債權人不講道理，不妨請律師加以保障，並請會計師查帳，宣布其償債能力，及與

三盛之有限度的關係，李兄認為中肯，將於明日開會時提出，如請律師將為劉馨德兄，請會計師則由余擔任，余已應允。

業務

晚，劉階平兄來訪，談會計師公會星期一舉行理事會應準備事項，並談及將來為按插不當選常務理事之理事，不妨設若干特種委員會，余亦甚贊同其說。

5月26日　星期五　雨

師友

上午，在和平西路一車行遇逢化文、張鏡塘兩兄，即入內閒談。晚，劉鑑與陸冠裳廠長來訪，面交油印十三職工聯名指控齊魯公司業務負責人違法貪污之函件，此函每一董監事一份，除今晚交余一份外，其餘將於明晨走送五、六份，餘則全部送至會場，此函乃陸兄執筆，文字甚長。

業務

前數日地院檢察處送來傳票，為李立言侵占背信一案將於明日開偵查庭，余因至今未獲公費亦未查帳，明日當不前往，今晚李立言來取其以前交來之辯訴稿，余將此意回告。

5月27日　星期六　陰、有小雨

職務

整日參加齊魯公司第三次董事會，回溯上次董會已兩年矣，上午由協理蘇雲章報告過去工作，冗長蕪雜，去半天光陰。下午二時續開，研究議程所列報告事項，董事發言以吳風清為最多，對議程所列報告案之處理程序多有指摘，其時蘇雲章臨時報告，謂今日上午會議席上接獲疏散職員油印信指控公司負責人，涉及渠個人，望澈查，如有弊端，渠完全負責，否則亦應有公正處置，經決定合併工作報告與決算書推人審查，並將董監兩會之審查程序合併，計推董事五人、監察人二人，開會從詳查察，余亦在內，經推辭不獲，亦即允就，繼又討論例案數件，於六時散會，今日會議情緒之緊張為向來所未有，而審查會之成立為澈查公司情況之先聲，有此核心機構，庶幾不致一鬨而散，無復結果矣。

師友

散會後同汪茂慶兄訪周天固兄於中央日報，並留片問候馬星野、蕭自誠兩兄。

5月28日　星期日　陰、小雨

師友

上午訪劉階平兄，據談近來會計師公會之少數派理事因無法取得多數常務理事，吸收林有壬會計師亦無結果，乃更番向渠活動並有威脅姿態，但決不以為意，仍堅

定原有立場，余完全同意其見解，此少數派乃一種臨時結合，聞尚有卑污條件，令人作嘔云。下午，到浦城街參加校友會茶會，楊希震報告母校瓦解經過，李善良報告脫險離申及上海一般人民之苦境甚詳。姜春華、陸冠裳、逄化文諸君先後來訪，所談為日昨舉發齊魯公司貪污事。李秉超君來訪，謂極願協助辦理公產管理處委辦清算案件，余表贊同。

5月29日　星期一　雨

業務

　　晨，富伯平、周傳聖兩兄來訪，周兄謂昨晚晤劉階平兄，渠表示近來會計師競選常務理事者笑話百出，渠不願再積極進行，詢余係何情形，余以事先不知，經連袂到劉寓訪談，商量結果，仍不變原宗旨，至於彼反對方面陰謀以會員內有公務員為理由將施破壞手段，在法理上亦覺可以站住云。下午，到中山堂出席會計師公會第一次理事會，全體出席，社會處、建設廳均各派員參加，會議尚未進行，有王庸者提出半月前會員大會會員資格有問題，一為有現任公務員依法不得為會計師者三人，二為有入會手續不全者至少一人，望先解決此項法律問題始可進行會議，余因在開會時擔任會員登記，當將經過說明，前者以建廳之登錄名單為準，有無公務員在內乃主管官署事非公會事，後者經社會處指導員解釋允於事後補繳，准先出席云，於是展開討論，針鋒相對，兩機構之代表指導者亦不

能有十分肯定之解釋，於是發言者雙方皆多，余亦發言數次，希望今日出席者不能以理事身分反對自身所從出之會員大會，此大會會員設非經主管官署認定其有半數以上資格不符之分子，此大會之所作為當無人可推翻之，且本身為大會所產生，又何能自廁於不合法之林，自高自卑，俱失身分，且今日大會成立後如不承認理事會之合法性，則籌備處時期已結束，是日之會計師公會係何狀態，如何對外，根本即是問題云，紛呶兩小時餘，少數派堅持主張，且不肯表決，僵持至再，尚係由多數派中人加以緩和，即今日仍開理事會，但不選舉常務理事，僅議決將公務員會員一問題推四人起草呈文請求官廳解釋，因撤銷登錄權在建廳，建廳所開登錄名單未撤銷者雖係公務員，在公會亦不能予以拒絕也，六時散會，今日此等少數派之真正目的為因常務理事失敗之局已成，故意搞亂使不能選舉，但最後彼等仍難操勝算也。

師友

訪鄒馨棣會計師不遇。吳朗齋兄來訪不遇，晚往劉鑑寓晤談，渠對於明日即將舉行之齊魯公司董監會審查會希望余能為之聲援，余告以自無問題，渠似對余前日開會之側面發言方法不甚同意，且深感余正面說話太少，經余解釋原因，渠亦瞭解。

5月30日　星期二　雨

職務

　　上午，到齊魯公司參加董監事聯席審查會，審查建廠計畫、去年工作報告、去年決算書及去職職員二十三人控告公司負責人案等，今日全日為討論建廠計畫，先研商經營價值，利潤極少，次研究資金籌措，經公司內經辦人開會照最穩健之數字估計，尚缺五萬美元，如連流動資金，則為七萬，設非財委會補助，絕無他法可以籌其來源，當即決定由個人將意見用紙寫出交姚大海董事長彙集，向財委會接洽，至於報告則分頭細閱，再作審查，其餘二案即決算與控案，余主請會計師辦理，姚氏不同意，各人乃推余審查，余以此事太繁，主張推三董事與一監察人聯合審查，事無鉅細完全以合議方式行之，經即推定余與吳風清、宋志先及董成器共同擔任之，是時控案原告代表來謁姚氏，姚氏見畢後詢各審查人可否將帳簿傳票加封，以待清查，咸曰可行，不料會計處正副處長蘇雲章、姚士茂先後來表示消極，態度極其穩重，經解釋後始無異言，遂由在場董監事將帳加封焉。晚，姜春華、劉鑑來訪，說明要求封帳之原因為風聞姚士茂等連夜整理帳簿傳票，往往深夜始返，今日加封已晚，但亦有亡羊補牢之效云。

業務

　　晚，到富伯平事務所與吳崇泉、周傳聖、林有壬等對於會計師公會波折交換意見，決定立場務要強固不變，

極力爭取主管機關，我方會員如確有公務員應如何補救，又退一步縱使確為公務員，應不影響該日大會之效力，因公務員之應撤銷登錄乃屬建設廳之事，又撤銷之時效不應追溯也，談竟即分配擔任各項活動，十一時散。

5 月 31 日　星期三　雨

師友

　　上午，因廖毅宏、陸冠裳兩兄昨晚來訪未遇，今日特往答訪，竟亦不遇。到太平商場訪李育鈞經理，代張中寧兄洽收債款，至則滿室皆是來賓，且女多於男，詢之知皆為債權人前來索債者，大小戶均有，余候李一小時不遇，只聞各候債人談話，知其已出外籌款，何時可歸不敢預料，此中有守候終日或每日均來者，據云該公司負債尚有一百一十餘萬新台幣，而指抵之款不過由港正在抄運來台之貨物，其數勉可相抵，但清還技術則尚未確定云，余乃訪其中一劉弼塵經理，福山人，請其將張兄之信轉李，並將其親筆回信備就後交余轉張兄，又說明債權人終日守候實非得策，不若延聘會計師將帳目查明隨時按資力攤還，會同債權人代表秉公辦理，庶有條理云。

業務

　　訪劉階平兄，轉達昨晚談話經過，請注意建設廳主管股長張棟銘，使其對於會計師公會糾紛問題勿再偏袒搗亂份子，因即談此事之進行方式，經研討彼方所持之理由即會員公務員問題，認為彼等亦有現任公務員及專任教員

者，而其最弱之一環則為水啟寧，渠最近始受刑之宣告，各方因友誼不肯明言，設水加入彼方搗亂，則此實為最後一張武器，特此項武器非萬不得已不宜於使用，以存厚道焉。

家事

　　余於國文四聲之學自幼茫然，年長後稍稍知之，亦是淺嘗，紹中女本學期入女師附小方三月，現對每字之陰陽上去讀法已上口甚熟，自然渾成，似有天稟，可喜也。

6月1日 星期四 雨

職務

齊魯公司董監會審查會所推出之決算與控案審案小組今日開始工作，計到宋志先、吳風清、董成器及余，今日所討論者為工作進行之順序與一般之原則，前者為先查控案再審預算決算，後者為決定控案之審查基礎、依據、資料、方式等，決定後即由原控案之油印文件著手，請各參加人於明晨將進行要點，其中所包括之種種問題予以條分縷析，於下午開會時共同提出，即為處理之具體對象云。

師友

晚，廖毅宏、陸冠裳兩兄來，廖兄此次由定海退來台灣，損失不少，現因對赴港澳旅客有強募公債一萬零五百元之規定，致暫時難作歸計，將籌畫經過大陳島與琉球間經營貿易，正設法連結人事關係中，陸兄則在澳門鄉下以農為業，尚可維持云。

6月2日 星期五 雨

職務

下午，開齊魯公司審查小組第二次會議，討論原舉發書之第一案，關於公司經協理等合辦三台營造廠之情形，經共同列舉此案應查明之要點凡三十九點，即就前五項加以討論，推定會外調查工作之擔任者，並通知原舉發人補提有力證據，又決定下星期一日舉行第三次會議，會

前由公司派車逐一接來以資守時云。

業務

　　晚，在富伯平律師寓與劉階平、吳崇泉、周傳聖諸兄談會計師公會糾紛問題，據周兄云，晤及社會處指導員吳耿，吳不從法律觀點立論，主張以變更常務董事人數之方法以為調解，其法改五人為三人或一人，經研討認為如此發生本身六人中之重新退讓問題，易滋分裂，仍以保持原有立場為得計，至於法律解釋一點為防止建設廳以拖延方法應付吾人，將另向經濟部請求解釋，則有利刃在手，不虞其歪曲矣，此事立即進行，如法不至於變更，則推選常務理事時應否清一色或以何人為對方之選，應再從長計議，大體言之，對於虞舜、王庸之採取無賴手段均為痛絕，或將由二人以外之人入選，而此人必須為對於對方起最大壞作用者，此人應即為廖兆駿，渠為人不重道義，將起反作用也，此點以後再談及之，今日將富所擬之呈建廳、社會處呈文稿分別核閱，並加潤色，將由富、吳兩人往訪對方起草人虞、王兩人折衝呈送，設修改過多，當保留不予蓋章也。

6月3日　星期六　雨

見聞

　　本月一日起，政府對台灣銀行黃金儲蓄存戶於存取時強制勸儲有獎儲蓄券，其數約相當於市價與官價之差額，按前日之市價計算，換言之，亦即以前一日之黑市為

後一日之官價，實際為改變黃金官價，特另加名目為儲蓄而已，余今晨到台灣銀行實地觀察，見取金者不少，而存者不多，遇劉鐸山氏及夫人亦在，余詢其意見，據云將於支取時不再存入，雖市價甚高亦不賣出，因賣出再存即將利益必須變為儲券也云。

6月4日　星期日　雨

師友

上午，鄒馨棣會計師來訪，詢公會互選常務理事情形，余將演變經過據實告之，渠無具體意見，有之不過息事寧人，所以如此蓋由於成立大會選舉理事時，渠向余接洽集體交換選票，結果不十分圓滿之故，此事余今日始知之，據鄒云渠向余交換十二票均照提無誤，但開票時結果十二人中只得七、八票，其中如周傳聖即未投渠之票，如能多出一票即不致因與人同數而參加抽籤，結果變成後補，設不爾者，理事會更得掌握多數也，余對此事亦認為遺憾，但私忖十二人中決不致只有六、七票，同時鄒此次共獲十二票，如果只投六、七票，其餘必為其個人交換票，渠在會前未表示有如此之多，今日又謂有之，然則當日何曰向余交換十二票，豈非亦預備失信乎？果爾則背信者絕不只為片面也，談一小時去。

職務

齊魯公司離職人員姜春華君來訪，據談告發公司當局之文件末稱尚索其他款項，其意乃指赴港船票及去年

由滬接眷來台所給旅費不足之數，余允其補具節略加入
審查。

6月5日　星期一　晴

職務

　　下午，續開齊魯公司董事會查案小組，今日討論安
東街房屋頂進情形，先查案卷，除租摺及租金收據等市府
官房文件外，別無依據，咸認為手續不合，此外購買物品
則待開單說明。

交際

　　大亞細亞公司王德溥董事長晚宴客，在座皆齊魯公
司一部分董事，請客目的為該公司到貨報關及投資水產等
需款孔急，將向齊魯借貸向銀行押款周轉，事先向姚大
海、蘇雲章兩負責人接洽，均推之董事會，於是該公司乃
備好一私函請各董事具名向姚董事長建議，經商討結果，
認為應由公司業務部分提出董事會始可核議云。

6月6日　星期二　晴

師友

　　下午，叢芳山兄來訪，商討台灣銀行對黃金儲蓄存
款須先買儲蓄券始得存款一事之看法，余對此事殊覺判斷
不清，因政府一切措施往往繫於一念，設十五日勸儲期滿
後不改官價，則金市必跌，設政府鑒於此次變相提高官價
尚未影響其他日用品市價，即乘此機會調整官價，則金市

即漲而不落，反之即必回跌，此其一，又如調整官價，對
於以前儲蓄未提者是否將差價利益收歸政府，如為正面，
即收歸政府，則候至彼時取金即無利益，反之即以待彼時
取金為最有利，此等元素局外人無從揣奪，只能知其大概
趨向，恐調整官價為不可免，對老存戶或不能太不顧全，
是則以等待月半後再取為有利也，又如調整官價有不可免
之勢，此刻存金及負擔儲券或仍為有利之事，亦值得注意
也。訪宋志先兄，據云晚間姚董事長大海將來訪，商大亞
細亞之借押品問題，晚間果二人偕來，商談不能決，又三
人同訪趙葆全兄不遇，訪董成器兄，均認為如果用余以前
所提辦法，即齊魯向銀行押款轉借予大亞細亞，惟大亞細
亞應以進口提單或其他可靠擔保品交齊魯，姚氏將於明晨
先與公司業務人一談，下午再晤面交換意見云。訪周傳聖
兄，據談公產管理處有一大清算案即台灣拓殖公司，此事
非一會計師所能單獨承辦，擬集合三、四人共同為之，余
表示可以參加，但應以先行預支公費為原則云。

6 月 7 日　星期三　晴

職務

　　下午繼續在齊魯公司查帳，所查仍為有關三台營造
廠之支付款項，今日由暫付款項三台戶分別詢出其傳票，
卅七年者董成器兄先查，卅八年者余先查，發覺若干支付
款項憑證十分馬虎，而買房付款手續尤其簡略，甚至有連
正式收條亦無者，均分別摘錄預備彙總，至於宋志先兄之

帳外工作尚未進行有何眉目云。姚大海董事長提出，大亞細亞公司借款事，如用海關提單作押請公司另用押品向銀行借款，業務負責人亦表示困難，乃立即以姚氏名義函覆云。

業務

晚，在富伯平律師處與數會計師晤面，交換關於公會事之意見，據調查主管官署對會員兼公務員一節，將不從正面答覆，另以調解方式處理，此點為吾人所不願，將力謀矯正之。

師友

劉階平兄偕咸豐行經理王林渡來訪，未遇，王住台南市永福路第五十九號云。

6月8日　星期四　雨

師友

訪叢芳山兄，商討強迫購買儲蓄券之政令下，黃金儲蓄存款是否仍可提取，並無結論，提取每兩須買券卅元，設延至十六日果能將強迫辦法取消，則此三十元即為賠貼，反之如繼續強儲且券數提高，則今日提取即可節省一部分損失，此兩種可能均足以發生，但余認為政府食言可能最大，故提前支取之，又就市面情形言，金價高漲以強儲為導因，實際則為供求不能平衡，故十六日以後縱使跌價亦必甚微，是時政府官價比市價太低，其損失太大，雖不必提高官價，仍不免以其他方式增加儲戶負擔，由此

點言，亦應早提云。上午，訪隋玠夫兄，閒談。下午，陳
長興兄來訪，謂將來有意移台北居住云。到太平商場訪李
育鈞經理代張中寧兄索債，要求函香港撥款，但仍飾詞拖
延，暫無結論。

6月9日　星期五　晴

師友

上午，到經濟部訪張景文、劉馥齋兩兄，因二人均
為部方所派黃海水產公司董監事，該公司將於明日開董監
會，必提出以前年度決算，有若干股東對該公司表示不
滿，故希望二人在會議席上能主張委託查帳，張兄似有顧
慮，劉兄不甚清楚，余託劉兄轉達另一董事，係主管司
長，請其作此主張云。到農林公司訪廖國庥兄，為林文軒
君轉達其與其主管不無芥蒂之大致內容，以免先入為主。
又在該公司訪吳夢楨經理與王主任秘書。訪楊天毅兄，託
打聽齊魯公司查帳之有關機構人員袁紹唐之地址。晚，應
逢化文兄之約便飯，在座尚有楊天毅、張景文、陸冠裳、
廖毅宏兄等，飯後閒談至十時。

職務

下午繼續到齊魯公司查帳，仍為與三台廠有關之帳
簿傳票，另有資料文卷等。

6月10日　星期六　雨

見聞

上午，到台灣銀行總行察訪黃金儲蓄存款存取與強買救國儲券事第十天反應情形，見櫃台存入者甚少，提取者陸續有之，出納方面人尤多，賣儲券部分則存戶數十人排隊等候，其中或亦為取者多存者少，蓋今日黃金市價比官價加強儲券之數為低，辦理黃金儲蓄已不上算，除非能有人預見十天後取金時能漲起若干，無人肯於冒險投機也，政府之意在於使人民感覺無何興趣而卻步，其黃金存底枯竭之象，乃為人所共見，其中實潛伏有若干危機也。

6月11日　星期日　雨

瑣記

余自執行會計師業務以來，雖略有收入，但仍不能賴以謀生，每月除業務收入外，恃過去積蓄生息以為補助，而余對款項運用，率由黃金合法之途，即黃金儲蓄存款與優利存款是，二者皆為政府銀行所辦，本應穩固可靠，但黃金儲蓄旬日來已因搭售有獎儲蓄券而毫無利益，存戶不能不望而卻步，此項來源暫告中斷，優利存款則在金價狂漲之下，相形的鈔票跌價，設一般物價亦因而漲起，又不免大上其當，總之在此種國家經濟制度下，今日不能預料明日事也。

6 月 12 日　星期一　雨

業務

上午，張雲泰、張子文兩君來訪，謂二人皆黃海水產公司董事，星期六開董監會時決定請會計師查核帳目，當時總經理鄭旭東表示反對，但多數通過照辦，會後對會計師人選裴鳴宇議長提出余與劉階平兄二人，張子文君謂劉兄曾在其他查帳案有未能查出之情弊，故主張延請余擔任其事，余即允諾，並約定俟其常董會今日下午決定後另定時間約余商談具體事項云。上午，劉桂兄來告前日會議決議情形，人選未決，望余注意及之，下午在齊魯公司晤及裴鳴宇氏，渠亦談及此事，並詢是否同時延請劉階平兄，余告以無何意見，但今日來洽此事之代表人並不願意如此云，裴氏對公司經手人不滿，主張澈底查明。

職務

下午續到齊魯公司查帳，今日已將有關三台營造廠之帳項查核完畢，只待整理並由會同查帳數人各提意見加以彙總即可。晚，陸冠裳兄來訪，談及彼等舉發三台廠為畢天德、黎超海等人所營，董會囑提證據一節，因該廠經理袁紹唐住址不明，無法可以提出，當具一報告由其銀錢往來之密切推斷其不誣，余囑仍再詳查云。

6 月 13 日　星期二　晴

業務

上午，張雲泰君來約同到四達貿易行與黃海水產公

司各常董見面，彼等今日常董會即席議決聘余為查帳人，
當即研究進行方式，決定於後日上午到該公司廈門街地址
接洽辦理，下午余再到四達與常董于希禹談辦理委託手
續，決定委託書由彼填好，明日送來一面由董會通知該公
司，另函余持至該公司洽辦，至於公費一節，余按半月
算，連同助手一人為二千七百元，但因公司有聘余為會計
顧問之表示，允按習慣稍與折讓云。

6月14日　星期三　雨

職務

下午到齊魯公司繼續會同審查帳目，今日有關三台
營造廠經手支用各款一案者，本已可以將摘錄各點彙總摘
出登入紀錄，但後又在其他科目內發現與三台有關之帳
項，須繼續加入，故又須將彙總工作延至下次，另一方面
重要關係人袁紹唐迄今未能查出其住址，須尚以兩天之時
間作最後之努力，故下次會將於星期六舉行，又其間有一
插話，即黎超海售諸公司之住宅本其自有，但公司帳上在
其轉售公司時係另由袁紹唐書寫收據，而蓋用該房前手董
蓬凌之私章，此私章諒係私刻，董君乃參加查帳之董成器
兄之堂叔，故將由董兄去函查詢此項單據是否偽造，此事
殊為巧合也。

6 月 15 日　星期四　雨
業務

　　上午，按照前日約定到廈門街訪黃海水產公司總經理鄭旭東及常董鄭培仕兩人，談該公司情形，旭東君說明黃海過去及今日種種人事恩怨歷三小時，謂查帳之事動機實有作用，惟其本人極希望詳查，談竟余表示須接委託書後始可著手，但二人邀約於今日下午先到基隆該公司察看大略情形，希望不必拘泥手續，余意亦無不可，乃於三時乘該公司車同兩鄭君前往，與會計王君略談後即將帳簿傳票除出現用之帳簿外，其餘完全裝箱封存待查，事畢即返台北。

6 月 16 日　星期五　晴雨不定
業務

　　上午，到南陽街訪姬奠川會計師及李洪嶽律師，李律師云姬會計師赴港已兩周尚無歸期，似有債務未了云，在該處又遇華信工廠背信侵占案之原告方面李東園君，詢以該案進行情形，據云最近一次開偵察庭，檢察官詢被告李立言何以所聘會計師（指余）無查帳報告，李供會計師索公費太高，負擔不起，現在又經于國霖君介紹另一未入公會之會計師陳君查帳，帳已運來台北，明日即當提供報告云，按此事余承辦一段係于國霖兄介紹，于在台中，對此事竟無隻字道及，反之，以前且來函承認公費必付，現又嫌高，其用心乃在誑騙，殊屬不到友之至。到經濟部訪

馬聯芳、張景文兩兄，二人乃黃海公司董監，余說明查帳
進行經過及公費算法，並與張兄交換對帳務意見，因渠曾
對其表報作大略審核也。

6月17日　星期六　晴、下午雨

職務

下午，到齊魯公司出席小組審查會，今日工作為將
數日來檢查帳表傳票之成果加以整理彙總，今日初步工作
所據者多為余與董成器兄所摘錄者，至宋志先、吳風清二
人所摘則改於下次會議補充，但今日亦僅將房屋部分加以
彙總，其餘材料、汽車等則因限於時間，待後續加整理，
今日又有一大收穫即宋志先兄已將三台營造廠經理袁紹唐
尋到，曉以利害後，渠即將畢天德、黎超海、褚保三、李
伯寧等人之參加三台及利用職務強迫其勾通作弊等情形和
盤托出，宋兄即加以筆錄，併入小組會紀錄內。下午訪廖
毅宏、陸冠裳兩兄，據談財委會人員有與齊魯公司人員結
不解緣者，樊中天即係其中之一，渠為赴海南島代公司交
涉汽車胎事旅費曾一款兩報，又今日下午公司職員蔡繼善
君曾謂樊辦公桌在余等查帳處之隔壁，經常從事竊聽，可
鄙之至云。

6月18日　星期日　晴、下午有陣雨

師友

下午，到浦城街參加張子揚同學召集之校友會茶

會，馬星野報告為李鴻音同學進行校長位置之接洽經過，謝澄宇報告赴南洋菲律賓、印尼、馬來、暹羅等國，勸募救國公債行程經過及分析各國武備窳劣根本無力抗拒共產勢力之進攻，現在東亞談反共者，捨台灣外絕無可以發揮力量者，故目前尚未承認中共政府之菲律賓、泰國等亦在轉變過程之中，此點大值得注意也，報告詳盡扼要，繼又由張子揚、吳望伋先後對立法院本會期種種表現加以報告，最後有新近由海南島撤退來台之王醒魂同學報告撤退經過，茶會直至七時始散。

6 月 19 日　星期一　晴曇

業務

下午，黃海水產公司常務董事于希禹來訪，謂該公司查帳事可即開始，報酬一節擬送一千五百元，預付五百元，查帳完畢後將聘余為本年會計顧問，再奉送若干，以免失之菲薄，詢余能否同意，余謂此公司為地方事業，報酬若干余絕不計較，一切聽便云。

師友

下午劉階平兄來訪，約定星期五再到富伯平處商公會事，渠又談此次黃海水產公司延聘會計師查帳，因人選一節引起張子文在外揚言破壞其名譽，謂劉某等敲竹槓云云，余即謂余與張最近初識，在余處未有此言，只謂請余比較合適，余於此等口舌是非深覺無味也。

6月20日　星期二　晴、下午陣雨

職務

下午，到齊魯公司繼續查帳，今日工作係就前次所整理之有關三台營造廠經手款項彙總意見再加補充，因前次會議未有吳風清董事參加，渠今日前來開會，須再加融會，但因過於瑣碎，費時半日，始完成一小半，此外今日又加入一小段報告，即黎超海轉賣公司之宿舍付款收據為董蓬凌所具，董為董成器兄之堂叔，頃亦詢得覆函，謂渠未出此項收據，足證私章係偽造云。

業務

下午，黃海水產公司常務董事于希禹兄來訪，謂關於該公司查帳事，今日裴鳴宇議長與劉階平兄適均往訪，劉兄因昨日所談張子文破壞其名譽事為破除外間誤解起見，希望亦參加查帳，但常董會所聘只余一人，無法轉圜，乃由裴函經濟部張靜愚次長表示，請其轉洽擔任公司常董之農林司長馬聯芳如此變通，並希望由余向公司總經理鄭旭東接洽，至公費一節，既為兩人，自應酌加云云，余知此係劉階平之優越感又起作用，此人爭利恐後，殊不友之至，乃簽云，此事乃黃海董事會所發動，余不過被動應聘，初無必須由余查帳之意，事實上任何人亦無權強迫任何公司聘任，今劉兄既可藉此恢復其名譽，余當敬謝不敏，請渠一人承辦即可，余在技術上亦感覺合辦有不易之處云云，于兄知事不妙，即行辭去，余對於劉兄之為人初尚以為略有小疵，大體不差，今始知其只知鑽營，不顧朋

友，不擇手段焉。

師友

　　晚，劉桂兄來訪，攜來作論文一篇，題為「人間地獄
能避免嗎？」託余送中央日報發登，余於晚間略微潤飾，
並詳審其所據之理論，認為確係好文章，惟題目易為讀者
誤會，須改。

6月21日　星期三　晴、下午雨

業務

　　上午，到經濟部訪與黃海公司有關之張景文、劉桂
與馬聯芳諸兄，談昨日所知關於劉階平希望參加查帳一事
之經過及余答覆于希禹之基本態度，馬兄為直接主管公司
者，主張非再開董會不可輕議變更，如果開會，其亦主張
維持原案，以免節外生枝云。下午，黃海公司常董鄭培仕
與總經理鄭旭東來訪，據談今晨于希禹兄與鄭常董商談劉
階平加入查帳事，鄭主張不可輕於更張，二人意思相同，
謂董會不可開經理人員之玩笑云，二人來時即將委託書帶
來，此即于君前日已備就者，謂係于君談話後又行送來之
件，余即知于與在此之常董非正式交換意見，馬處意見如
彼，鄭處意見又如此，知不可為，遂將計就計自發自收
矣，談竟決定後日開始赴基隆查帳。余忖度劉階平兄對此
事更不能釋然，因其弄巧成拙，且獲罪多人，而于希禹君
之輕舉妄動，亦屬不可思議者。晚，到富伯平律師處談公
會僵局如何打開事，到者僅有吳崇泉兄一人，其餘劉階平

自訂時間而不到，亦有未知其是否有通知者，今日三人只能約略交換意見，認為當前急務為向官廳請示公函必須發出，此事本為反對方面所提，但通過後又表示無興趣，蓋搗亂者之武器即為拖延也，我方則仍須早日請示，使其無再拖之理由，又本身陣容不容輕有分化，此點最關重要，如保持此點，章程內之常務理事人數不可變更，因一有變更（均係減少），必有人因絕望而倒戈，則全盤皆輸也。

師友

上午，到中央日報訪周天固兄，託為劉桂兄刊載新作「人類命運的抉擇」，此題為余所改，因原題用「人間地獄能避免嗎？」宿命意味太重，非文內主旨，易起誤會也。

6月22日　星期四　晴

師友

上午，到永康街訪朱佛定委員，閒談。到台灣大學法學院訪李祥麟兄，不遇。

職務

下午，到齊魯公司繼續查帳，四人全到，但今日所工作者仍不出十七日之範圍，未有寸進，其原因為吳風清董事太瑣碎，原綜合意見已具備者渠亦必須將其己見重複一次，且隨時發抒感想，完全一種爭吵姿態，徒貽話柄，無俾實際也，今日又決定將各房屋完全加以調查，不問是否三台營造廠經手，一律查卷，其實此事雖屬範圍內事，

但數日來所研究者為如何透過三台發生經濟關係，至於其他事項則應在將來範圍中也。

6 月 23 日　星期五　晴
業務
　　上午，到基隆黃海水產公司開始查帳，今日工作竟日，尚為初步，今日工作範圍為根據其五月底之表報所列總帳補助帳餘額，核對是否與帳面相符，並注意其在是日前結清與是日後開戶因而即不在表內有數字者，以一日之時間已經大致核明，並隨將要點摘錄，在帳務技術上頗有缺點，如總帳科目一部分無補助帳，從而明細表內即無分戶數字，但亦有根據總帳加以分科在表上分戶者，更有總帳科目在補助帳內分成一部分有一部分無者，諸如此類甚多。
師友
　　晚，逢化文兄來訪，據談立法院立委吃空分肥，每人每月可得福利金六百元，實怪現象。

6 月 24 日　星期六　晴、下午雨
師友
　　上午，劉桂兄來訪，託再向中央日報查詢其所做文稿「人類命運的抉擇」是否採用，余於下午函周天固兄，因無人即送，故余傍晚往訪，不遇，信亦於是時送到。劉桂兄談黃海水產公司查帳事，因劉階平兄要求參加，曾欲

開常董會一次討論辦法，後將紀錄送至馬聯芳常董處時，見全體董事會決議案有「聘會計師一人」字樣，認為不必再開會，因常董會不能變更董事會之決議也。晚，李公藩兄來訪，談在台中居住情形，聞現在因工商業倒風特盛，魯籍人士均不免於損失，此等情形影響一般生計，事非簡單云。

業務

黃海水產公司董事張雲泰來訪，供給有關查帳意見資料，又謂渠欲赴公司查帳，總經理鄭旭東表示拒絕，其他董事不置可否，詢余意見，余認為董事乃公司業務執行人，既為當局何能發生不可查帳之事，至余之查帳，既不能拒絕任何董事前來洽談，亦不能強拉任何董事參加，故余不能代為決定此問題之歸趨也，其實此等問題之發生，乃屬政治性的與人事性的，根本不能按合法與否加以解釋也。

6月25日　星期日　晴

師友

到振中印刷廠訪楊天毅兄，據云外出，留字請代印查帳報告書封面用紙。下午，蔡繼善君來訪，據云齊魯公司建廠事困難孔多，恐仍不易實現，如此則公司將無事可做，同人為之不安云，余詢以前數日所聞公司疏散同人有以所挾公司主持人之秘密要求代價者，蔡君則云並無其事，又談及興台公司與中央日報、新生報職員數人，因匪

諜嫌疑被捕，皆政校後期同學云。到太平商場公司訪李育鈞為張中寧兄討債，未見有人。

6 月 26 日　星期一　晴

業務

今日赴黃海水產公司繼續查帳，今日為審查銀行存款科目，存入時注意其傳票後所附之送款收據，並注意存入日期與記帳日期是否相符，大致尚無問題，只略有漏帳已補耳。

交際

晚赴中山堂李玉堂氏之邀宴，其意在向山東立、監委、國大代表報告其山東綏靖總司令部設立與撤銷之經過，報告後有客人發言，提出賀仁庵、劉振策一案，頗有若干緊張。

師友

周天固兄退回劉桂兄託余送中央日報之文稿，有馬星野及主筆評語，傲岸令人作嘔。

6 月 27 日　星期二　晴、下午雨

師友

上午，陸冠裳、廖毅宏兩兄來訪，即留午飯，閒談。到劉桂兄寓送還其投中央日報之文稿，余未寫文字，內附有該社對此文評語兩頁。下午，託蔡繼善君到太平商場所聘之律師處登記張中寧兄之債權，未附證件，但囑該

律師向債務人帳上查詢云。

職務

下午，到齊魯公司繼續參加查帳，已將三台建築廠為齊魯所買物料部分查明寫入報告中，又汽車一輛亦為三台經手，其詳細審查係由宋志先兄辦理，亦寫入報告文中。

公益

下午，出席山東漁農基金保管會，通過兩案，一為買進織布工廠兩所，請求追認，此事非小，但由主委孫伯棠已辦，只好追認，二為買租漁船經營漁業，此事具體事項甚多，非即刻可以定者，當推出三人洽辦，散會後同至仙華樓晚飯後返。

6月28日　星期三　晴、下午有陣雨

師友

上午，廖毅宏兄來訪，談因昨日美國聲明保衛台灣，台灣局勢大為好轉，其本人現在眷屬住港，而又謀生乏術，頗有意遷來台灣居住，經營農場以自活，但住房則不能佔用款項太多，應以生產為主云。

業務

下午，到基隆黃海水產公司查帳，今日所查為繼續前日之工作，內容為資產科目短期墊款及預付定金與材料之審查，前兩項內容單純，只擇其特殊者抽查傳票，後一項內容太多，選擇數目較大者逐一核對傳票，今日只查完

一小部分。晚，應周傳聖、劉階平兩兄之約到富伯平事務
所商討公會事，但因二人未到，富赴台南，僅由余與吳崇
泉、林有壬兩兄交換意見，仍主不變立場。

6 月 29 日　星期四　晴、下午陣雨

師友

　　上午，到南海路訪劉鑑廠長，談其所營油廠代經濟
合作總署辦理加工情形，隨即往訪崔唯吾先生，告知梗
概，因有人正在進行同樣之工作也。同崔唯吾氏到台大法
學院訪李祥麟兄，漫談美國援助南韓及保衛台灣將來之後
果，觀點不一，但前途則均表樂觀。

職務

　　下午，到齊魯公司會同吳風清、董成器、宋志先三
兄繼續查帳，今日將物料部分由三台營造廠購進者經過情
形加以系統紀錄，並將失當及可疑之點列出三點。

業務

　　晚，黃海水產公司董事張雲泰君來訪，談該公司可
查之帳外疑點甚多，一為去年運魚至廈門，款到台未知
入帳否，二為魚上市有無偷漏，三為款收到後有無私自
運用云。

6 月 30 日　星期五　晴、下午陣雨

業務

　　上午，續到基隆黃海水產公司查帳，今日所查為材

料科目，擇其五月底餘額在千元以上，或餘額雖小而以前收付數較大者，均逐筆與傳票核對，其中有網線二千斤，前據該公司董事來談係經由他人之手，轉向山東漁業物資保管會購來，價格高於該會之價，余在帳上見有裕華棉業公司售給黃海公司網線正合此數，當時以預付定金科目付款，只有發票一紙寫明數目，至於種類規格則未註明，而此款支付時係與另用金一科目轉帳，比查零用金一科目，則原係台北方面鄭培仕二人之周轉現金，名為另用，其實最高餘額達四、五萬元，此項線款即係由零用金內支付者，可見此項物料購進情形不無曖昧之處，而另用金隱藏鉅額現款，在財務管理上亦屬不合之至，按鄭等待遇至高，均千餘元近兩千元，而在正當業務以外復以其他方法漁利，用心實不堪聞，至於開支方面，實際帳簿憑證尚未查及，但由今日偶然發現一筆，只憑鄭培仕便條一紙支付宴客費四百餘元，縱帳目不假，動用款項之隨便亦可以想像矣。

7月1日　星期六　晴、有陣雨
師友

　　晚，廖毅宏、陸冠裳兩兄來閒談，廖兄眷屬刻在香港，因世局大變，美軍表示保衛台灣，世界大戰似即在目前，香港之安全極為可慮，有意移眷來台灣或赴澳門，原則上以來台為主，台灣乃我政府所在地，正欲謀一工作名義，以便接眷，又談及大戰歸趨，或反攻大陸有望，但政治作風非旦夕可以革新，以此種政風重回大陸，仍無前途，但新的勢力未見形成，且無軍隊無基礎，在傳統思想上無由取得政權，故究竟前途如何，尚非可以無條件樂觀者也。

7月2日　星期日　晴、有陣雨
師友

　　上午，李德民君來訪，余告以會計師公會已入擱置狀態，本有意為其介紹事務工作，因此亦只能暫時不談矣。楊天毅兄送來代印查帳報告書封面，余在內室加衣出，渠即留物而去。

起居

　　連日酷熱，比去年七月底甫到台北時為甚，或係六、七月氣候最熱之故，在室內稍動即流汗，出門甫數步即汗下如雨，雖降雨不減其熱，數日來出外查帳，今日始稍暇，日間看報章，入夜聽廣播，因時勢緊張，台灣轉而緩和，聽廣播消息與藝術節目，恆至夜分。

7月3日　星期一　晴

業務

　　續到基隆查黃海水產公司之帳，今日所查為零用金一科目，余本以為零用金係小額之固定周轉金，及見帳始知乃為公司款項所開之最大的後門，餘額最高達四、五萬元，其來源或由公司付現，或由台北魚市場支取魚款即轉作零用金，支出方面則或作為開支，或作為償還借款，或作為其他用途，均由在台北之鄭旭東、鄭培仕二人經手，其他職員不知其詳也。晚，在富伯平律師處繼續研究公會停頓問題，咸主張仍不變初衷，打破反對方面之拖延。

師友

　　楊憶祖氏與宋志先兄來訪不遇。呂明誠兄來訪，余晚間往詢何事，知為介紹女傭事，尚未作何決定，又呂君計劃與劉馨德兄聯繫代王玉忱兄代領太平輪沈沒賠償金。

7月4日　星期二　晴

職務

　　下午，續到齊魯公司查帳，今日所到者僅另有宋志先兄，未能賡續進行，緣上星期六因無車來接，致流會一次，今日人數又不足，致又流會一次，今日與宋兄商討加速進行之方法，但無結論，因參加查帳之吳風清君太過細密，恐欲速而不可能也。

師友

　　上午，到萬全街訪楊憶祖氏，據談因須協助友人解

決債務問題，擬託余代其出面將釘頭針五十磅買進，每磅六元，經即決定後日上午余來洽辦，款則由楊氏先行交余。

7月5日　星期三　晴
業務

下午，續到基隆黃海水產公司查帳，今日所查為魚市場往來科目，以台北、基隆兩戶為最多，大致在售魚時根據魚市場結單收銷貨帳，付魚市場帳，其數目記入魚市場科目者，為總價減除佣金與稅款之淨額，此數再提百分之十保存公司，以所餘九成作為銷貨收入，故事實上並非滿收滿付，至就數目言之，則收時帳面弊端較少，只發現一筆帳有兩單據，相加後知帳上少收一千元，餘均相符，迨向魚市場取現，則只有便條記載，非與魚市場對帳，無從知其有弊與否矣。晚，黃海水產公司董事張雲泰來訪，因渠從旁調查水產公司有收款不入帳，買房屋、汽車亦不入帳之情形，託余查帳時注意，又云公司總經理鄭旭東有出售股票之意圖，詢其價格似尚可觀，不知何人肯於不知分紅若干前買入。

師友

逢化文兄來訪，據談殷君采主委回台北，但未提及其向齊魯公司要錢事是否進行。

7月6日　星期四　晴

師友

上午，到萬全街訪楊憶祖氏，據談前日所定買大頭針事因賣方意見不一，決定停止，渠本無意，因協助友人解除困難乃有此計，作罷最好云。到博愛路訪楊天毅兄，不遇，留字謝代印查帳報告書封面事，並詢如已付給其他方面代價，應照算還。

職務

下午在齊魯公司繼續查帳，仍為畢、黎等控案內之第一項，今日為整理紀錄一部分工作，如此進度，結束無期，已通知公司董事會，召集會議不必等待此項結果云。結束後與姚大海氏同車外出，途出上海路同訪由台中來之靳鶴聲君。

7月7日　星期五　晴

業務

下午，到基隆續查黃海水產公司帳，今日接查負債類科目，已查完兩種，即暫收款項與應付帳款，前者多為無須付還之收入，實際應為收益，後者為臨時記掛部分，內容多與上年度有關，故未及細查，俟查至上年度帳時再核對。

師友

晚，李公藩兄來訪，渠來台北已二十餘日，適值美國聲明保衛台灣，台北房價突漲，故擬略做房地產投資，

但連日奔走看房情形，似不十分順利云。

7月8日　星期六　晴、下午陣雨

職務

　　下午，繼續到齊魯公司查帳，今日為整理月餘來所查畢天德、黎超海等與三台營造廠所發生之種種經濟往來，整理工作因吳風清董事所擔任之紀錄迄今始抄寫完畢，故今日始能告一段落，現有關此案之內部查核工作已完全結束，所餘尚有二事，一為親往查看三台代辦各處房屋之實際情形，二為三台經理袁紹唐曾向宋志先兄面談內幕，為慎重起見，特列舉要點函請查復，函稿今日擬就，附問題若干則連同數字均由董成器兄擔任摘錄，均於下星期二辦就，推宋志先兄與余往與袁面談面交，談妥後三台案已無可進行之事，即進行第二點，為青島美煤賣出換回美鈔一案，因吳風清董事閱卷費時太多，余與宋志先兄看報相陪，今日竟未加討論，余與宋兄之意，主張扼其大者要者，只須有一二重要證據，其餘不妨輕描淡寫，以便早告結束，免費時太多。

師友

　　晚，陸冠裳、廖毅宏兩兄來訪，廖兄本有意遷眷來台，但現在尚未完全決定。

7月9日　星期日　晴

瑣記

月前在近街洗染店交洗司麥脫襯衣一件，為該店所失，旋允照原牌賠償一件，比往取時，為OAK牌，此種衣服余未買過，見領尚硬整，雖該店謂如不中意時仍可調換原牌，余因舊衣換新，該店已有損失，故即將就收下，今日在肆間詢問此牌衣價，較司麥脫低廉甚多，且謂並非膠領，則洗濯後立即變軟，因即再向該店交涉，不料該店以已過一星期恐前途不肯照換為辭，推諉再四，足見市井上未可輕易原諒他人也。

7月10日　星期一　晴

業務

下午，續到基隆查黃海水產公司帳，今日已將負債類查完，最後兩科目為借入款項與員工儲蓄，其實只是一事，因四月一日即將上項科目改變名稱，存後者而廢前者也，至開戶多用堂名記名，根本無從知曉是否員工，利率則按月不同，最高時存進黃金按月十分，新台幣按月十八分，四月份以後略減，至五月份即成為三分與十分矣，在記帳上黃金亦只庫存，非有買賣時不作兌換科目，作兌換科目時則價格上之損益發生，故兌換實只為一損益科目也。

7 月 11 日　星期二　晴

職務

下午，到齊魯公司續查畢黎等之控案，今日已進行至第二項，即姚士茂與購料處董兆鳳等去春出售美煤案，此案未查帳，只就有關文卷及姚等答辯加以研究，關於價格一節，雖經畢等核定為每噸美金廿三元五角，但是否美鈔抑折合金圓券則電文往來頗多不能脗合，又收款係照黑市折合金圓券，當日折進為四千三百元兌一元，當日轉購美鈔即需四千七百餘元，以後數日又漲落甚微，以上二端不無疑點，但事實目前無法調查，亦不能遽下斷語也。

7 月 12 日　星期三　晴

業務

下午，到基隆續查黃海公司之帳，今日查損益類推銷費用一科目，其中多數為交際費，又往往只用便條一紙支付，數百元一筆者亦無單據，但五月份以後又漸漸無之矣。

職務

中午，宋志先兄來訪，即同到麗水街訪前三台營造廠經理袁紹唐，面遞齊魯公司董事會公函，請就所詢畢、黎與三台有關各節詳細答覆，渠允即照辦。

師友

晚，徐嘉禾君來訪，談公路局離職經過，現已至蒙藏委員會服務云。

7月13日　星期四　晴
職務

下午，續到齊魯公司參加查帳，今日所進行者為在台銷售橡膠品價格步跌及擅自經營港台貿易等案，尚未查完，因港台貿易而涉及香港開支，傳票、單據極多荒誕之處。查帳同人董成器兄云，自興台公司被封，已證明外間當局對財委會所營事業已採取有計劃的破壞手段，故現在查帳應如何對外保持秘密，極關重要，因主要舞弊者畢天德、黎超海等已逍遙香港，設不能使得應受之處分，徒使財委會主管人陳果夫氏等蒙受攻擊，而題目必致大錯，此等後果不能不加注意也云。

7月14日　星期五　晴
職務

上午，到齊魯公司出席常務董事會，若干報告事項，其實全不相干，根本事項為購廠一案，提出契據請求備案，所謂「成事不說」，故無人謂不備案者，實際則人人均應事先知之而竟未知之也，余則補充請報董事會列入決議，因此等案本應由全體董事考慮之也，又決定下星期五開董事會，但案當與今日相仿，故今日之常會事實上開與不開均無關係，不知何以竟願多出此等重複之工作也。

業務

下午，續到基隆黃海水產公司查帳，今日所查為損益類生產費用一科目，在損益類此為一數額最大之科目，

其中子目則以油料物料修理獎金等為佔重要性，凡每筆為數較大者均查出傳票核對，大體上尚說得過去，亦即因為數較大不敢馬虎也。

7 月 15 日　星期六　晴

職務

下午，續到齊魯公司查帳，今日仍進行調查貨品購銷情形，關於香港所進之貨已全部銷完，如不算利息及在港人員開支，尚略有盈餘，其實不能如此算法也。齊魯查帳事溽暑中進行月餘，尚只一小部分，均漸感不耐，下次會因星期二日余另有他事，故決定停開一次，此事已由特案性質變為經常工作，亦始料不及此也。

師友

下午，趙葆全、汪茂慶兩兄來訪，來意在表示齊魯查帳事在此現局下不能不為投鼠忌器之考慮，余表示已充分注意，且最初根本不欲參加此事，今日既不能作罷，又不能速決，亦早感覺苦悶矣。晚，廖毅宏、陸冠裳兩兄來訪，漫談彼此近來見聞。

7 月 16 日　星期日　晴

業務

晚，黃海水產公司董事張雲泰來訪，詢查帳進行情形，並謂渠調查魚市場與黃海往來帳，甚費周章，結果只開一五個月總數，此項總數當不致有何出入，因黃海人員

決不能以多報少，只能在收款日期上發生參差也，又張君
談黃海在上海一段毛病最多，據聞上海帳冊業經運來台
灣，鄭旭東為規避款項責任，報告謂帳未攜出，現在關係
方面正在調查此事之真相，如果確知此地有上海帳簿，定
當發動再加以研究云。

7月17日　星期一　晴

家事

今日無事在寓休息，但結果亦由瑣事將光陰支配完
盡，此等事其實無一需要甚多之時間者，但最需要時間者
亦即此等瑣事，如房內兒童逐日嬉鬧，物件整理就緒後，
不旋踵即仍紊亂，如此亂而復整，整而復亂，竟無一刻安
寧，至於嬰兒之餵奶粉、抱持、處理便溺，尤其餘事，所
以繁重者，因一切皆處被動，縱有餘時亦難主動支配也。

看書

讀張國興「竹幕八月記」，記在中共區半年多的見
聞，比較客觀而持平。

7月18日　星期二　晴

業務

下午，續到基隆黃海水產公司查帳，今日查管理費
用，最佔重要者為薪俸及加成，此項加成用員工福利費子
目，加成漫無標準，只憑總經理一言，其本人之加成亦在
內，甚至有春節賞金每人十元，總經理亦如數照領，此外

開支大數者為雜費，而香煙、汽油等消耗則照例無單據，均由經手人出具證明單，甚至數百元者亦如之，手續之不講求可謂至矣，此外又有購置費亦作為開支，此非營業機關所應有，其辦法蓋仿自官廳，可謂不倫不類云。

7 月 19 日　星期三　晴
業務
　　下午，續到基隆黃海水產公司查帳，今日查兌換科目與財務費用科目，後者為借款所負擔之利息，前者則借款償還時買賣黃金之差額，利息按利率與總分類帳逐月餘額大數核算，尚屬相符，兌換科目則因今年還債多於借債，從而買金多於賣金，在採定價法較市價低之狀態下，自然損多而益少，故決算表上列入損失也。該公司帳至今已將今年一至五月者完全查完，去年下半年較少，故實已完成大半也。

7 月 20 日　星期四　晴
職務
　　下午，為齊魯定期查帳之期，至四時未見車來，余本擬不往，宋志先兄來約，乃乘公共汽車往，至則因人未到齊，仍不能開，遂改變計劃，姚大海董事長約同到泉州街看視新購之廠房，現廠方職員已移入辦公，辦公室部分甚新，工作房則較陳舊云。

師友

上午到潮州街訪楊孝先氏，並陪同至隋玠夫兄處接
洽支取存款，購買金鈔，其新居係與張定華、傅啟學等共
同頂進者，甚幽靜。姜春華君來訪，閒談。

7月21日　星期五　晴

職務

上午，到齊魯公司出席董監聯席會議，除買廠契約
一案外，他無重要事件，此案將契約條文讀後，亦即無疑
議通過，在會議報告事項內宣讀上次議決案時，因文字略
有爭執，姚大海、吳風清二人幾於面紅耳赤，經第三者發
表意見後，將議案決議文加以修正後始息，今日之會開至
午後一時半，始用飯散會，會後余在樓上等候黃海公司車
接到基隆查帳，不料為門市上職員所拒，謂余已離公司回
寓，致延誤半天，殊懊惱也。

7月22日　星期六　晴

職務

上午，照料家事，下午，到齊魯公司續查帳目，今
日所查者為去年至今年之橡膠品售價逐部降低至與其他牌
號者相去遠甚之原因，將先統計減價後之銷售情形，如有
突然暢銷現象，非係失策，即有弊端，反之即足證為絕對
的滯銷矣，又關於畢、黎等控案，今日見有畢天德由香港
寄來答辯書一紙，未有頭尾，不知係致何人，內容則多空

洞閃躲，亦有對吳風清不滿之詞，此外則外間刊物亦有將此事加以描述寫成專文者。

7月23日　星期日　晴、晚有陣雨
師友

　　下午，馬偉同學召集在台同學茶會，交換對於時事意見，一為關於國際形勢，大致民主國家對獨裁國家之力量對比，恐相去甚遠，故南韓局勢不易短期內挽回，但潛在力量則以美國為大，故最後仍操勝算，關於國民黨改造問題，咸以為此事並不簡單，且夾雜若干其他意味，姑且只好旁觀，關於興台公司匪諜案極為同學所關心，由夏忠羣略加報告，最後由王保身同學報告校友會之工作，自四時至七時始散會。

7月24日　星期一　雨
業務

　　近午，黃海水產公司車接到基隆續查該公司帳，今日已開始查卅八年度之帳，今日完成三科目，即銀行存款、魚市場往來及銷售收入，後二者雖一為資產，一為收益，但往往見於同一傳票，查對時比較省時也，今日查對傳票有不合處，大體上銷售收入均有魚市場清單，只有一筆無之，又有數十箱售之有關機關合作社，價極賤而只有會計人員證明單，此外現金科目只在總分類帳內有之，而整個半年只記一個月，謂另憑出納帳云。

7月25日　星期二　雨

職務

上午，到齊魯公司繼續查帳，從本星期起改為每隔一日之上午，今日繼續審查銷售橡膠品與港台貿易收支情形，尚未完竣，致無紀錄，又三台營造廠經理袁紹唐為證明畢、黎等有股份在內，提出原始會議紀錄，彼等均親筆簽名，而畢由港來信反謂與彼無與，渠等蓋不知此地之工作竟如此之認真也，至袁對董事會函詢各點，亦已逐項答覆，其中有不知情者，蓋即畢等假借彼等名義所為也。

業務

下午，續到基隆查黃海水產公司帳，今日所查為卅七年度之短期墊款與預付定金兩科目，預付定金內有以現金收回者，可見未購入何等材料，實為不合，又黃海去年、今年與銀行及魚市場往來帳目，於今日辦稿請該公司發函詢證，復函寄余處。

7月26日　星期三　雨

業務

下午，到基隆查黃海公司帳，今日所查為材料帳與預付定金帳等，已將去年度全部資產科目帳查完，材料帳內子目極多，但多零星，故未能逐筆查核其傳票，僅就年底結餘之餘額較高者及平時收付數目較大者，加以詳細檢查，由補助帳而及其憑證，大體上均屬相符，至於付出材料時皆係憑各船領條，不致有誤，更未加詳查，相信

不致有何遺漏也。

師友

　　晚，因楊孝先氏連日曾來訪數次不遇，今日復來留字，謂交通部設計委員會有關於路政問題若干則徵答，其中有關於鐵路統收統支問題及現行會計審計制度有無應行改善之點問題，希余代擬意見，余即於今晚往訪，當面交換意見，均主以干涉愈少愈妙，當時代擬文字兩條，至其餘尚有十餘條人事制度等問題，楊氏已自行擬就。

7 月 27 日　星期四　晴

業務

　　下午，續到基隆水產公司查帳，今日所查為負債類與收益類科目，其中僅有負債類借入款一科目留待明日再查，因與損失類之兌換科目有連帶關係也，現在因每日前往，兼以去年帳較少，傳票裝訂方式對余已較熟悉，易於檢索，故進行甚速也。

職務

　　上午，續到齊魯公司查帳，所進行仍為出售膠品價目與香港運貨來台貨物出售情形，尚未作紀錄，近日因國民黨改造委員發表，咸認所屬事業亦必大有更張，故查帳工作殊難有緊張興奮之情緒，在座者如宋志先、吳朗齋諸君具有同感焉。

師友

　　晚，廖毅宏、陸冠裳兩兄來訪，因台灣局勢尚在演

變中，故移眷來台尚無決心。

7月28日　星期五　晴
業務

下午，續到基隆黃海水產公司查帳，今日所查為三十八年度之借入款與兌換兩科目，該公司經營之初，因只由申來漁船九艘，在台流動資金毫無，故向各方拉用款項，事實上乃絕對需要者，此等款項，有為美鈔，有為黃金，有為銀元，有為台幣，有公司內部人員者，亦有外面有關者，其中佔大數者無非賀仁庵、牟冀三等，亦有不知真實姓名，只有記名堂名者，此在余查帳立場並不十分重要，但借還手續簡單，借時公司負責人開給借據，係臨時用便條書寫，將來憑以償款，並無存根，利率則由公司按月定之，現鈔與金鈔不同，因有金鈔欠款，故另用兌換科目處理金鈔之買賣，並採用定價法，以便於作單位計算。

7月29日　星期六　晴
職務

上午，續到齊魯公司查帳，宋志先、吳朗齋、董成器諸兄全到，審查事項仍與前日同。
業務

下午，續到基隆黃海水產公司查帳，繼續審查兌換科目及財務費用科目，後者乃借入款利息之記載，經與借入款科目核對，大致相符，前者乃資負損益混合科目，該

公司去年借入黃金、美鈔、銀元等，或在去年償還，或在今年償還，借到時則按市價售出，另按原幣照定價記入相反方向（即收兌換台幣戶付兌換原幣戶），此項定價低於市價遠甚，故售出時無異於收進若干兌換利益，待還款則作購進記載，與上相反，如此則市價如變動不大，則購多必損多，售多必益多，今日開始據此原則查核其帳目。

7月30日　星期日　晴

師友

下午，隋玠夫兄來訪，漫談近來各方動態，對於黨的改組均以關切的心情期待其有成就。

職務

下午，黃海水產公司張子文副總經理來訪，係因余之查帳工作將次告竣，交換意見，余對渠雖無表示意見之必要，但渠係口頭上前來委託之人，且係公司內部主管人，故亦大致將帳內情形加以敘述，並認為有若干有弊可能之帳項，而極難查出底細，譬如購料尚有一部分可查市價，無市價者即無從比較，修理一項則根本無從核對矣。

7月31日　星期一　微雨

師友

中午，于國霖兄來訪，渠前日來台北，將稍住時日，接洽推展會計師業務，談及介紹李立言託余辦案事，渠曾函李詢其何以不告而中輟，終不得復，李知于君已回

台北而避不見面，據云李囊空如洗，或係事實，但多半為
夫妻合唱雙簧，前次赴台中見于兄，回程連車票均係借
墊，事後亦不復提，相信其決不至於匱乏至此，奈作風如
彼何。

業務

下午，續到基隆黃海水產公司查帳，探討兌換一科
目所包含之真實內容。

8 月 1 日　星期二　雨

職務

　　上午，到齊魯公司查帳，將所謂埠際貿易一段，告一結束，此段決議文由余主稿。

業務

　　下午，續到黃海公司查帳，仍研究兌換一科目，余因原帳記載原幣數目與原幣真實存量並無關係，刻間除少數美鈔外，金銀均已無存，而兌換帳黃金戶、銀元戶均有甚大之餘額，不能不詳加研究，現悉此項餘額乃包括原幣借款所付之利息，為數不少，同時原幣進出有只一面記兌換帳者，結果造成一項差額，代表資產損益兩種。

8 月 2 日　星期三　晴

師友

　　上午，到大元行訪于國霖兄，答拜，閒談會計師業務如何開展，並提及其政治路線問題，渠係民社黨黨員，余近始知之。到合作金庫訪隋玠夫兄，請代匯新竹款。到太平商場探詢張中寧兄存款事，樓上無人辦公，良久來一李君，據云三千元以下之小戶已將次付清，至於大戶則不日即行召集債權人開會，一部還款一部轉帳云。

業務

　　下午，續到基隆查黃海公司帳，將兌換科目各戶與台幣互相對照而探討其損益關係。

8月3日　星期四　晴、有陣雨

職務

上午，到齊魯公司續查帳，開始查黎超海經手美鈔案，此事極為複雜，今日初將資料調到，尚未詳悉其內容，至於全部金鈔交易之內容，待原舉發人補提詳細根據再核，晚間陸冠裳兄來訪，渠接到通知，將擇有重要性者提出答覆云。

公益

上午，到中山北路開漁農生產基金保管會，係各委員報告接洽租船經過，但無成議，又報告購進兩加工廠之經過，及現在經營情形，余早退席。

交際

中午，漁農基金會所出租之兩工廠負責人王豫民、陳貫一兩君在會賓樓請各委員吃飯，凡兩席，兩工廠均將聘余為會計顧問，今日立將登報稿擬就交去云。

業務

下午，到基隆續查黃海公司帳，開始查生產費用科目，今日只查其中一子目，修理費，因為數鉅大，需多加注意，但筆數太多，只查對其每筆在五百元以上者，發現有若干手續不甚完備者，亦有數字錯誤，不知係有心舞弊抑無心之錯。

8月4日　星期五　雨

師友

　　上午，逢化文兄來訪，告國大秘書室登記代表眷屬人口已經開始，其時余已知之，即於今日上午前往辦理手續，凡登記六人，三大口、一中口、兩小口，余本人除外，但手續有須待補之處。

業務

　　下午，續到黃海水產公司查帳，仍查生產費用一科目，材料費子目，此子目支付之數與修理費均為佔重要地位者，細數不及一一查核，只就每筆支出在五百元以上者對照原始憑證，手續大致尚可，再查油料一子目，除一、二筆向外購黑市油外，餘皆石油公司之收據云。

8月5日　星期六　晴

職務

　　上午，到齊魯公司續查帳目，今日仍研討黎超海等經營美鈔二萬八千元一案，詳閱卷帳，既知彼等公司主持人如何專擅自私，又知即假託偽造之帳，亦不能自圓其說。

業務

　　下午，續到黃海水產公司查帳，將生產費用科目內其他一切子目均加以審閱，並就金額略大者核對傳票，大致均尚相符，此等子目之重要較之修理及材料不及遠甚也。

家事

三女紹寧兩三日來患染感冒，今日發燒，德芳率至省立醫院診療，取藥正服，晚間忽有痙攣現象，急延蔡文彬大夫診治，午夜前注射盤尼西林一次，赴台大醫院未能住入。

8月6日　星期日　晴
師友

下午，吳崇泉兄來訪，談及公產管理處委託清算案件多無帳送來，實際無法進行，聞該處對此等案件不再委託進行，蓋所謂運用行政力量，該處並不願意，此等不肯送帳之機構或亦知其作風，乃竟置之不理歟？余所受託者即不過此種單位一個，然則即不用進行矣，又談公會事，近來沉寂無聲，但聞王庸以前合作之季貽謀近已決裂，則該方之力量又更為削弱，然則此問題更應早謀解決矣。

8月7日　星期一　晴
業務

下午，到黃海公司繼續查帳，所查為卅八年損益類中之「推銷費用」，僅抽查大數。

家事

三女紹寧自前日發燒，有痙攣現象，蔡文彬醫師斷為急性腸炎，即自前夜起持續注射盤尼西林，係用水質，每三小時一次，每次四萬單位，均往該診所注射，至今晨

共注射十次，熱度已大為退減，伊同時感染傷風咳嗽，亦同時服藥，逐漸輕減，據醫診斷，其腸部發炎本極腫脹，今日所餘已甚微，治來甚為迅速也。

8月8日　星期二　晴

職務

上午，續到齊魯公司查帳，今日研討由於中央改造委員會成立，黨營事業改歸第六組主管，公司已準備交代，在此情形下審查工作如何告一段落，以便可以隨時結束。

業務

下午到基隆續查黃海公司帳，今日查卅八年損益帳內之管理與總務費用，此為最後一科目，至此已將該公司帳完全查完，經過整理後即可開始擬具報告書矣。

師友

中午，張敬塘代表為送一女傭來，係福山人，但未及一日即因不習慣而辭去矣。

8月9日　星期三　晴

業務

下午，續到黃海公司查帳，處理其他連帶工作，今日為核對各銀行往來帳及各魚市場往來帳、各銀行結單均有條理，易於核對，僅差利息一項公司漏帳，魚市場方面則最重要之台北、基隆兩處並未寄來清單，基隆雖有今年

一至五月者，但亦只係籠統總數，並無核對價值，乃另擬稿函催未送者即日照送，擬就後即交黃海公司繕發，此外並趁餘暇將今年支出較大之修理費再為抽查單據。

8月10日　星期四　晴

職務

上午，續到齊魯公司查帳，審查小組因公司準備中央接管，請求帳簿啟封已予權准。

業務

下午，到基隆續查黃海公司帳，將兩月來工作紀錄加以複閱，有遺忘處即尋帳補註。

家事

自三女紹寧病癒後，次女紹中亦感冒咳嗽，而同病甚劇者則為四女紹因，今日蔡文彬醫師斷為肺炎，決定一面注射盤尼西林每三小時四萬單位，另服咳藥及消炎粉劑，熱度初甚頑強，至夜即漸見消退，每三小時不分晝夜均須至醫處注射，幸路程甚近耳。

8月11日　星期五　晴

業務

下午，開始草擬黃海水產公司查帳報告書，因日間家事紛紜，乃於夜間工作，計自下午五時起至午夜後五時止，工作十二小時，完成十分之八九，因精神不濟，遂即就寢，余之生活從無如此失序之時，故感受不適，在起草

過程中發覺工作底稿頗多並無用處，又有記載簡略，落筆
行文時仍須查核帳簿傳票，始可記憶。

師友

　　晚，陸冠裳兄來訪，據談廖毅宏兄已於五日前赴
港，將回台經營電影業。

8 月 12 日　星期六　晴

職務

　　上午，到齊魯公司出席常務董事會，討論主要事項
為中央財務委員會已將所營事業交第六組主管，公司已奉
令等候接收，此過渡期間內建廠工作是否暫作停頓，各董
監事均認為不可，余意須視在此假定時間內資金上如不須
中央接濟，即可照舊進行，否則另行計議，乃探討資金情
形，對最近即須動支款項，收入方面漫無把握，乃決定先
與第六組負責人接洽後再決如何動定，此外並擬定姚董事
長自八月份起支給待遇辦法，因渠自現在起中央黨部已無
待遇也。

8 月 13 日　星期日　雨

集會

　　上午，出席憲政督導委員會，討論發動催開臨時國
民大會，研究立法委員任期屆滿之如何改選，又本會工
作綱領、經費預算、辦事通則等案，余未待散會，即先
行退席。

業務

約李德民君來，根據黃海查帳報告內之應補正分錄事項製編新的表報，竟日始竣。下午，黃海公司董事張雲泰來訪，探詢查帳情形，余告以一週內定可結束，提出報告，內容余有若干因立場關係不能多所批評，但彼等董監事可以根據作更詳盡之檢討云。

8月14日　星期一　晴

業務

下午，到黃海公司繼續查帳，今日工作只為核對各魚市場之往來對帳單，但因所開均為按每批售魚之總數，付款情形未經一一填明，故核對時不能發現特殊事實也，又將認為有疑問之數字已經登入余之底稿者，重行加以檢查，以免有誤，結果仍與初查時情形相同。

職務

上午，到齊魯公司繼續審查帳目，今日為將黎超海經管美鈔二萬八千元一案正式作成草紀錄，又經營埠際貿易一案正式作成紀錄，並未進行新的事項，但原則上總求加速也。

師友

李祥麟兄來訪，因討債搭車到基隆。叢芳山兄來訪，託為其戚誼王君蓋章證明過去之資歷，余以憲政督導委員名義填列，該證明須有簡任職人員為之也。

8 月 15 日　星期二　晴

師友

　　中午，劉振東氏來訪，謂一般預測今冬或明春世界大戰必爆發，屆時即有反攻大陸之可能，目前活動回魯主省政者大有人在，多數無實現條件，軍人中則李玉堂、劉安祺二人可能最大，劉氏在政治上頗表同情於李，但其幹部缺乏，吾人為鄉邦計不能漠視，劉氏本人不願回地方服務，詢余如有志趣，從事財政部門，當注意促成之，余謂回地方自所願為，但過去在山東主持省行兩年，深感與省政府主席如無私人關係，大不易為，金融如此，財政尤然，劉氏之意余甚感激且願接受，但不欲勉強而為之，云云，劉氏亦為首肯，並希望再作考慮，又另外如有願回省者，只須為堅貞有為之士，亦應注意及之，俾果能實現，亦能收配合之效，談竟辭去，余自忖此事實言之過早也。

業務

　　將黃海查帳報告書於今日最後刪定，晚間交李德民君攜回繕寫。

8 月 16 日　星期三　晴

職務

　　上午，到齊魯公司查帳，以加速之方式將各較簡單事項分條列出，一為放款五萬元，押品中途減少，有私人放款無押品者挖去，且係公司內人，殊屬不法，二為在青島向海關及稅務局先後行賄金圓券共五萬元，公司主持人

自在答辯書承認，縱屬事實，亦授受同科。

師友

晚，逢化文兄來訪，因齊魯公司正趕辦移交，頗欲仍請殷君采宋志先及余為其索疏散費。

瑣記

蔡維谿鄰長為比鄰之張迺作律師來請求簽署競選市議員，情面難卻，照辦。

8月17日　星期四　晴

家事

下午，同德芳到中心診所為紹因看眼，林和鳴醫師診斷為並非痧眼，大約為瘤類，對眼球無大妨害，如係膿性，則手術比較簡單，如係他性，則或需用鐳治療，比較麻煩，最好再過兩三月，複診時看其變化情形，再定療斷結果與治療方法，但嬰兒動手術似太早也云，前在省立醫院就療，認為痧眼，須每日前往點藥，可謂毫釐千里之差也。

師友

晚，楊天毅兄來訪，閒談其在台中辦報事尚未獲准，又談及齊魯公司職員趙錄綱前有離公司之意，公路局譚嶽泉局長曾允其任台中段長，後因人事另有安排而不果，渠求去之心甚切，託楊兄轉達余，請再與譚嶽泉局長洽談，余允往訪一談。

8 月 18 日　星期五　晴、下午雨
職務

上午，到齊魯公司查帳，在加速進度之原則下，將劉鑑等十四人控告畢天德等一案已全部審查竣事，並寫出要點交紀錄人吳風清董事，渠喜咬文嚼字，回家整理文字之進度奇慢，尚不知何日始能真正辦完，況此項紀錄已有一厚冊，如改編為報告體裁，又須費去不少功夫，恐曠日持久，更非一兩週內所能解決者也。

業務

晚，黃海水產公司董事張雲泰來訪，坐至夜分始去，此來係詢余查帳報告書之要點，以便開董事會時有所準備，因查帳報告頗多技術文字，渠文墨淺近，不能了解，實際余對此並無義務，但又難以推卻，故亦擇要加以說明，並囑其在余報告書送出以前不可對他人談論，蓋余除將報告書送委託人外，不應向他人發表也。

8 月 19 日　星期六　晴
師友

下午，郝遇林兄來訪，轉張中寧兄信，謂將於日內過香港來台灣，渠託郝兄找房，現已看過數處，或太小，或價昂，不能代為決定，恐只有待其本人來到再行商辦矣云。

業務

上午，李德民君將助繕之黃海水產公司查帳報告書

送來，抄寫不甚悅目，且多塗改，甚至末行竟至漏寫者有之，最後資產表因未先打稿，逕行編就，余審閱時見有去年沖付借入款項之整理帳目，此科目本年已不存在，致成為借方餘額，渠即列入資產方面，不知應在負債方面寫紅字也。審閱終日始定。下午到基隆該公司核對若干數字。

8月20日　星期日　晴

業務

上午，到四達貿易行親至致送查核黃海公司帳目報告書，當與于希禹君晤面，據云在委託之時，值月常務董事為渠與馬聯芳二人，現在則輪值至賀仁庵與李宜生，故是否接受，容與馬商量後再定，余即表示不能改交，因只對委託者提出報告，他非所關也，于君亦謂然，余即將報告書留置於于處，談頃，該公司副總經理張子文君亦至，即閒談公司內容情形，渠等均表示不滿，但對如何改善，又認為並不簡單。

集會

下午，在浦城街舉行同班同學茶會，除交換消息外，又討論土地改革問題及其重要性，最後談及在當前外交形勢下，台灣在軍事上受美國支持，在政治上則國民政府仍被認為要不得之特殊奇異狀態下，今後演變大值注意，定下次詳談此問題。

8 月 21 日　星期一　晴

職務

上午，到齊魯公司續查控案，此案本已審查完竣，因整理紀錄由吳風清董事擔任，其文字整理工作極為遲緩，故未作成紀錄之條目仍須待其辦竣後始為終了，今日審閱其所整理之一部分紀錄，由董成器、宋志先兩兄及余加以修正補充，但因其用筆偏於加重語氣，有時尚不能認為滿意，只好將就而已，余意此等文字應避免感情語調，並不可牽強周內，此在吳君均不能免，但既無法字斟句酌，為加速進行計，亦只好聽之而已。

業務

上午，到經濟部訪馬司長聯芳，不遇，留字告以黃海公司查帳報告書已於日昨完成，因值星期例假，即送于希禹董事處，蓋當初代表立委託書者係馬、于二人也，又訪劉馥齋、張景文兩兄，皆黃海公司董監事，將查帳所得情形略加說明，而於兌換一科目之記載混亂與內容之探索與糾正分錄亦詳加解釋，張兄乃主計人員，或可易於了解，此外恐能看懂余之報告書者實不多也，又關於此項查帳公費定額之經過，余與張兄談及，請其轉達馬兄有所主張，因余最初對公費之規定算法曾對于希禹君說過，渠經商酌後決定致送一千五百元，實際所費時間遠過之，惟既已約定在先，自無異言，但希望履行諾言於聘余為常年顧問時將報酬略為提高，略為補救，此點于君曾談過，但恐渠現不值月，或不再提起，請張兄與馬兄相機主張也。

8月22日　星期二　晴
瑣記

今日照預定黃海公司查帳程序為核對尚未到達之各魚市場對帳單，但數日來竟一份未到，下午仍由該公司來車接往，乃率紹南到基隆海邊浴場游泳，此地是初次前往，其所在為港灣內碼頭之對面，輪船出入，一一寓目，水上漂有油質，較之青島及淡水均不如遠甚，惟沙灘甚狹，且不爍腳，沖水處設備簡陋，收費則貴，殊無道理，余今日學習仰臥水上休憩，去夏數度試驗，毫無成就，今日用紹南之法，徐徐後仰，兩手前伸，待頭近水面時，微以雙手後划，此時面部即不致下沉，鼻腔可不入水，此為仰泳之基本條件，苦以為最難者，今始知確如一般所云，仰泳乃最易也，但缺點為前進時不能見路耳。

8月23日　星期三　晴、有陣雨
職務

上午，到齊魯公司繼續查帳，仍為整理紀錄，此事由吳風清董事擔任，多於回寓後撰寫，到會時宣讀由與會者分別核改，今日核定者為黎超海經手保管美金二萬八千餘元一事，又電話付款被騙事，畢天德、黎超海動支款項謂係買手槍自衛事，以及向青島稅務局及海關行賄事，均一一寫明經過，加具斷語，此等事比較易於落墨，因被檢舉者之答辯書均承認事實不諱，自然不必再行查帳，只就事實與法律觀點加以判斷，即責任分明也，惟吳君字斟句

酌，亦浪費時間不少耳。

8 月 24 日　星期四　晴

師友

今日逄化文兄兩度來訪，因渠在去夏由青島撤退來台前曾參加齊魯公司各廠聯繫工作，由各廠聯合辦事處聘為顧問，當時對於外間企圖破壞公司者頗費一番奔走周旋化除工夫，各廠來台員工今春發給疏散費時，渠未能同時取得，及後又與財務委員會接洽，財委會由當初對於各廠聯合辦事處認為非法，嚴令撤銷一點，深覺此事不易補救，遷延至今，中央黨部自改造委員會成立後機構均將改觀，逄化文兄認為此事有無希望，最近期間應為最後關頭，過此即不復再有領到可能，余告以董事會明日即行開會，渠乃於今日分頭到各董監事處說明原委，希望協助，並催陸冠裳、劉鑑兩君另擬呈文一件，渠明晨到公司面遞，並表示如不獲結果，當採取其他方法應付，以提醒當事人注意云。

8 月 25 日　星期五　晴

職務

上午，到齊魯公司舉行董監聯席會議，報告事項居多，討論事項僅有一件，即上半年度之決算表提出審查，仍交原審查去年決算之審查會合併審查，報告事項中有對於畢天德之交代案，頗有若干激昂意見，決定仍請中央再

催其回台交代，並表示其任內事在現任絕對不能負責代辦
移交，會場空氣對畢等甚為惡劣，且因曾養甫董事長袒畢
過甚，決議中本為請中央電曾轉畢，結果又改為請中央電
曾及畢回台交代，此外未列議案事項有逄化文請發疏散費
案，最後由姚大海董事長提出，並謂知此事者甚多，指明
其中有余，姚說明未有肯定意見，繼由蘇雲章協理說明經
過，尚屬事實，後由殷君采、宋志先諸兄及余對逄事予以
支持，均發言甚多，其餘未發言者亦即未有反對者，決定
以特別酬勞金方式出之，大約可以致酬兩千元以內云。下
午，逄兄來詢結果，余以實告，按此事本在兩可之間，因
渠不肯放過最後機會，多方運用，結果本已無望之事竟好
轉，可見機會之不可輕放也。

8月26日　星期六　晴、有陣雨

師友

上午，到潮州街訪逄化文兄，同到國大秘書處探詢
八月份起支給實物情形，據云手續正加緊準備之中，月終
或可辦出，米煤笨重，將負責送至寓所，但現款部分比所
要求者差出甚遠，因職務加給及交通費兩項均領不到，能
領者只有薪俸與三成服裝費而已云。晚，陸冠裳兄來訪，
探詢近來齊魯公司一般情形，渠對於中央改造委員會第七
組正在設法聯繫，準備參加工作，余亦甚贊成其意向云。

8 月 27 日　星期日　晴、有陣雨
起居

今日終日閉門家中閒坐，讀書、看報、聽收音機以自遣，余三日前右眼已生眼癤，但似不甚重，亦即聽之，星期五晚余因不能入寐，當夜即覺眼皮加腫，開闔時即乾痛難耐，迨昨日晝間且更有甚焉，無已，買消炎片四片於昨晚及今晨各服二片，並謀充足之睡眠，日夜閉目養神，今日始覺稍有輕鬆之感，可以看報時間稍長而不甚刺痛矣。

8 月 28 日　星期一　大雨
職務

上午，到齊魯公司開審查小組會，繼續整理紀錄，現已將全部控訴案之審查結果紀錄完畢，審閱竣事隨即討論總結論之擬訂，余認為此事不易落墨，蓋過去審查會有卅餘次，紀錄文字亦有數萬言，總結是否扼要重述，如重述文字必求簡，簡至何等程度，殊不易言，如不重述，又將言之無物，故余覺甚難，此外並應注意勿使各董監事在審閱此項報告時只看結論，其他置之高閣，此點亦不可忽視也。

8 月 29 日　星期二　雨
業務

晚，在富伯平律師事務所參加會計師公會一部分理

事談話，到者富伯平、劉階平、吳崇泉、周傳聖、林有壬
及余，所談為公會不可長此停頓，急需召集理事會選出常
務理事，因有若干會員已有表示不耐之勢，此等人實際上
仍為少數搗亂份子所操縱，公會之不能早日成立即此等搗
亂份子搗亂之結果也，今日討論結果，認為余等六人在
十一理事中已佔過半數，其餘少數派有季貽謀、廖兆駿二
人與王庸分裂，季已與此間拉攏，廖則亦可拉來，則少數
派中只餘三人，雖其勢力必搗亂到底，但可以無何顧慮，
當決定指定兩人與此二人分別聯繫，廖之立場尚不堅定，
可將以前留給王庸之常務理事改許之，布置妥當後即定於
下月二日開理事會，進行選舉，至於上次會通過之對於會
員資格發生疑義應向主管機關請示一節，本已由富、吳二
人將稿擬就，送王庸、虞舜二人核正，但久不報命，且聯
繫主管機關為爭取常務理事人數作種種地下活動，兩三月
來見計不得售，始將稿送來，而又作若干題外文章，橫生
枝節以為延宕之計，故決定不再因此而礙及會務。

8月30日　星期三　晴

職務

　　上午，到齊魯公司繼續整理審查紀錄，但未往實際
工作，決定分頭辦理，下週彙總。

業務

　　下午，黃海水產公司董事張雲泰來訪，謂余之查帳
報告已印就，並看過一遍，有若干處不明白者，向余請求

解釋，當一一為之說明，渠認為此項查帳報告甚為滿意，明日開會當澈底發揮，又談及余之公費，因于希禹、鄭旭東二人鬧意氣，竟未送出，並提董會明日討論，余又託其轉達于君關於聘余為顧問事，望能實踐諾言云。

8月31日　星期四　晴、有陣雨

業務

上午，到經濟部訪農林司長黃海水產公司常務董事馬聯芳兄，略談此次查帳經過，並提出查帳前另一常務董事于希禹君向余作之諾言，即查帳報酬略有減折，將於查帳完畢另聘余為會計顧問，致送公費以為補苴，現于、馬二人為值月常董，希望明日開會提出，以作根據，緣此次查帳費時甚久，照規定公費標準幾已減去一半，雖有其他董事認為報酬應予增加，但余鑑於公司人事複雜，可能事事均有爭執，且余既對公費數表示認可，亦絕不願再生枝節，至於顧問公費則屬有言在先，復由立場比較純正之馬兄提出，自然可得合理決定也云，馬兄對此表示同情，允明晨開會前先與于兄提出商討後再行提會決定之。此等事在余一向之性格只願靜候解決，不肯多向人說項，近來余深知社會上一切事情非靠爭取不能有任何結果，而在一般習慣此種為自己事之爭取活動，亦均認為合理而自然，猶憶十年前在皖時見有銀行辦事處主任向總行自請提高待遇者，引為可異，即在體制上亦均認為乖張，以今視者，殊不爾爾，其變本加厲者，比如此次所查之黃海公司，其總

經理待遇本為底薪六百元，按公務員折實支給，後又自加每月八十元，補支五個月四百元，如何折職亦不談及，公費數目亦復自定，此等事自不足取法，但過分保守亦自吃虧，在如此環境中亦當略謀適應之道也，數日前報紙文字有云「人生最大之失策即為不知有萬千次之機會均由身邊溜走」，實為一針見血之言，至於機會之把握須有待於靈敏之觀察與感覺也。

師友

上午，到交通銀行訪侯銘恩兄，閒談。上午，到南陽街訪呂明誠兄，閒談女傭事。晚，張中寧兄來訪，據云係今晨到達，在澳門赴香港時費時半月，往返數次始獲登岸，致由港來台延至今日始行到達，渠已決定在此積極找房，妥後即舉家移此，但為時已遲，恐子女入學已成問題，又云在澳居住五個月，該地共產黨活動甚烈，渠由政府特工人員處得知渠之行蹤已引起注意，故深居簡出，不敢自由，精神深為痛苦，余將在台代辦討債事經過向其說明，認為至今無毫絲結果，深致不安，但其本人來後或易有效，亦未可知，談竟將以前託余保存之國大代表出席證支款證取去，準備向國大秘書處領款，又詢其港澳一般情形，據云人心不安，更有若干官僚資本虧蝕不貲，正當工商業亦不景氣云。

9 月 1 日　星期五　晴

業務

　　晚，到富伯平律師寓與劉廷芳、周傳聖、吳崇泉、林有壬商談公會開會事，原定明天，因不及，改遲數日，開會時最重要者為必須社會處有人參加指導，現在社會處主管科長表示希望虞舜能有一席，至常務理事總人數章程係五人，比例上太多，社會處可以代為修改為三人，其意若謂設不為虞著想，余等雖為多數，亦只能當選三人，內部必有去取之難，又表示為容納多數，亦可改為七人，其名單應由社會處核定，此種表示可謂可惡已極，但吾人對主管機關仍應爭取而不可敵對，故決定仍推林有壬、吳崇泉二人與該科長接洽，認為三人、五人、七人俱無關係，但須自由選舉，虞君當選與否，在乎其能否爭到選票，能幫忙者無不幫忙，該科長對此項答覆未必認為滿意，為防止其以另一武器相對待，即認為此公會成立數月毫無活動有改組必要，在行政上另予以處置，應向其說明利害，設社會處取此一著，吾人將昭告社會，公會之不能進行，其責任半由虞等敗類負之，半由社會處有意偏袒，其主管人亦應負之，同時另推劉廷芳、林有壬二人往訪社會處長李翼中，持各人簽名之報告一件，表示為多數所推，一面請其明白事實內容，一面請其對於主管人員加以控制，並最近開會務指派人員參加，談竟已十一時矣，乃分頭散。

9月2日　星期六　晴

師友

上午，到廣州街訪郝遇林兄，探詢張中寧兄住在何處，知係昨晚遷出，謂在中正東路三段五號，但余又至中正東路，下車地為門牌三十餘號，逆行數十步，不見門牌，再行多為工廠，亦有較大其他建築，行甚遠亦不見五號，直至該路二段亦走完，乃廢然而返。晚訪楊憶祖氏於潮州街五十九巷廿九弄三號，據云同居一處之傅啟學委員將赴台大任訓導長，楊氏或亦將遷入該校宿舍居住，又現正患蕁麻診與傷風，歸後著紹南送APC藥片三片。

業務

上午，到館前路訪黃海公司董事于希禹君，詢其黃海帳查後尚未啟封，在余職權上未便久延，渠意可來函由董事會接替封存，余又詢以昨日該公司董監會開會情形，據云爭吵竟日，仍須待董監兩會對余之查帳報告提出書面報告意見後，再行商議，對余之顧問事尚待下次常董會提出，又公費未付數可能今日送來云。

9月3日　星期日　晴、有陣雨

師友

上午，同德芳到松江路訪張景文兄，不遇，又訪馬聯芳兄夫婦，並晤其姊，昔皆曾住皖霍邱者，余與談及前日黃海水產公司開會情形，渠認為鄭旭東之性情為引起若干隔閡之基本原因，前日爭吵結果，鄭於日昨正式提出辭

呈，尚待開會解決，渠意以不礙及公司前途為先決問題，至於余之會計顧問事，前日因會場情緒太過緊張，故未提出，將俟常董會再行解決，至公費尚欠付之部分，將由公司速行送往，此外即閒談細事至十二時辭返。

集會

下午，到浦城街參加同班同學茶話會，賴興儒同學報告今日報端公布蘇聯匪諜案之處理經過，劉家樹報告國大臨時會問題與中央改造委員會折衝之經過，迄今尚在僵持之情形，張金鑑報告立法院成立黨團與改造委會所發生之爭議，馬星野、劉博崑報告對於當前美國外交政策之分析，以劉兄之看法與辭令為最引人入勝。

9 月 4 日　星期一　晴、有陣雨

職務

上午，到齊魯公司繼續查帳，仍為討論報告書之首尾如何措詞，此事本決定由各人分寫，今日彙總，余因在寓未能寫成，且對於如何措辭亦覺有加斟酌必要，故今日未能交卷，結果寫交者僅宋志先一人，乃就其所草者為藍本，加以潤飾，作成初步定稿，待至後日抄清再與中段銜接，今日文字中要點有經過商討後補入者，一為加重曾養甫、畢天德、黎超海之全部責任，對於代理董事長、常務董事不能行使職權，並逼走總稽核、會計處長一節亦補入，又原舉發人之審查問題，聲明在未有具體依據前未便著手。

師友

晚，逢化文兄來訪，閒談其疏散費問題已在辦理手
續中，又談今日總裁召集國大代表談話情形。

9月5日　星期二　晴

師友

上午，張志安先生來訪，交來劉安祺司令官捐助王
培五女士子女教育費五百元，託代轉屏東。中午，陳長興
兄來訪，謂其子考取師範學院附中，現住於梁愉甫兄家
中，不甚便利，擬與衍訓到杭州南路同住齊魯宿舍，余允
於事實許可之情形下代為接洽云。

業務

晚，黃海公司常董鄭培仕來送查帳公費，並談鄭旭
東辭總經理職務，各船員、船長向各董監請願要挽留情
形甚詳，渠代鄭旭東向余表示查帳秉公甚佩云。

9月6日　星期三　晴

師友

下午，張中寧兄來訪，談已在溫州街南端頂進駐
房，但太小，見報有和平東路樓房一棟，索價不高，乃同
往接洽，至則知已於昨日頂出，該房為西式建築，甚宏
敞，合於內地人之用，其隔壁為翁禮維兄所住，當往略
談，渠亦云此房不貴，無奈失之交臂云。受王培五女士託
為其女磊任高級醫事職業學校之保證人，該校必須保證人

親自到校填表並驗身分證，乃於下午前往，填就後並攜回保證人責任事項一紙。

9月7日　星期四　晴
師友

上午，到博愛路訪楊天毅兄，同往公產管理處訪同學費慶楨副處長，告以奉託兩清算單位，一撤回，一無帳，寸步難成，此後有較為完整之單位，望速委託，渠允注意，但謂易辦單位甚不多云。到合作金庫訪隋玠夫兄，託為王培五女士匯款。中午，金鏡人君來訪，渠一個月前始由內地來台，談安徽省銀行舊同事在當地一般情形甚詳，又談鐵幕內人心無不傾向此間，而情形之惡劣確如報載無異云。

9月8日　星期五　晴
職務

上午，到齊魯公司繼續檢討關於檢舉案之製作報告事項，由吳風清董事將中段各款繕正，並提出仍須補充之各點，希望在文字內加入，又決定定稿後先提全體審查會核定後，再行油印備提董監會。至控告人員所提本身要求事項，則將提常董會解決，本小組不予核議，又此次總紀錄附件甚多，其中有三台營造廠所提供有畢天德、黎超海等親筆簽名之股東會紀錄及帳頁便條等，係宋志先由該廠經理袁紹唐處取來，完全交小組附入紀錄，當由余以召集

人名義出給宋兄收條一紙，註明附會議紀錄卷云。

師友

上午，到公路局訪譚局長嶽泉，面交姜慧光之履歷
片，託其設法安插，似有允意，但又謂近來受訓學生加入
數人，已感困難，又談及齊魯公司查帳事，渠對於過去自
曾養甫起至畢天德、黎超海均有責任，希望此項查帳結果
能於開會前印成先行分送，以便有充分時間可以研討，渠
對於曾養甫氏之不聽勸告，不肯辭職，深為扼腕，故現在
董事會責備並主曾氏亦應辦理移交，渠亦認為切要，絕不
因私情而有其他也。

業務

晚，與劉階平、周傳聖、林有壬及吳崇泉諸君在富
伯平寓所商談會計師公會之進行事宜，現在已定於星期日
上午九時開會，事先已與主管機關聯繫，只要社會處派員
參加，必可成會，但為顧慮少數理事搗亂，有關防範事項
仍加以充分研究，決定後日縱少數派全不參加，亦照法定
人數開會，至於常務理事之人選，吾等六人本已決定由
劉、林、吳及余當選，餘一名投反對方面之票，此為五個
名額時之原有對策，現在社會處意向因常務理事人數稍
多，有意改為三個，如開會時社會處指導員提出時，亦予
以贊同，並決定採兩派二與一之比例，投對方動搖份子廖
兆駿之票，我方應退出二人，余首先表示放棄，劉階平亦
表示放棄，經即決定以林有壬、吳崇泉當選，二人皆未參
加昔日籌備會之任務，與廖相同，則王庸、虞舜不予當

選，在表面上亦得事理之平，如仍採五人制而社會處主三與二之比例，亦可贊同，余等即投廖與季貽謀之票，因季形式上屬彼方事實上等於我方也，至於吾方應有三人，經余於提出由林、吳及劉階平應選，劉未固拒，半推半就，情緒矛盾，至余之所以首先表示勇退，因今後常務理事有趨於形式化之慮，在位目標顯著，使精神備受壓迫，不若只以理事身分參與其事，可以進退裕如，甚或反易於有所作為也。

9月9日　星期六　晴

師友

　　下午，到寶慶路訪蘇景泉兄於台糖招待所，據云昨已回新營南光中學，蘇兄曾於星期開始時來台北曾來訪問，荏苒未往答拜，不圖竟失之交臂云。晚，到溫州街訪楊天毅兄及寄住之劉博崑兄，去時二人均不在，乃就其客室瀏覽報章及碑帖，至九時始先後返寓，漫談世界大勢，劉兄乃專究外交者，對世局有獨到之看法，而對經濟問題亦所注意，惜不多發表意見，楊兄則正籌備大陸新聞，日內赴台中接洽發刊，聞內政部登記證業已辦出，不久可以接到，其營業尚有相當把握云。下午，到潮州街訪逢化文兄，閒談，據云國大秘書處配給實物除油、鹽自取外，米、煤係分頭運送，煤於日昨送到，米則尚無消息，故現在無米又只能零星買用，以免突然送來，超過需要遠甚，其情形與余相同，余則米、煤全係如此，故本擬向逢兄借

米，茲則不可能矣，惟言明兩家無論何家先送到，即互相
有借用之義務云。

9月10日　星期日　晴

業務

　　上午，到中山堂出席會計師公會理事會，理事十一
人全到，最先到者為多數派，劉廷芳、周傳聖、林有壬、
吳崇泉、富維驥及余，先後到達，等候良久，少數派則集
體而來，計為王庸、虞舜、水啟寧及騎牆派廖兆駿、季貽
謀，勉強成為一個集團者，官廳參加人有社會處科長石
君、視導吳君，建廳、警務處亦各有人，開會前石約少數
派五人到另外地方開會，商量對策，半小時不返，此間六
人即感不耐，乃著人通知石君速來指導開會，石來後富伯
平表示不應耽誤時間，石謂因有糾紛故約集彼方提出人
選，因此頗有引起空氣緊張之處，於是乃開會，公推劉階
平主席，首先報告前次會所發生之法理問題，決定向官廳
請示，但迄今毫無結果，於是由起草呈文者之一富伯平起
立報告遲緩原因，至此有水啟寧起立謂此事為團結障礙，
不宜再提，希望撤銷，於是全體無有異議，繼討論選舉辦
法，由石科長報告，謂社會處立場對此等有糾紛之人民團
體希望顧到情理，有適當之解決，如徇情理不能解決，即
依法辦理，會計師公會理事十一人，常務五人超過三分之
一，實不合法，但如在名席安排上不生問題，社會處亦可
以通融，即照五人推選，五人內以劉廷芳為超然派，其餘

兩派各得二人，提名後雙方均受約束，此為事前雙方已經
獲致諒解者，云云，於是發言者繼起，多數皆對於所獲諒
解之限度有所解釋，認為比例已承認，人選則不能拘束，
余亦發言強調人數比例可以遵社會處意思照辦，余並不競
選，但此項選舉權萬不應剝削至絲毫無存，且既有中立派
一人，其餘各五人，其能產生雙方希望之人選自無疑義，
故不主提名，石君見此事並不簡單，乃謂一切依法，只選
常務理事三人，其意乃認為多數派縱一手包辦亦只能出三
人，內部必致分裂，投票時步驟錯亂，彼可能有可乘之機
矣，不料提出後多數派最贊成依法，乃通過，即投票，結
果完全照預擬之結果，由林有壬、吳崇泉、廖兆駿當選，
其中廖為十票，足見彼方亦支持之，漁人得利，三人外之
虞舜、王庸各為三票，似乎尚圖掙扎，其餘多為一票或無
票，則填補票上人數者，無或意義，揭票後，均為之鬆一
口氣，王庸等更明言「中和派」當選，以表示其感想，此
結果固能緩和衝突也。

師友

　　下午，到廈門街訪鄭洛非兄，不遇。到南昌路訪石
鍾琇兄，閒談。張景文兄下午來訪，不遇。安徽省銀行舊
同人金永恕君來訪，不遇。訪傅玉甫兄於廈門街，不知門
牌，未尋到。

9月11日　星期一　晴

職務

上午，到齊魯公司會同宋志先、吳風清、董成器諸兄出發至各房屋處察勘，費三小時之時間看完，共計中山北路二處、安東街一處、杭州南路一處、臨沂街共四處，其中問題最大者為中山北路之倉庫，倉庫本身用去一百兩金，住房不足廿疊席，竟費四十兩，空地半畝租金用去十六、七兩，皆屬浪費之至，看完後回至中山北路營業所討論報告進行事項，決定由吳風清董事將查勘情形加入有關各項，全文定星期四開會定稿。

瑣記

晚，煤已燒完，而配給者尚無消息，為恐將來積存數量太多，原則上不應就市再買，乃著衍訓持余條向逢化文兄借煤一簍，並請借給自行車，以便運回，移時衍訓將煤肩負而來，謂逢對車事不談，問亦不復，知其不願，云云，逢之為人一向只知有己，他人對其幫忙則多認為應當，對他人求助者則面孔另換一副，今日之事余甚悔向其提出也。

9月12日　星期二　晴

師友

上午，逢化文兄來詢齊魯公司對其致送酬報事，余告以昨據姚大海、蘇雲章二人云中央黨部第七組意送一千五百元，是否滿意及如何領取望自酌，渠又解釋昨日

借自行車事，余去條直至衍訓已取煤去後始詳看，且其時車已不在家，其實衍訓遞條時曾明言借車，彼不作表示，今日之說法，實欲蓋彌彰也；傍晚逢兄又來約赴中山堂看電影，謂執事係其友人當免費招待，余因此等事殊不冠冕，僅漫應之，至時未往，此等周旋殊無味也。

9月13日　星期三　晴
師友

上午，訪宋志先兄，閒談國民大會及養雞等事。詢宋志先兄關於國大秘書處應送之米煤事，渠亦不知其詳，乃赴國大秘書處探詢，知承辦之米廠與合作社，遂令衍訓往米廠交涉，知此途徑，可不必零星買米矣，煤則今日已送到，前日借逢化文兄之一簍，於今日著衍訓借自行車送還。晨訪周傳聖兄不遇，下午渠來訪，談會計師公會常務理事會已推彼為總幹事，並推薦一宋君為職員，公會地點暫設彼寓云。

9月14日　星期四　晴
職務

上午，到齊魯公司繼續查帳，今日工作為整理報告文字，只整理一段，係關於三台營造廠與公司負責人畢天德等之關係，以前只有帳列數字情形之紀錄，而無綜合結語，此段乃吳風清所加，文字上經參加四人潤飾後通過。散會後，車送余與宋志先兄時，姚大海董事長亦上車，到

余寓一同約宋兄下車，係商談此次查帳對於現任協理蘇雲章之影響，姚代詢余二人渠在查帳報告提出後是否應該去職，宋兄謂其責任甚大，不可留任，余意其最低限度之責任亦屬失職，自渠到公司以來，凡公司利害與其個人利益發生抵觸，或畢、黎等作為各事如不同流或代為掩飾罪過時即影響其地位時，渠均將犧牲公司以成全個人，此種作風決計不可原諒，除非姚氏為政治理由不能不防改造委員會第七組硬派不相干之人選，致一蟹不如一蟹，或可顧慮，但此則非余之所敢知也云，姚氏存心在維護蘇雲章不動，及聞余與宋兄之論調，始知不妙，遂謂將於日內加約殷君采、趙葆全、譚嶽泉等常務董事一同交換意見，俾作準備云。

9月15日　星期五　晴
師友

上午，到羅斯福路二段八十五巷訪夏忠羣兄，不遇，下午再著人往探，仍不在，預留一字條定明晨往訪，及晚，夏兄夫婦來訪，余因齊魯公司與興台公司同在整肅內部，探詢其服務之興台情形，以作參證，並詢其是否有意參加齊魯，俾作運用，渠意齊魯困難甚多，不甚願參加，至興台方面因董事長洪陸東揚言全係政校同學將公司弄至此等地步，引起多數同學之公憤，遞文同學會請求開除興台總經理祝麟之學籍，其一切弊端夏兄瞭如指掌，似不必再經過查帳或調查，又夏兄主張如此處分必須發刊報

端，始足以明是非曲直，刻間此事尚在醞釀階段云，談一小時餘辭去。逄化文兄來訪，謂前數日曾到齊魯公司洽領酬勞金一千五百元，得趙錄綱之挑撥，認為應非二千元不領，現在尚僵持之中，意欲不再嚕噪，託余向公司當局一詢並不問多少即代領出，余允再為之一詢，但不允代領，下午姚大海董事長為定明晨約集常董數人談話事，前來通知，余即順便以逄事相詢，而不表示見解，姚謂已報告過中央第七組，不能再予變更云。

9 月 16 日　星期六　晴

職務

上午，到公路局參加姚大海董事長召集之齊魯公司常務董事談話會，在座者尚有趙葆全、宋志先、譚嶽泉諸兄，所談為此次公司調查控案情形及蘇雲章協理之去留問題，對蘇之應去，皆無作異詞者，惟因主要負責人逍遙港九，對蘇殊不應有過於嚴峻之處分，況此人在公司營私舞弊之事尚少，其最大責任為糊塗失職，不必使陷於絕境，經決定由姚氏告以辭職，並不使離開台灣（至方式一節未獲結論），繼續人選一節，皆不表示意見，請姚氏酌量提出，渠由董事中選出余接任總經理，余當即表示辭謝，理由為在公司太久，今日之衰局吾人殊覺無面子，決計不願再出，且不願因此停止會計師業務，因此亦無結果，又為使蘇留有餘地，姚氏希望審查小組報告文字涉及渠者，語氣不可過重，且不必動輒提起送法院之類文字，惟此次審

查案之文字工作由吳風清董事負責，此人倔強之至，且精研法律，如勉強修改，必無順利解決之望，故其方式仍以稍稍自然為宜，姚氏本主張小組報告提至審查會時推出人選整理文字，皆以為此法太生硬，不表同意，經決定由姚氏約常駐監察人劉文島氏共同向余等審查小組四人先行交換意見，使吳氏亦同意此等看法，會同將文字整理就緒，再層送審查會與董監會乃至中央改造委員會第七組，均係本來面目，殊不致多生其他枝節也。

師友

晚，陳厚德君來訪，託代轉崔唯吾先生以周紹賢由管訓總隊發出之乞援信件。

9月17日　星期日　雨

師友

上午，郝遇林兄來訪，約同到溫州街一○九巷六號訪張中寧兄，比至，渠方在守候其新修理完工之屋，現在除三餐外皆在自己保管狀態中，以待其眷屬之到達，房屋甚清潔敞亮，但只十二席，其人口太多之家庭將感侷促耳。午飯應逢化文兄約在其寓所便飯。訪夏忠羣兄，據云財委會胡希汾兄對齊魯查帳事之發展頗為注意，並有其投鼠忌器之看法，將約其與余一談。訪崔唯吾先生，面遞陳厚德君昨日送來之信，並閒談會計師業務，兼及劉階平過去隨崔氏做事之經過，崔氏認為此人以投機取巧為務，不可共事亦不可交游云。晚飯在楊天毅兄處，並展觀所藏九

成宮近由溥心畬跋尾，斷為北宋拓。

9月18日　星期一　晴、大陣雨
職務

　　晨，到齊魯公司參加審查小組會，將吳風清董事所整理之審查報告序言予以通過，即開始將中段報告文字亦即主要部分加以宣讀修飾，進行不速，僅及其小半，最少尚須待至下次會期。下午，財委會總幹事胡希汾兄來訪，談其對於齊魯公司查帳問題之意見，謂數月前余致陳主委之信曾交彼注意處理，因值改造委員會成立交接，未暇及此，現在已至決定階段，對此事後果，應予適當之注意，遂提出要點三項，一為為使此事之正式負責人畢、黎等目標明顯，對曾養甫董事長應撇開或正面解釋，庶始政治影響不致更為深遠，二為報告書提出後之處理方式，為使不致立即在台引起多方注意，不妨由董事會先送曾養甫董事長，觀其反響如何，能否有釜底抽薪之結果，三為如果公司內尚未去職之關係人蘇雲章必須去職，而適宜之人選難以獲得，或竟引起角逐乃至派系爭執，不若主張將公司營業部分取消，即由董事會直接管理廠務，反為直接明朗，云云，其所提各節，顧慮自屬周到，但不無官官相護之處，而不著邊際，有類鄉愿，故余不能完全贊成，尤其第二點，雖對曾氏為以子之矛攻子之盾，但可能老羞成怒，置之不理，豈非與虎謀皮乎，故不取也。

師友

晚，于國霖兄來訪，談有意接充大元行經理，開展其業務，因渠談及將加用內地人為店員，余託其為姜慧光表妹保留位置，彼似有允意，談一小時辭去。

9月19日　星期二　晴、有陣雨

師友

上午，到水產公司訪李秉超君，談委託高君代辦公產管理處委託余經辦之醬油會社清算案事，據云渠三、五日即由新竹來台北，屆時必來洽辦云。上午到財政部訪陳運生、馬兆奎兩兄，陳為秘書主任，並兼鹽業公司常務董事，余託其與該公司經理何維凝接洽如有會計案件望委託辦理，並另備介紹片余訪何云；又談及黨營事業之失敗原因，尤其興台公司，均認為今日之結果乃昔日可以預見，基本錯誤由於上層人謀之不臧焉。訪鄭洛非兄，不遇。晚，徐嘉禾兄來訪，並送節禮，談其在青島社會局時期所知官場中之怪狀，多涉及他人隱私，如張寶山、牟乃竑、劉馨德等，不具錄焉。

9月20日　星期三　晴

師友

上午，到廈門街訪鄭洛非兄，據談日昨黃海公司常務董事會已決議推董事三人前往慰留總經理鄭旭東，至於查帳報告，監察人方面已有意見提出，多係就事論事，故

此事雖未解決，但已可不使與主管人去留問題混為一談，故現在希望鄭即將辭意打消，如不打消即逕討論繼任人選，關於公司建立制度與改正錯誤，應即同時採取措施，並謂此事下星期三開會決定，並將聘余為會計顧問，希望幫忙一切云。下午，呂明誠兄來訪，閒談，並將為介紹女工，余允先來試工數日。上午，途遇于國霖兄，據云午後十二時五十分回台中，余即與其約定在火車站見面，遂赴茶食店買素月餅及餅糕糖果等，回至車站交其帶回家中為其封翁及孩童輩禮物，車開前即辭出。

家事

上月，所豢母雞孵出小雞三隻，初係以蛋十三枚交其孵養，其餘均無結果，只有三隻由老雞帶養，但三數日即減少一隻，至今已三隻全無，斷係由野貓所食，此等貓來去無常，比鄰所養小雞受害尤多，事先不能防範，事後亦不能補救，可惜也。

9 月 21 日　星期四　晴

職務

上午，到齊魯公司繼續整理查帳報告，今日將吳風清董事所擬之結論予以修正通過，其中有涉及曾養甫董事長者，詞句之間均避免刺激，通過後繼續校對中段所舉各項事實，由一人宣讀報告稿，一人核對會議紀錄，一人核對原始查帳用紙之數字，以免由於文字重抄而生錯誤，至中午已完成其小半，定後日再繼續辦理。

師友

昨日張中寧兄來信，謂有要事相告，望於今日有暇時往訪一談，乃於今晨前往，始知為有數同學將出國（王慕曾與方青儒），母校成績單及用紙鋼印均在王慕曾處幾乎可以隨便自製，詢余是否有此需要，余答以並不需要，因何時有出國機會，殆為十分渺茫之事，如此等事多費許多唇舌與精神，殊無謂也。晚，金鏡人君來訪，謂政府對於反攻大陸配合經濟金融人員似乎一無準備，殊為失策，不知此為與共產黨鬥爭保障勝利之重要關鍵，所見極是，談二小時辭去。

采風

今日為舊曆八月初十日，台灣當地有大規模之拜神舉動，家家供祭請客，並有游行。

9月22日　星期五　晴

家事

今日以後，將計畫至台北以外地處謀求工作，可稍裕家用。

9月23日　星期六　晴

師友

下午，到浦城街參加校友茶會，余因事稍坐未待開會即退出。林鳴九兄晚間來訪，談此來出席立法院會議，定明晨回台中過秋節，又談立法院院長選舉事現階段情形

甚詳。

職務

　　今日在齊魯公司竟日開審查小組會，已將審查小組紀錄全部文字整理完竣，即將報告書稿簽字加以裝訂，由紀錄吳風清董事將稿及附件交余保存，備提全體審查會，因余為召集人也，至審查會日期已與姚董事長商妥為下星期三日。

娛樂

　　晚，赴師範學院大禮堂參加校友會舉行之晚會，節目有小朋友徐露之京戲清唱春秋配，校友賴興儒太太之四郎探母，及烏來山地歌唱，齊如山氏之談劇，齊氏為京戲最有研究之人，惜不能完全聽清，最後為電影，因為時已晏，不終場而歸。

9 月 24 日　星期日　晴

業務

　　下午，到長安西路出席會計師公會理事會，重要討論事項為通過各專務委員會之組織規程並推選主委、副主委人選，大體均照前日晚周傳聖、劉廷芳、富伯平、吳崇泉、林有壬等人交換意見之結果產生，余當選為出版輔導委員會主任委員，昨日周傳聖兄語余謂余與劉廷芳二人分擔業務與出版輔導委員二機構，但今日未有其他協商，業務即屬之於劉，足見實際上前晚已經決定也。

9月25日　星期一　晴

師友

　　昨聞張中寧兄有台中之行，將與方青儒兄同往謁陳果夫氏，余因將近一年未往，亦覺有前往之必要，乃於上午訪張兄，不遇，改至峨嵋街訪方兄，據云時間尚未商定，下午同往張兄處取決，乃於下午再往，商定今晚前往，明日下午回台北，餽贈禮品由方兄經手辦理。

旅行

　　九時至車站，與方知白、張中寧兩兄買票乘九時半夜快車赴台中，此車尚不十分擁擠，但亦無法入睡，直至夜分後二時到達，未能休息，下車後同到鐵路飯店就寢。

9月26日　星期二　晴

師友

　　上午，與張中寧、方知白兩兄同到雙十路謁見陳果夫氏，表示賀節，並贈食品，談凡一小時餘，所涉及者多為醫藥與養生，最後詢余以齊魯公司查帳情形，余告以小組已告段落，但尚待董事會有所決定，此事余本多有顧慮，但已發動在先，且推出之查帳人員未經事先由姚大海董事長在會場加以運用，致有易發難收之慮，陳氏云渠絕不相信吳風清為公正之人，意似對此小組亦有成見，余詢以如公司內現在負責業務者蘇雲章必須去職，是否即將經理人員取消而以董事會直接管理廠務，以免發生人事枝節，陳氏未作肯定表示，只謂可以商酌辦理，蓋陳氏職

務上已不負財務委員責任也。下午，約張中寧、方知白
及陸冠裳兄父子在寓便飯過節，張、方二人未到，但備
菜甚豐。

旅行

　　中午十二時四十分乘對號快車由台中返台北，於五
時到達，在台中曾買水果帶回食用，其中有香蕉，方、張
兩兄亦有之，均未裝竹簍，買時尚青翠，到車上已有若干
折落，到台北換公共汽車時竟全落，無法可提，臨時用繩
捆紮，勉強到家，一時為之窘極。

9 月 27 日　星期三　晴

職務

　　上午，到齊魯公司出席決算與控案全體審查會，到
董監事共九人，召集人姚大海主席，由余以審查小組召集
人資格，報告四十次會議經過，共分三部分，一為審查之
具體經過，二為審查半途帳表啟封提會追認，三為審查結
果，在報告第三部分以前，請先討論報告方式，因篇幅甚
多，如須以讀的方式報告，請靜心準備數小時之時間應付
之，經討論結果，認為最好事先分頭詳閱，再行定期開
會，原則為選定一個星期日，以全日之時間為之，又討論
審查工作之繼續問題，經決定俟審查會將此事解決後再定
如何審查決算書，又在追認帳表之啟封時，決定因決算尚
未審查，仍將全部傳票截至本年六月底止予以封存，即於
散會時執行，此會於十二時散會。

業務

　　下午，監察院調查專員宋樹基來訪，謂黃海公司總經理鄭旭東及官股董事馬聯芳被張雲泰等檢舉，附有余之查帳報告書，特來詢余之觀感，余所談者不外原報告書列舉範圍，至於未加若干斷語，係余之工作外的問題，余之立場在鑑定事實，不在臧否人物也，宋君交閱該公司股東車蘭亭、于藹亭致董事會油印一件，提出四點對余之報告書內有未作判斷者進一步加以判斷，認為零用金、材料發出手續不全，買線繩之上海發票，總、副理獎金領支不合等點均有舞弊之點，希望秉公澈查，等情，詢余以意見如何，余謂有事實根據者自可採取，只係推定者自不能遽予同意云，談一小時餘始辭去。晚，虞舜會計師來訪，係答拜，略談即去。

9月28日　星期四
師友

　　晚，方青儒、葉青兩同學來訪，方係為前日中秋邀約晚飯未到而來致歉者，葉君則偕來，據云在杭州南路金華街主持經營宏毅碾米廠云。晚，黃海水產公司常董于希禹來訪，談該公司下月二日將舉行全體董事會，屆時必提出聘余為常年會計顧問，以實踐夙昔之諾言，又談該公司糾紛近日發展情形，鄭旭東總經理經一部分董事形式挽留已自動回公司辦公，且聲言將硬拼到底，致使已露曙光之局勢，又趨僵化，另一方面則有人向監院檢舉，同時各股

東、董監事亦多有新建議，絕非可以草率了結者云。

9 月 29 日　星期五　晴
職務

　　上午，出席齊魯公司常務董事會，則有公司負責人之冗長報告，而討論事項共四件，直至午後二時始竟，其中有關於決策方面之程序問題，各董事頗有發言，緣建立橡膠廠計劃又已重新擬定，且分報中央改造委員會第七組矣，今日仍提會核議，類似追認，且因改造委員會係上級機關，既已呈報，則原係已無修改之餘地，勢須百分之百的追認，然則此種形式豈非全無意義可言，故決定原則上仍須先經董事會或常董會，甚至時間迫切者即只經董事長亦無不可，姚董事長謂公司可以不經董事會或董事長直接向第七組行文，姚氏且認為此可以減輕其責任，此種對本身權責不分明之見解，立為若干董監所婉言糾正，此外又討論調整待遇問題，此事係以前遵奉財委會命令辦理，意在使黨營事業從業人員之待遇與公教人員相同，但公司調整方式係曲解現行公教人員各種加成辦法，使仍不超過現支實數，討論時余提出意見，認為照此種牽強辦法呈報必遭挑剔駁斥，反不如因仍固有狀態，不作新的決定之為愈，余作此說蓋不願將原有之待遇經董事會予以合法化，故董事負較大之責任也，此議立即獲得全體贊成，經決定由公司方面與第七組隨時洽商辦理，散會時已過午，同至慶香居午飯。午飯時姚大海董事長談及此次查帳報告書之

內容問題，此項報告書自前日決定各董監事傳閱後，昨日已由劉常駐監察人文島閱過，當交姚氏，渠看後始將轉王德溥監察人，姚氏認為文字方面有刺激性者太多，自屬不免，但原稿較此則更有加甚者也。

9月30日　星期六　雨

交際

晚，行政院正副院長陳誠、張厲生在台北賓館宴請在台北及附近之國民大會代表，到者數百人，入場時主人在大門握手歡迎，遂入內自由就坐，並到取餐處自取西餐，係用美式分格鋁盤裝盛，計分六格，一湯、一菜、一麵包、一蛋糕、一水果、一炒飯，就坐自食，食間，主人再來道簡慢之意，並無其他致詞，如是者約半小時即陸續辭出，在辭出時主人又在大門前握手道別，計自前往至歸來不過費時一小時，乃最盛大、最簡單之宴會也。

10 月 1 日　星期日　雨

選舉

　　下午，到南昌路參加市議員選舉投票，前數日已接到區公所之通知單，今日持單及身分證前往投票，入門後第一手續為查對選舉人名冊領取選票，票為摺式，候選人名單已先印在票內，每名之上有小方格，選舉人即在格內圈選，投票處內有竹管及印油備蓋圈之用，蓋後投入匭內，由後門出外，手續即完，今日投山東同鄉張子隆，其實未識也。

師友

　　到高玉增家閒談，高君比鄰而居，近將他遷，往表惜別之意。訪張洒作律師，閒談其競選議員事，又閒談律師、會計師等執業事。陳厚德君來訪，詢周紹賢君託探詢裴鳴宇議長等地址，陳君現任電力公司基隆區管理處業務組長。

10 月 2 日　星期一　雨

家事

　　四女紹因，甫滿十一個月，發育完美，極可人意，牙齒已長七顆，食物除牛奶外，現已能攝取米飯、麵食及橘子、水果、香蕉、餅乾等，有時油炒之雞蛋食後亦能消化，糞便正常，為狀與大人者無異，以致肥碩堅實，與他兒不同，語音則只能無意識的發出爸媽等字，動作坐爬均已純熟自如，現在開始學立，有時可自立數秒鐘，但故意

令立，則又因膽怯而不肯，至爬至床邊或榻榻米外之走廊
邊，自知不向外移，以免傾出，可見已有簡單的經驗，近
來常患感冒，自因氣候不正常之故，又患鵝口瘡，或因缺
乏維他命C，因在台夏日無橘柑之屬，西瓜等類則又不能
逐日分食，香蕉雖多而為用少也。

10月3日　星期二　雨

起居

　　連日苦雨，因無要事，且無雨具，故數日未得出
門，且賓客來訪者，亦往往竟日無之，生活悠閒，若干年
來未嘗有此也。於此補記近月來之起居狀況，自春間未用
幫工，一切有賴於自助，燒飯洗衣由德芳任之，整理房間
則余任其主要者，大致晨起先掃疊席，多用先一日之茶葉
以捲出毛髮與棉絨等，掃完後再掃走廊，然後直用抹布將
有地板之走廊及室內角隅窗台等處擦拭潔淨，榻榻米則數
日搓一次，全家通力為之，茶杯每日洗滌，由何人任之，
視便利為歸，如此不假手傭人，亦均能如意處理，久之且
成習慣，不覺其煩，尤其余擦地板時係用足為之，代替晨
間運動，久之且覺有強身之益也。

10月4日　星期三　雨

師友

　　訪佟志伸兄於浦城街，不遇，留字。途遇賴興儒
兄，詢以保安司令部所辦馬公島押解之山東教師學生等處

理情形，據云現在在押者有任新舫等數人，彼等為春間時局惡化時有動搖企圖，但情節並不嚴重，至於已交感訓者均定期一年半，已釋出者尚須有工作表現云，至於去冬張敏之案與此似無關係，張案發生時賴兄並不在保安司令部云。

見聞

台灣銀行開辦普通國外匯款，余到台銀觀察其實際情形，請匯者甚多，尤以用新台幣交匯港幣者為甚，因以前係用美鈔交匯，現在始接受新台幣也，又匯款用紙並不公開取用，係用一行員經管，每匯款一筆須買愛國獎券五元，亦可謂別開生面矣。

10 月 5 日　星期四　雨

師友

陸冠裳兄來訪，談與廖毅宏會同經營由港來台影片業務情形。崔唯吾先生來訪，謂立法院前日開會行政院陳誠院長作施政報告時，曾提出肅清匪諜工作實況一點，謂拘獲者六萬人，處刑者三萬人，死刑者三千人，其中容有萬之一乃至百之一之錯誤云，現擬根據其此項報告提出對於去年冬張敏之、鄒鑑被殺案之質詢，要求答覆，囑余代為草擬文字，余即代辦，約四、五百字，下午崔氏再來，余出示草稿，經其斟酌修改，大體認為無甚火氣後，遂去，旋派人送來立法院信紙，仍囑余抄清後取去。

10月6日　星期五　雨

見聞

午後到台灣銀行，將欲匯款赴港購物，知匯港款下午不辦，於是又待至明日矣。

業務

下午，到武昌街訪涂芳輝會計師，談公會事，因渠與余當選為公會內之出版輔導委員會主任委員，昨接通知請按五至七人提出加倍人數送理事會複圈，乃與涂君商定名單十人（連余與涂二人在內），會同蓋章，即交涂君著人送往。

師友

下午，到仁愛路紹興南街訪楊憶祖氏，為其遷居後初次訪問，所住乃台灣大學房屋，由其友人傅啟學以台大訓導長資格住用，乃會同參加同住，修理費由同住人分擔，其屋甚寬敞，約有四十疊左右，院落亦大，惜門外雨天一灣爛泥，且門牌極不易尋，是其缺點，與楊氏談至黃昏，在細雨中辭出，又因等候公共汽車，返寓已七時餘。

10月7日　星期六　雨

師友

上午，到衡陽路大元行訪林鳴九兄，不遇，又詢于國霖兄，云尚在台中未來。到五大旅社訪潘維芳、賈和甫諸兄，潘兄對時局多氣憤語，認為國民黨改造前途黯淡云。

見聞

上午，到台灣銀行匯款赴港購物，先向一行員索解條空白，此時必須買愛國獎券五元，解條凡三聯，兩聯為該行傳票，一為收匯款，一為收手續費，均轉付兌換科目，第三聯為匯款回單，寫明金額為交匯時之原幣，其餘一聯寫解款本位幣即港幣，另一聯手續費如何記載則不之知，此三聯連同交匯美鈔送其出納，取得銅牌，候若干時後，另一櫃臺每十分鐘叫號碼一次，憑以換取匯票，至此手續始完，大約匯款一次需費時一小時以上，此項匯款為近來方始開辦者，每筆至少港幣五十元云。

10月8日　星期日　陰

職務

上午，到公路局參加齊魯公司董事會審查會議，此係旬前所開審查會之續，此期間各董監事將余等四人所提畢、黎等控案審查報告逐一傳閱，各有印象，今日即逐項研討，費時竟日始告完畢，其中文字上有若干修正，並於談竟後決定以簡刪之方式加以整理，交宋志先兄執筆，關於修正各點，除微細者不計外，約有以下數點：（1）姚士茂買賣煤款之美鈔，為恐對外引起違法之誤解，且不能確定姚之罪過，不若即籠統敘述，勿庸過詳；（2）向海關及統稅局行賄，係絕對犯法之事，但動機出於為公司謀減輕負擔，情法不能兩顧，十分困難，決定此兩款單獨列舉另件秘送董會核議；（3）結論部分提及過去董事長

之長期臥病，代理董事長之不能行使職權，董事會之不常開會等，譚嶽泉、趙葆全兩人認為此等說法對整個公司不利，對董監事本身亦不榮譽，決定刪去；（4）結論部分主張建議董監會另成立執行機構，常以辦公，執行對失職人員之處分與追償款項等，此點亦為數人所反對，認為公司本身有固定之系統，不必另立，經余解釋謂此事由結論內刪去則可，但余等查帳四個月始完成此一部分，尚有未查之決算報告，實無力負擔，此項事實問題，希望各位鄭重考慮，當經一致接受云。

10月9日　星期一　晴

師友

上午，劉階平兄來訪，係探詢前談及之蔡文彬小兒科醫師地點，因其嬰兒最近又患咳嗽發燒，聞余之兩女均曾蔡醫師治癒，意欲延其診療也，又談及會計師公會不能有所作為，而害群之馬在外多有有妨信譽之行為，久之影響全體，殊不能坐視也，其實劉之作風方之彼輩不過小巫之於大巫，工作、品格均談不上，彼亦有深長之感觸，可見妄為者之更荒唐也。午，秦德純、裴鳴宇、梁興義、逄化文諸氏來訪，係為糾集一部分國大代表之山東籍者簽名表示支持蔣總統停召開臨時國民大會，已簽三十餘人，余亦照簽，此等事正反面均無一定道理，蓋促開者與認為可緩者，皆有頗不純正之動機，今日則分明為秦、裴等一種挾眾邀寵之作法，凡事作如是觀，不必認真也。晚，李德

民君來訪，談其師俞叔平律師刻在台北執業，渠已往與談及余執行會計師業務，可以聯繫，余即表示願與洽談，余又託李君代尋下女，又告以代繕齊魯公司查帳報告事，因簡要稿尚未整理完竣，暫時尚不能託辦云。

10 月 10 日　星期二　晴
琐記

今日為國慶日，各界全日慶祝，情緒較之去年為佳，因去年值大陸全部淪陷，人心浮動，不可終日，今年則人人有信心，似乎中共無攻來台灣可能也，余則今日閒居終日，足未出戶，蓋無此興致也，溯余來台業已年餘，生活艱苦，但有向所未有之安定，照理應精神煥發，情緒高漲，而結果適得其反，一年以來雖似危險期間已過，度不致再有逃難之可能，但來日方長，此種沉悶局面何時方可終了，無人可以預斷，設大陸可以重返，則未來之生活尚有可期，否則長期流亡，必致生計無著也。
體質

近來眠食正常，且無病恙，只覺牙齒有日漸衰退之象，其他尚均健全，但有一事大為不解，即有房事後次日必渾身疲憊，腕股且有痠痛之局部，正午後始漸漸不覺，此等現象為向來所無，是否由於年事日增而致機能衰退，抑營養不足，則不知矣。

10月11日　星期三　晴

師友

下午，吳風清兄來訪，詢宋志先兄之人品如何，謂由此次查帳經過，渠頗質疑其是否與姚大海董事長有特殊關係，或竟與蘇雲章有何交換條件，云云，余亟為解釋，謂宋兄之為人乃屬粗線條作風，遇事並不過細推敲，此次齊魯查帳案渠對蘇並無好感，但主張提出此案之大者要者，次要者則不妨為大體之審查，此無非為節省時間之計，又自中央改造委員會成立，查帳工作方在賡續進行之中，政治環境已非昔比，此等情形須有若干顧慮，自不僅宋兄一人為然，即余與董成器兄乃至吳風清兄均亦不無同感，因此影響對於查帳報告之態度，自屬難免，但如謂徇私，余信其必無也，吳兄又談及姚大海董事長與各常務董事談蘇雲章之去留問題，不知何以竟無發展，余即將此事經過面告，謂一向無當面談話之機會，且姚氏提出以余接替總經理，余知其存心敷衍，故不願向其他人士轉告，今既承面詢，當將經過告知，當時各董事不約而同均主蘇速去職，而為不願使陷絕境，主張其在查帳完畢前，先行辭職，不料事過三週，蘇供職如常，且姚亦未再向各常董有所說明，各常董亦無人願多加詢問，故情形如何，尚不知之，吳兄即謂此次告發案之對象為畢、黎、蘇、姚（士茂）四人，設只將問題侷限於畢、黎，將無以平眾人之憤，設蘇仍圖戀棧，則在查帳案揭開後不能不去，恐非只辭職即可了事，屆時誠恐後悔不及矣，余意現在不必向姚

氏有所催詢，蓋渠已與四常務董事徵詢意見，則四人之共
同意見有其無形之拘束性，當不容其從此竟無下文不了了
之也云。晚，李公藩兄來訪，係今日由台中來，將赴農林
公司接洽代銷產品，並到基隆接洽，如有相當之房屋即組
織報關行，此事本小利大，且招牌有限制，刻已有現成字
號，不願放棄云，又談及台中方面一般情形，特別對於即
將執行會計師業務之靳鶴聲現狀引為談資，謂境況奇窘，
聞在青濟聚斂在青島撤退時為開車人全部捲逃，亦可謂悖
入悖出矣，又談及商場情形，近來物價最有起色者為糖、
紗與花生，囤戶無不大利在握，惜事先不易把握，今後至
來春則為囤糧之機會，惟攸關民食，過多則非所宜，少又
無甚利益云。

10 月 12 日　星期四　晴

師友

　　上午，到羅斯福路三段四十五號冷景陽家答訪李公
藩兄，已外出，繼至宋志先兄家始遇，宋兄亦在寓，當將
日昨吳風清兄之意轉告，希望在查帳報告整理就緒尚未提
全體審查會以前先約集小組原四人一談。到南昌路訪周傳
聖兄，方在圍城作戰，寒暄後立即告辭。到合作金庫訪隋
玠夫兄，閒談，並詢劉振東先生居家地址，以便往訪。到
四達貿易行訪于希禹經理，詢黃海水產公司情形，據云鄭
旭東自動復職後，董事會因鄭方董事不出席而未開成，監
察院則和解聲浪又起，但不應由調查專員提出云。在于處

遇華信工廠李立言，渠對欠余公費竟無一句人情話，余欲開口質責又因不為已甚而中止，但此等人之不可交竟不料有如此者，此事本于國霖所介紹，亦同樣荒唐。

10月13日　星期五　晴

師友

上午，周傳聖兄來訪，談及會計師業務之一般問題，據周兄認為如不能有大力發動，今後之會計師業務恐難有開展之望，余認為開展自屬不易，但最重要者尚為自身之健全，譬如各機關對外發生金錢關係，於對方之真實狀況非不欲知其詳細，但如謂會計師證明過之資產負債表即可據為定論，此不但一般未敢作此信賴，即余等身為會計師者對他人之所作為亦不敢認為可靠，蓋此等人中形形色色，品類不齊，害群之馬，無地無之，在一般社會既無從分其良莠，自難普遍的樹立信譽，故今後如不能透過公會健全業務發展，即須另有集團活動，為獨樹一幟之計，庶幾信譽為一般所承認後，即可從事於業務之爭取與創造矣，周兄即提及政校同學會會址即將覓定，將約從事自由職業之同學在會址成立一聯絡機構，此事如能有成，由集團發展業務必有幫助，余亦相當同意其見解，但恐陣容未必整齊耳。

業務

下午，天航輪船公司經理岑旭初由孫符玉陪同來訪，並持于希禹介紹片，謂其主管公司業務自去年六月至

今年三月止須有交代，但帳冊不全，欲以單據等件委託整
理帳目，余原則允予承辦，但告以資料必須齊備，決不能
無中生有。下午訪經濟部劉桂兄，託其向商業司調取各分
公司登記冊，分別摘錄，以為推廣業務之助。

10 月 14 日　星期六　晴
業務

　　上午，山東省輔導漁農生產基金保管委員會派員來
送聘書，聘余為常年會計顧問，並擬一登報稿，另聘周旋
冠為常年法律顧問，文字經余略加潤色。午前，天航公司
岑旭初君再度來接洽帳務，經將其準備整理之階段有關資
料予以分段作初步劃分，大致第一段為委託利興報關行代
理時期，此段無正式帳簿，只有若干零碎單據與經手人清
單，須重新整理，第二段為該公司任用會計時期，自去年
十一月至十二月，將此時期左右之收付數字作成傳票並登
記帳簿，且有一臨時之小決算表，第三段為此會計離去後
直至今年三月十五日岑亦離職，此時期資料不全，尚有待
於蒐集云。

10 月 15 日　星期日　晴
師友

　　上午，乘長途汽車赴新莊訪謁劉鐸山師，新莊在淡
水河西，距台北市約十公里，經過台北橋、三重埔等地，
全係水泥路面，一路風景清麗，山水頗勝，到車站後步行

五、六十步即至文明里劉氏寓所，純為拜訪，談皆閒話，
盤桓兩小時後辭出，因在車站曾遇褚道庵君，渠本學期接
長台北縣立新莊初中，故到該校訪問，後即辭出回台北。
到張由紀兄家閒談，渠正代表財政廳會同稅捐機構檢查印
花稅，余託其在業務上代為推廣。下午，周傳聖、吳崇泉
兩兄來訪，談與同學會合作成立聯合會計師事務所事，此
舉目的在以集體力量向社會爭取地位，為自身謀求業務，
為免校友中參加者太少，不妨將條件定的十分寬泛，惟此
事之技術問題極多，如參加之會計師向同學會之權利義務
如何釐定，譬如參加事務所之房屋基本代價若干，以後由
於業務所得之報酬應提給同學會若干，又各會計師既不能
人人每日均在事務所，則共同輪值以外之業務亦即個人業
務亦應容許存在，此等收入如亦提成，是否有不願或隱匿
情事，又單獨承受與輪值接受之業務有時亦不易嚴格劃
分，此中最易引起惡感，諸如此類問題設不能一一熟籌，
以後難免成為合作之障礙，為慎重計將由三人分頭再加思
索，然後向其他同學發動云。黃海公司董事張子文、張雲
泰來訪，余不在寓，德芳云該公司已通過以鄭培仕接總經
理，並聘余為顧問。

10月16日　星期一　晴
業務

　　晚，黃海水產公司董事及副總經理張子文與董事張
雲泰相偕來訪，謂前日該公司舉行董事會，已准鄭旭東辭

職，繼任人選經過票決從多數以鄭培仕當選，二張云彼等
所投票為于希禹，但非多數，至對鄭之當選謂係換湯不換
藥，決將另以加強常董會職權之方式從事控制，詢余有何
意見，余謂此事應有明白而具體之規定，以免發生爭執，
二人又云前日開會並通過聘余為常年會計顧問，預送半年
公費云。

10 月 17 日　星期二　晴

家事

　　因大掃除之日即屆，從事整理房間，除榻榻米由工
匠換翻外，窗戶則自行用水洗淨，重行糊紙，今日竟日從
事於此。

10 月 18 日　星期三　晴

師友

　　上午，宋志先兄來訪，謂整理之齊魯公司查帳稿即
將告成，將再約四人小組商討。

家事

　　繼續糊封門窗，今日始全部告成，計門窗共十二
扇。德芳因過勞影響精神及心情之平靜，使早日減輕家事
負擔，有休息及外出之機會，當有甚大之補益。

10月19日　星期四　晴

師友

　　上午，訪呂明誠兄，談前次代雇女僕再度不成之經過與原因，並請再為注意此事。訪張中寧兄，據談其子女尚滯留香港，日昨始將入境證辦妥寄去，但此尚係最迅速者，聞有兩三月不能辦到之官員云，張兄又託余探詢關係方面對於由港來台行李之檢查辦法，因其行李內有餽贈用香煙等類，俟原件運到基隆提取時必發生問題，十九且將遭沒收，余允立託友人之熟悉關務者設法云。

10月20日　星期五　晴

師友

　　上午，訪宋志先兄，詢整理齊魯公司查帳案之情形，據云因後日即須舉行全體審查會，如四人小組須先審核，明日即須辦理，但吳風清兄之地址竟不能查出，無法通知，遂又決定明日即將小組會作罷，但晚飯前吳兄來寓相訪，留晚飯後即同往志先兄處，渠將整理之稿交吳兄帶回閱看，訂於明日下午再作一度晤面，如有問題，屆時提出商討，以免後日或太偏促云。志先兄又云，前日曾晤姚大海董事長，姚云蘇雲章協理之須去職，不成問題，因連日尚有未了事項，故現尚在職，至將來公司經理負責人員姚氏屬意於殷君采，謂殷與中央改造委員會方面尚多聯繫，此外如宋如吳（指余二人），皆接近CC者，當不方便提出，其實余對此根本無意也。訪李公藩兄不遇，留字

託冷君轉交請為張中寧兄注意行李事。

10 月 21 日　星期六　陰雨
業務
　　下午，黃海水產公司新任總經理鄭培仕兄來送顧問聘書，並閒談公司近情。
職務
　　傍晚，吳風清兄來訪，謂昨日翻閱宋志先兄之整理審查齊魯公司控案報告，多有將重要文字刪去之病，託余將渠所提要點面予轉達，余不願如此，即與其商定於晚間同往宋兄處商量刪定，以免來不及明晨提出審查會，至時即分頭前往，彼二人直接商談，余作為第三者，蓋此事糾纏已久，余樂得清靜也。

10 月 22 日　星期日　雨
職務
　　上午，在公路局舉行齊魯公司董事會審查會，討論宋志先兄所整理之控訴審查報告書，對與蘇雲章有關之事項仍為吳風清與姚大海二人爭執之點，甚至詞令間亦針鋒相對，各不相下，結果仍由於第三者之調和，始將此項報告以一上午之時間宣讀通過，會議進行中涉及當前公司人事問題，姚大海董事長聲明蘇雲章去職絕無問題，只因總經理人選向殷君采徵求意見尚未獲完全同意，故不能發表，云云，實則姚君早將此事解決，則吳風清之氣可平，

今日之舌戰可以避免於無形也，今日若干時間亦因而不必浪費矣，余會後與宋志先兄言及此事，亦均認為雙方各有過當之處，且均不善自處。

師友

下午，訪宋志先兄，並同到浦城街參加王建今五同學召集之茶會，今日除有一、二同學報告時局外，並有張中寧兄報告在港澳期間所見聞共產黨內幕情形與靠攏份子之遭際，以及若干中央培養並厚遇之友人竟倒戈反噬，種種論調之可笑可鄙，費時甚長，因穿插故實較多，頗能引人入勝，為今日茶會生色不少。

10月23日　星期一　晴、夜雨

師友

上午，到廈門街為黃海水產公司新任總經理鄭培仕致賀，渠今日赴基隆到公司接事，在鄭寓並遇新任董事會秘書孫肖厂，此為董會二秘書之一，糾紛後之新安排。在廈門街遇楊天毅兄，渠正往訪殷君采主委，余亦同往，勸其速就齊魯公司總經理，據云渠從未有意接受此項使命，故不欲就，理由多半為其個人之自由及免於若干人士之誤解著想，並希望余能出任其事，余告以不願放棄其已有之會計師業務，且對於中央改造委員會第七組絕無往還，事實上亦不願多有往還，故本身非適選也云。訪鄭旭東總經理，不遇。晚，姚大海董事長與宋志先兄來訪，坐半小時左右，以全部時間用對話方式罵前日吳風清在開會時及開

會前之種種只知有己不知有人的表現，此種事實余亦知之，二人來此何為，殊不可知，余詢以蘇雲章去職事何以尚不能見諸事實，姚謂係若干麻煩事體尚不能告一段落，恐即殷君采接事後亦不能立即去職，余謂如此恐枝節孔多，非公司之幸，此外未言其他，蓋交情無如此之深，言重反起疑心也。

10 月 24 日　星期二　雨

師友

　　晚，逢化文兄來訪，談及齊魯公司繼任總經理人選，聞為殷君采主委，詢何以不由目前各常董之有業務經驗如余者接充，余謂此項事業之政治性的考慮當重於業務性，余與中央新貴從不接觸，蓋無意於此，實則由政治上考慮，殷氏一非所謂CC派（余又何嘗是，但姚大海董事長乃至其他各方面則認為齊魯舊人復是政大出身即等於CC），二與中央改造委員會第七組主任有人事關係，自然接事之後可以順利，又談及國民大會代表所醞釀之臨時國大，本為蔣總統所打消，最近聞駐美大使顧維鈞來電報告謂美方反應不佳，當局又有準備召集之說，如此俯仰由人，全無自信，開與不開，復何異哉！

10月25日　星期三　陰雨

師友

　　上午，殷君采主委來訪，謂姚大海董事長堅挽渠出任齊魯公司總經理，恐已難固卻，但彼為身體多病，且對於數字不諳處理，希望余往為其協理，余自忖今春已遭疏散，仍勉強參加董事會，實際毫無興致，且在公司即使不停支待遇，以之與余目前在國大秘書處支領生活費及合法的另執會計師業務相較，實尚不及，且公司凋殘不堪，余於此時且任副手，亦甚不倫，但對殷氏來意表示之切又不便拒之千里之外，故立即作答，謂如需余到公司幫忙，無不效勞，但不要名義，不支待遇，仍以目前之常務董事資格前往，如需要每日前往，亦無不可，此項辦法不影響余之執行會計師業務，亦不增加齊魯公司之負擔，惟渠對此不表贊同，余再三說明會計師業務之不願放棄，渠亦無詞以對，談兩小時餘始辭去。陳厚德君來訪，轉示周紹賢君由感訓機構來函，謂即可有保釋之望，需立委兩人為妥，余允日內即往訪崔唯吾氏一談，因周君歷次來信均提及崔氏，陳君已將地點開去，改日將往與面談。

集會

　　中午，到中山北路出席輔導漁農基金會，會場空氣極不和諧，一時散。

交際

　　中午，輔導會由裴鳴宇、孫伯棠出面宴請所聘之會計師、律師即余與周旋冠君，地點在大光明西菜館，菜餚

甚佳，在座者除會內有關人員，尚有趙公魯君。
娛樂

　　晚，與德芳看電影「夫妻寶鑑」，屠光啟、盧碧雲主演，情節尚佳。

10 月 26 日　星期四　陰
業務

　　上午，周旋冠律師來談關於黃海水產公司查帳經過，據云係該公司關係人于希禹、裴鳴宇等洽辦科以司法責任問題，經將余之查帳報告書加以研究，認為只須取其大者數端，即足以構成背信罪嫌，但對於內容方面須與余談商，以期更為清楚，余認為此事之最大前提應為不因公司主持人犯罪，而使公司本身因司法程序而發生損失，周律師謂可以避免，其方式或採由公司股東或監察人自訴，則不致因公訴而將範圍無限擴大，至於其中借貸美鈔、黃金，依法現在黃金早為公開，美鈔現亦公開，雖事實發生在前，依刑法亦應照現法處斷，故不致發生問題，而存放款雖類似經營銀錢業，責任亦輕，近來軍法方面所辦之地下錢莊案均以國家總動員法為依據，其實大有問題也云。
師友

　　下午到上海路訪崔唯吾先生，談日昨陳厚德君交來周紹賢一信，希望從速保釋，據崔氏云，數日前曾將感訓若干人之名單交袁守謙氏，袁退回謂係保安司令部主辦，現在擬與保安司令吳國楨、彭孟緝接洽辦理，至於以前擬

由立法院提出質詢案之張敏之冤獄一案，經與其他一、二委員商討，認為未必有積極效果，反之且足供該案在押未判之關係人等蒙受不利，故未予提出云，余又告以昨日殷君采氏曾來約余到齊魯公司為其協理，崔氏亦認為不必，余所以為此者，蓋殷氏可能企圖經過崔氏再度向余商談也，為免殷氏對此事不肯斷念，茲當先由崔氏處給以關門之機會焉。

交際

晚，應孫伯棠、王豫民二君之約在會賓樓吃飯，首座為台灣人本市紡織業同業公會理事長李占春，次為河南國大代表陳君，餘皆山東人士裴鳴宇、趙公魯、龔舜衡等。

10月27日　星期五　晴曇

瑣記

島上氣候已是深秋，雖木葉不脫，而如水之涼，無殊內地，下午，牽紹寧女閒步植物園內，塘內殘荷搖曳無力，自是一番肅殺氣象也，至於一般節令上之特徵，可得而記者亦復不少，文旦柚子上市月餘，幾乎已至尾聲，而柑橘接踵而至，將主宰水果世界半年之久，又西瓜在盛夏時小而多子，不能適口，現在則大而甘美者已上市，直至廢曆新歲其勢不衰，惜價格太昂，漸入貴族食品之林，至平民化而無節氣性者只香蕉一種，則長年可以享受之也。

10 月 28 日　星期六　陰

職務

　　上午，姚大海董事長來談齊魯公司事，謂前數日殷君采氏已允接任總經理，但以余任協理為條件，其時殷已與余談過，迨昨日渠回嘉義，臨行又謂須重新考慮，似乎著眼點在其本身之種種困難，約四、五日回台北即當再作決定，余即告以三日前與殷氏談話經過，余只允以原名義不支待遇與參其事，即逐日辦公亦無不可，姚氏即謂如用兼代名義是否可以變通，余謂依會計師法絕不容許，即以余現在接受業務情形而言，亦不容余即行撤銷登錄，至於生活上並因此而發生更大困難，則餘事耳，姚氏又談及姜春華來函近於威脅詐取，謂如不辦蘇雲章等，彼等必將革命到底，目前對於欠發款項，務請照發，此乃以告狀為武器，要錢為目的，實不容許，余並將姜致余函亦出示，亦批評其態度不好，但自忖姚氏特別重視此事，即可見其心病為姜等窺破，彼祖護蘇雲章非不自知，姜等之要求渠因而未能輕視，實緣此也，姚氏又託余轉達吳風清兄勿對公司事向外洩漏，余謂其事恐不甚多也。

10 月 29 日　星期日　晴

娛樂

　　上午九時率紹南、紹中兩女到成都路參加政校校友會召集之慶祝蔣校長六十晉四誕辰大會，因今日為星期例假，故提前舉行，其實誕日為本月三十一日也，簡單儀式

過後為電影，美高美出品「艦隊南征」The Secret Land，
似為一新聞片，紀錄美國一艦隊到南極探險之經過，五彩
而用配音說明，類似默片，且全部枯燥乏味，多未終場而
去，十二時散會。

業務

　　下午，到會計師公會出席理事會議，出席者除三常
務理事外，只有理事三、四人，有存心不出席以表示不合
作者如虞舜、王庸等，有持不合作態度而出席者有水啟
寧，故情緒極不和諧，討論事項重要者為各委員會之成
立，有主張不必者，其實此乃前次理事會之決議，討論結
果仍維持原議，但不必再行先提加倍人數，又有一案為
執行業務而不入公會者，據建廳解釋須先調查是否執行
業務，公會解釋凡登錄即是執業，推余與涂方輝前往再
洽，此外又推人向財廳交涉加入發行準備之監理，向法
院交涉休息室，最後劉廷芳與水啟寧對於經管經費希望
理事會正式予以記帳，而原底不清，致與周傳聖發生爭
執，無味之極。

10月30日　星期一　晴

職務

　　昨日譚嶽泉兄曾來訪，謂係為齊魯公司事，但余不
在寓，乃於今日下午到公路局答訪，余已預知係姚大海董
事長託彼挽余為協理，即仍將數日前與姚氏及殷君采氏所
表示之意思向譚兄面答，即余目前決不願撤銷會計師登

錄，故對於經理人員不能接受，必欲余到公司幫忙，可以常務董事資格逐日前往，亦不另支待遇，因余若支用公司待遇，其他一切收入全須放棄，甚不上算，且無以生存也云，譚兄對此項辦法甚為贊成，即約余往訪姚氏當面答覆，余因已與姚氏作上項表示，認為無同往必要，但譚兄堅約，乃同往，不遇而返。

10月31日　星期二　晴
業務

昨日第四信用合作社孫伯棠、劉瑞甫、李紫宸三人來函約今午到該社餐敘並解決會計糾紛，今晨李紫宸君來訪，略談糾紛內容，余於十一時前往，在座者尚有該社監事主席宋君，又前月趙杰清與劉瑞甫讓盤於劉、孫、李三人時之見證人李宜生與王豫民，又劉、孫、李及趙、王乃至該社會計、營業均參加其事，計自十一時至下午六時，始獲解決問題之途徑，緣該社在讓盤之時股金為二萬元有零，讓出百分之九十以上，其時帳面虧損七千五百元，雙方決定後手付前手六萬五千元，接收其全部資產負債，並由後手彌補其虧損，惟負債方面現列股本尚超過應有之總額一萬另六百元，類似存款，而實為趙、劉二人讓盤前所參加之護本，在讓渡之時雙方諒解此項負債不必由後夥償還，全部房產、器具、資負及招牌歸新夥承受之代價為六萬五千元，但帳上迄今對上項一萬另六百元之負債並未消除，日昨趙杰清向劉瑞甫要求提取，就帳面論之，帳既未

消，自然應付，但現任由於當時之議定又不應付，劉瑞甫根據其已將此項權利包括於六萬五千元內一併讓售之事實，實已無形中將此款取得，渠與趙均有其份，並分別還其暗帳之虧空（在七千五百元以外尚虧七、八萬元），亦自然不應出錢，故帳雖在而款則無，各執一詞，非在帳理上予以查明解釋，則莫可究詰，經即決定明日開始查帳，而實際上則更須將此項負債予以合理之轉帳方式，使符合讓售之事實也，聞會計一席為以前舊人，此問題乃彼鼓動而成，皆劉瑞甫平時待人刻薄所致，但現任李紫宸經理對此人亦不放心，故亦約余連帶將彼等受讓後之帳目亦繼續加以查核焉。

11 月 1 日　星期三　晴

業務

　　下午，再到第四信用合作社，本日工作為開始查帳，但余到達時李紫宸及劉瑞甫等又先談劉與趙杰清之糾紛問題，李君持來接盤之初前夥所開當時暗帳內資產負債對照表，負債方面十三萬五千元，資產方面只七萬元，不敷六萬五千元，此數由後夥負責彌補，此即當時讓渡代價定為六萬五千元之原因，此數目未必即為其真正之虧欠，據云表列資產如有不能收回者仍歸前人負責，且在讓渡前早已經前人彌補若干虧空，故此數似為巧合，實際為後夥所原出之代價，以之湊成負債及資產總數並使雙方平衡而已，此六萬五千元在單上分為兩筆，一為五萬四千四百元，一為一萬另六百元，均在資產方面用後夥戶名記載，詢之當時經管暗帳人員，謂此項一萬○六百元本為樓下明帳所欠暗帳之款，用股票二字作為戶名，讓盤之時樓上暗帳只虧五萬四千四百元，餘一萬另六百元乃用樓下股本同數抵帳，遂由後夥另出此數乃將戶名更改，由此余判斷明帳內之一萬另六百元雖仍用樓上作主所用之戶名記帳，而實已將所有權轉讓於後夥，只差轉帳手續有所疏漏而已，然則趙君不能向帳上再支一萬○六百元，自屬甚明，兩會計（一明一暗）對此說甚同意，但謂無根據，因暗帳已銷毀也，故趙君處須憑說服始可，同時劉瑞甫則主張用此說不能說服之，因趙君根本不承認為五萬四千四百元賣出，蓋合約所定為六萬五千元也，余即謂趙既為理事主席，當

時讓盤全部財務狀況何不令知，此實為劉君專擅而且疏忽，今原始記載均已燬棄，欲只憑不完備之資料與推理所得之結論使之心服，將事倍而功半矣，至此李紫宸君又云不妨約集有關人員重演讓盤日之狀態，以求證此款是否有著，此法乃乘法不懂必用加法，自亦不失為一途徑，詢趙君之子，認為須徵求其父之同意，同時並認為如果查帳能水落石出，亦不妨等待結果，李紫宸君謂現在渠決心查帳，延余辦理，余詢以範圍為何，渠答交替後之兩個月，余謂對當前之爭議無補，李即向趙云，如採查帳途徑，須彼等另行委託，會計師非受有權之當事人委託不能查核其帳目也，趙君謂與其父商洽云云，至此關於糾紛案仍無結果，只規定明日開始查後夥之帳，余即辭出，時已五時餘，深覺曠廢時日也。

11月2日　星期四　晴

師友

　　中午，到新生南路十六巷一號周德偉署長公館訪楊綿仲氏，楊氏一週前由港來台，據云須早日覓一房屋，可以居住，其夫人及少君在港等候同來，余表示參加積極進行，又談及吳先培君即有來台之念，但謀事不易，惟渠頂房不致無錢耳，楊氏甚清癯，謂在港居住不易維持生活，大陸上不無介紹其靠攏者，此事絕非所願，故亟來台云。

業務

　　下午，到第四建築信用合作社，李振東經理云，關

於讓盤人趙杰清、劉瑞甫間糾紛，彼不願多問，但自受盤日起的帳目，頗不放心，請余一查，當即填具委託書包括今年九月一日至十月卅一日之帳簿表報，余因此期間甚短，且與孫伯棠為熟人，故未開口逕索公費，彼方亦未詢及。晚，張雲泰君來談黃海公司事，謂關於執行各股東之提出意見，董事會曾推出三董事會同兩監察人處理，即由張召集，此事正準備進行，所謂處理，渠意包括兩種事務，一為自六月一日至現在止之帳目尚須賡續檢查，此事將委託余辦理之，渠詢余以是否可由小組直接委託，余謂為免生枝節是非，仍應用董事會名義委託，第二種為已查出者之執行及股東所表示意見之審查執行，詢余有無意見，計算工作仍將託余辦理，余謂該公司前總經理鄭旭東之金錢責任依照查帳結果，有數目甚明白者，亦有只是認定大有問題詳數難考者，復有手續不合，或措施不當，未足即斷定其須賠償款項者，故須其所主持之小組逐一將解決之原則核定，余即可根據算出，其根本不能算出或只能算出約數不能確切作為依據者，即不必再事吹求，張君對此甚同意，但對此項原則亦願先知余之意見，余即擇數項重要者表示余之態度，一為金鈔進出雖不免有將兌換帳誤記之處，但無賠償問題，至進出價格對市價有差，亦屬不能確切算出者，二為零用金之利息問題，渠云鄭等曾表示應可補息，以銀行利率計算，渠意應照對外借入款計算，余無意見，三為對大公合作墊款問題，應維護黃海之權益，余認為合同以內條款可以主張徹底執行，半途為鄭對

外變更者由鄭負責，亦即大公售貨須有黃海10% 佣金，
此權利不應放棄也云云。

11月3日　星期五　晴

業務

　　下午，續到第四信用合作社為查帳之準備工作，今
日為與會計課長張相雲談話，詢其有無會計制度及平時收
支程序等，據云並無成文之會計制度，只因襲以前所用科
目及習慣，賡續處理，從前樓上下各有帳一套，樓上者為
暗帳，更無制度，此套帳設置之目的為逃免法令之約束，
九月初讓受盤後樓上帳即結束，但樓下帳亦不包括全部收
支，其內容有不合規定者係另用帳冊記載，且另有人經
管，諸如存放利息之多於官定的差額，即係如此處理也，
此兩套帳並不互相核對，亦不相連屬云。

11月4日　星期六　晴

業務

　　下午，續到第四建築信用合作社，將其日計表及傳
票大略翻閱，以知其梗概。

集會

　　下午，到中山堂出席國民大會聯誼會所召集之座談
會，談立法委員任期屆滿之補救辦法問題，發言者有五、
六人，多認為補救不易，茲記此案要點如次：按憲法第
六十五條規定立委任期為三年，連選得連任，第六十八條

規定立法院會期每年兩次，自行集會，第一次自二月至五月底，第二次自九月至十二月底，必要時得延長之，現任立法委員係卅七年五月七日集會，至明年是日即滿三年，如按會期計算，則今年年底滿第六會期，應作為任滿，所謂必要時得延長之，係指平時之會期，任滿日後自不能再有未滿之會期，故無論如何解釋，立法院委員非在任滿前改選不可，但改選在大陸淪陷之今日事實上無法辦理，問題於此發生，現在有各種說法，以求此問題之合理解決，一為自然延長，即新委員未選出前，舊任自然不滿，此說多數認為並不合法，因立法委員任期自行終了與有無接替者無關也，二為總統命令延長，此為根據戡亂時期臨時條款，但此項條款之行使有規定之限制，此項不能包括在內，三為大法官解釋，但現在大法官人數不足，不能開會，且解釋法律亦不能超出憲法範圍以外，此法亦不可通，因之可行之法，據發言所提者不出二者，一為召開國民大會修改憲法，代表人數不足，另謀補救，二為立法院有權限在選舉法上自行補救，但必須經過改選之手續云，今日出席代表法學家林彬氏被邀發言，惜只提及制憲時之經過以作參考，對此問題之焦點則未論及焉。

11 月 5 日　星期日　細雨
師友

　　下午三時在戰鬥青年社舉行校友茶會，有張金鑑、邱有珍、吳望伋等報告立法院成立黨部小組競選組長之經

過，此項小組組長共十四人，合組黨部改造委員會，結果
黨方大為失敗，共出四人，而青年團則共有七人，由此次
經過可見以黨的改造化除小組織派系，事實上乃屬南轅北
轍，同時更因有此項選舉，使派系更形尖銳，又有沈遵
晦、方青儒報告時局，由於中國共產黨之參加北韓戰爭，
使美國在東方所存若干幻想已不存在，此項局勢之澄清，
大有助於今日台灣之前途，諒傳美國駐日統帥莫克阿瑟對
中國保證台灣之地位不成問題，雖言之過早，而實際不為
無因，同時近來共軍沿海一帶之兵力已形減少，對台灣之
威脅幾乎已不存在，是亦為台灣可以自慰之處，又有劉家
樹報告近來中央改造委員會救濟來台各級黨部委員之情
形，及國民大會代表借地開會登報公告，均被拒絕之經
過，中央改造委員會以加發待遇之經濟領導辦法挾制黨員
代表參加即將組織之黨部，而接受其領導，可謂苦心孤
詣，又談立法委員任期問題，因時晏未獲結論。

11月6日　星期一　晴、有陣雨

業務

上午，第四信用合作社改組前之理事主席趙杰清、
經理劉瑞甫二人來信，謂有事請教，盼抽暇蒞社一談，並
帶委託書一紙云云，余本為現任該社查帳事今日亦須前
往，乃於下午二時往該社，二人亦先在，趙係初次見面，
謂彼二人爭執，亟須尋求解決，託余與管帳人員詳談，彼
二人均各自散去，不表示意見云，余先後陸續與樓下會計

課長張相雲、樓上管帳劉桂山及副理而親自指導處理樓上帳之姜君一一洽談，實際從前均曾談過，今日不過重新扼要再加檢討，尤以與姜君所談者為最多，談話結果有一點為以前所未了解者，今日已不復爭持，即改組時之後手所付前手之六萬五千元，雖現款為轉代前手還樓上外帳不訛，其實內中有一萬另六百元係以樓上存在樓下同數之款相抵，新社失之於樓上得之於樓下，此數等於未出，換言之，約定名義上新社雖出六萬五千元之代價，其實際負擔只有五萬四千四百元也，而趙、劉間之糾紛即在此，據姜云讓盤之時因趙一向對帳務一概不管，自未能將六萬五千元包括內容有兩筆一節，向其說明，即劉似亦係後始知之，現趙執意認定出讓股票得代價六萬五千元，當時此數並未完全彌補其樓上之空虧，樓下帳上之一萬另六百元既為彼名下之存款，渠自可提取，而當時既未能向趙說明，此刻並無理由拒絕其請，姜君對此點深感無法補救，故又提出以固定資產與資本相抵多出一萬餘元之帳，希望余能代圓其說，繼又見余不肯採取此等偶合而不合帳理之說法，又謂希望余向趙解釋所謂六萬五千元係指現款支付狀態而言，其實一萬另六百元無形包括在內也，而堅主不能再提只為五萬四千四百元之話，余允研討後再做論斷，晚飯後返。此事余參與之身分始終為兩重的，彼等因余為會計師而見邀，但決不能以會計原理對此問題有所解決，彼等亦自謂希望余對此事有相當之解釋後，趙、劉二人將邀請親友及讓渡之中人及余以公斷之，事實上亦非如此容

易，因就技術觀點言，此新社負責人應再付此一萬另六百元，而買受之時則與劉共同瞭解均係代還帳後一切均歸後夥，雙方均無另由前社得萬餘元現款充作自用之意，是趙向劉追算其失，劉無理由向他人轉索，其責任即在劉矣，余對此項斷語尚未能公開表示，容再對各方意見先作綜合焉。

師友

　　晚，同李公藩兄到大元行訪林鳴九、于國霖二兄，得悉孫典忱現住於館前路內政部宿舍，余自其女自殺事件後欲往慰問而未果，既知其暫住台北市，乃與林兄往訪，至則外出，謂明日尚來，遂留片以示意，並託住該宿舍之內政部他友轉達。

11月7日　星期二　雨

業務

　　上午，前第四建築信用合作社理事長趙杰清來訪，謂昨日所洽談之追索劉瑞甫一萬另六百元事，昨夜決定今日約集當時讓盤中見人王豫民、李宜生，友好宋清齋、李紫宸等於下午三時在社內會面並晚餐，由公眾加以判斷，希望余往參加，又詳細申述其向劉瑞甫追款之根據，謂樓上帳在結束時曾抄一清單，寫明人欠欠人各數，此單刻在趙處，人欠不足欠人之差額為六萬五千元，寫受盤人姓名頂數，存欠平衡，而當時樓上在樓下存一萬另六百元則表內未列，自係漏帳，劉應負其責，至於此六萬五千元內現

謂內包括此項一萬另六百元與樓下以帳頂帳一節則未據其
報告，自屬無憑，此事渠理直氣壯，一日要索不到，一日
不能干休，繼又申述在彼等合作經營期間劉之醜事尚多，
大者有三，一為今春社內聚賭抽頭，每週二、三次，每次
抽達三、四千元，均由劉自肥，贏錢由社內帶走均成虛
帳，二為去年代其友人經賣物品多索手續費，並虛報售
價，亦入私囊，達一萬餘元，三為今夏所放帳內有以房屋
作價抵進者，房由劉向社轉買以去，又出售得一萬八千
元，自賺其差額，此在樓上帳均有可考，雖已焚燬，但原
人俱在，可以複按，云云，下午余往，則只有宋清齋、史
耀東、程月亭等在座，中見人兩人均未到，乃由余等約集
樓上下會計張、劉二人共同談話，趙、劉二人則均不參
加，余根據其八月底之資產負債表，及樓上帳兩份存欠
表，將內中情形及矛盾之點加以說明，均認為大致不差，
乃將要點置於兩張欠存表之不同上，其中一為六萬五千
元，一為五萬四千四百元與一萬另六百元兩筆，前者在趙
處，後者在後夥李紫宸處，依前者此款為劉之漏帳，依後
表後夥已出此數代為還帳，故劉雖未得此款以自肥，但處
理錯誤並事先未向趙說明，有其責任，至此多人謂今日未
便下結論，最好待李、王兩中見人明日到來時慎重研討，
因今日之結論顯與劉不利，為此說者事後余知實與劉有情
感者，於是開始晚餐，飯後又由宋、史、李及余詳談，李
提出息事寧人辦法，不再就帳目著眼，緣今年趙、劉二人
將股份轉讓後，趙曾向社借去二千五百元，現即作為將計

就計由劉代還，他事一概不談，並請客言歡，此後亦不許
再有其他葛藤，此法咸以為甚好，只恐劉不肯允，余則謂
恐趙不允，於是公推史君向劉個別商談，俄史、劉同來，
謂可以答應，但表明其在社內尚欠有他帳二千餘元，歸其
名下，而實際則趙之所欠，彼甚吃虧，不能不聲明立場，
史君又與趙個別研討，歸謂趙亦同意，但認為劉本對不起
人，又提出房屋一萬二千元與一萬八千元之差額問題（見
上），至此均知今日不能有結論，乃分別告辭，至門外，
李紫宸君追來，謂房價問題有原經手職員可以查問，望稍
緩再向其查問，或今日仍有解決之望，余等即折回樓下客
室，分別詢問原經手職員兩人，一謂房價係劉得趙之同意
而由社賣之劉個人者，一則謂其經過不同，係趙某次問以
詳情，渠始知之者，所述有所出入，對於房屋轉讓價格等
問題究有無趙之同意，不能斷定，乃散，已十時。

11月8日　星期三　陰雨

集會

　　上午，到中山堂出席魯青國大代表立監委員聯誼會
成立大會，到者五十餘人，而實際三種人員在台者共有
一百三四十人，今日重要議案為討論章程，討論至第四條
決定幹事及產生方式後，余即退席，因已近中午也，今日
會場情形尚屬輕鬆自然，發言有刺激性者尚少。

師友

　　在中山堂遇劉振東先生，詢其新莊是否有適當房

屋，託代楊綿仲氏注意，劉氏謂房屋不多，但縱有亦不為楊氏幫忙，因而追述在重慶財政部期間劉氏若干與楊氏之恩怨，多非余以前所知，劉氏甚至加楊氏以勢力小人之名詞，則可見唧恨之深也。

業務

　　下午到第四建築信用合作社繼續參加處理劉瑞甫與趙杰清間之帳款糾紛，今日到場有關雙方友好比昨日多，計有李蔭堂、王豫民、程月亭、宋清齋、李紫宸、劉紀元及余，李、王乃合作社出頂時之中證人，余為鑑定帳目之人，其餘為調說人，此外趙、劉二人亦在座，仍如前數日各執一詞，劉態度尚和緩，趙則極激昂，開始研討時劉退席，余先報告，就已知各種資料對此問題之瞭解，大意謂在成交頂讓之時，雙方立約為訂明代價六萬五千元，此六萬五千元乃係根據前夥所交後夥暗帳虧欠淨額如數由後夥代為付還欠債，惟當時雙方所了解者，即樓上帳所記在樓下存款一萬另六百元係以帳抵帳，故後夥之現款負擔雖為六萬五千元，而實際負擔為五萬四千四百元，在成交以前劉向趙所報告者為以六萬五千元轉讓，他非所知，趙即認為漏列資產，亦殊正當，但劉並未得此一萬另六百元，故趙之索償雖有道理，而款則無從出，故此事並非一款項問題，而為一處理錯誤之責任問題，劉對於應報告者而不報告，致趙所了解者比事實上多損失一萬另六百元，劉不能辭其責任，但應如何補救其過失（甚或是故意），不在余應考慮的問題之內，請其他人士多發高見，余解釋後，趙

認為十分明白滿意，劉亦無違言，乃紛紛休息。移時又全
體聚會一次，余將上情再扼要說明，均認為事實已十分明
白，決定由史耀東、陳貫一明日負責解決補過辦法，解決
後即由前夥通知後夥將帳上所虛欠之一萬〇六百元予以沖
轉，時已十時，乃辭返，今日各方面對余之解釋均認為明
確不易，對解決問題有決定性的幫助，又今日問題雖已解
決，而在談話中頗有口角爭執，則不幸也。

11月9日　星期四　雨

業務

下午，到第四信用合作社，本準備著手查帳工作，
因與其副理姜君詳談過去及現在之經營方式，歷時一小時
餘，天已將晚，故未閱帳，姜君謂現有頭寸情形並不寬
裕，例如存款十五、六萬元，放款息實做每百元日息三角
五分，相當於月息十分五厘，實收每月一萬五、六千元，
存息須兩角，亦即月息六分，約計九千元，則所餘六、
七千元，只足開支而已，此係收放相平之數，如有準備
金，自不及此數，現在因甲種活期存款不當頭寸，故勉強
可以挹注，但仍感甚緊，故非增加資本及存款不可也，現
在官定利息為存款一角放款一角四分，照此差額，根本無
法可以維持也，惟上項自訂利率不能記入帳內，故將與官
定利率之差額另行立一存戶處理之，至決算時如何分配，
現在尚未論及，初步當用以彌補本年之損失云。

交際

晚，第四信用合作社李紫宸經理在其和平東路寓所約宴，係其生日，所請客人有各方友好，聞在三、四席之譜，因地方狹小，在其隔鄰商君家入席，直至八時半始散。

11 月 10 日　星期五　雨
業務

下午，續到第四建築信用合作社查帳，今日本開始循科目次序由帳而傳票、而憑證，但因開始科目為各項放款，約據並不附訂傳票，且此等放款在此次查帳包括之期間內，有憑證可查者無非查帳日之尚未還清各戶，其餘已經收回者則只能就帳論帳，無法查其原始憑證，故今日所查乃將目標轉移至查帳日之放款餘額，以便與原始憑證可以互相核對，經逐一核對後發覺有有帳而無借約者數筆，其中有為合作社負責人員，有為主管官署職員以便條所借實際等於呆帳，又有係頂名購買物料隱藏於放款內者，自然更無借約可言，又有有借約而無帳者數筆，則為今日所放，尚未記帳，至於借約形式為三種，一為抵押借據，背面或寫明質押品，或不寫明，二為信用借款，三為遲期支票寫明到期日，聞利息係先扣，故本、利、期限均不見記載，帳上亦多缺略，核對利息帳時，必感受困難，又放款有無息者，係特別情形，一般均有利息，且高於公定利率，門市收帳均照公定，其差額則另有備查帳收入並登

記，逐日或數日存入存款戶內，作為一種隱藏盈餘之負債，逃避官廳之耳目，至於決算時之分配辦法尚未確定，惟據李紫宸經理云，將絕對維持公平原則云。

11月11日　星期六　雨

業務

　　下午，到第四信用合作社繼續查帳，今日因會計課長外出，僅向管理放款利息之劉君調閱其放款帳與利息帳，開始核對在此查帳期間即九月初至現在止之放款已經歸還者是否均已收到利息，且利率明暗各為若干，本日以三小時之時間只核閱四分之一，所以如此之遲緩，實因帳簿內之到期日及利率均未完全註明，利率雖照官定，有時計算亦有出入，期限則只能由借還兩日期收付時推定，至暗息帳簿，雖將利息分兩部分記載，而不註明利率，只能按金額日期還原推算，又利息有於借款日預收者，有於還款時算收者，依約應於何時，亦全無根據，有此種種情形，於核對時遂感特別吃力，進度亦特別遲緩，至於利率有高低而甚至有只收股息者，均係依據口頭接洽請示辦理，如一一問之主管人，亦不勝其煩矣，此外有帳上放款已收回而未見收入利息者，則摘錄以存疑焉。

交際

　　晚，到南昌路徐嘉禾同學家吃其幼子滿月酒，在座尚有石鍾琇兄、逄化文兄夫婦、徐嘉俊君夫婦、楊天毅兄，所備菜餚甚豐，德芳未往，上午先往餽贈奶粉四聽。

11 月 12 日　星期日　陰

師友

　　上午，廖毅宏兄來訪，談已到台北五、六天，余託其在港代買用品望於今晚著人往取，託買之件照去信辦到者為余與紹南之皮鞋，此外物品則未辦，因棉毛衫及化妝品等零星物件均為價不高，在台北買亦不甚貴也，餘款經作主代買女用洋毛衫兩件，如此與匯去之款數約略符合，至於必需之自由日記，據云往詢商務印書館，謂尚未到，他情不知，但該館函余開明價格甚詳，何能又謂未到，殊屬費解也，又談此來已攜來一部分影片，當前業務將以全力赴之，俟其本人報入戶口後，即請發入境證，遷眷來此居住，余面達如房屋尚未找妥而眷屬到達時，望暫在余寓居住云，又談齊魯公司新總經理已醞釀為殷君采，據聞山東人士之反應頗不一致，而至今不予決定，可能造成人事糾紛云。

交際

　　晚，第四信用合作社前經理現理事主席劉瑞甫在社內約宴，在座尚有此次參加解決渠與趙杰清糾紛之人數人，席間渠提出將辭去理事主席，在座者多為理監事，不免有種種見解，余與該社無內部之關係，殊覺乏味，飯後即先行辭出。

11月13日　星期一　晴曇

業務

上午，黃海水產股份有限公司新任總經理鄭洛非兄來訪，送公費六個月，並謂因公司近來船不出海，資金不裕，以至遲延未送，特達歉意，繼又談近來辦理交接情形，監交人張雲泰遇事吹求，深覺煩瑣，余未表示意見，只謂過去意氣之爭，最好不影響將來業務云。

職務

晚，姚大海董事長在杭州南路新寓約集常務董事便飯，到有譚嶽泉、趙葆全、宋志先、殷君采、余及常駐監察人劉文島氏等，飯後商談公司繼任總經理人選問題，姚仍屬意殷君采，殷以體弱為理由，堅決不肯，謂如以常董駐會辦公則可，甚至如姚兼總經理渠可以任協理，如此爭持至兩小時，不獲結論，按殷本已應允，何以後又如此堅決，余不知其真正原因，又譚、殷二人曾研究由姚自兼以為過渡，余亦不知此法之真正好處，惟今日既至深夜尚不能決，明日即開董事會，自然不能提出，但開會時關於審查會所提公司以前負責人營私舞弊審查報告，勢不能再行延展提出，提出後必涉及人事問題，如不準備妥善，明日會議即不能順利獲得結果，因即作最後之商量，姚允自兼以為過渡，另以殷為協理，余則照若干日前所表示者，在座各人完全接受，即以常董資格到公司幫忙，但余恐彼等係勉強遷就，故又再度提出請考慮此舉有無必要，均仍認為必要，余亦未言其他，但余知今日之決定未必即為最後

之決定，因姚、殷二人均有勉強成分也。

11 月 14 日　星期二　雨

職務

　　上午，到齊魯公司出席第六次董事會，此次會議因議案較多，需有一、二日之時間始能開完，今日上午為報告事項，重要者係公司經理部分與廠務報告，及若干例案之照例報告均迅速通過，但發生一項枝節，即吳風清董事提出程序問題，緣報告內關於最後修正之建廠計畫有經常董會議決並呈送中央第七組字樣，此在手續上自不合法，蓋常董會關於最重要之業務方針不能不先提董會核議也，繼吳而後又有數人發言支持，因此等事係明顯之不合，無論何人不能否認也；下午為討論事項，凡十二案，重要者有請向銀行押借膠廠流動資金五十萬元，不向政府辦理淪陷區分支機構變更登記，而辦理總公司遷台登記，審定公司所提各項新擬之章則，經推余與其他四董事審查，規定公司在台新資本額，審查九至十二月份經常費預算表，推余與另三董事辦理，疏散人員遷移費規定為五百元等，最後一案為舞弊案之審查報告，因原文甚長，讀完後已至下午六時，經決定明日繼續開會，專研此案，晚飯後分別散去。

11月15日　星期三　晴

職務

上午到齊魯公司出席昨日未經完畢之董事會議，今日又進行竟日，全部為公司職員十三人控告公司經理人各款審查報告之正式提出討論，首由被告方面現在公司任職之蘇雲章協理口頭報告昨日閱讀審查報告後，認為必須注意者，大體為申述報告書內有計算數字欠精確，買房讓渡書有報告內認為缺少而後來又復查出者，此外即為彼本人對於責任問題之立場，認為大會有須認定由彼負責者，渠完全接受，但在公司三年有其痛苦之經驗，不能不予表白，以下即敘述其來台後在臨沂街買房居住經過，彼個人在去年一年中由青而滬而穗，亦曾在台而時間不久，彼雖有會計處長名義而不能兼顧如許，則非其本人所願出此，又黎超海房屋轉讓公司之單據確係偽造，蘇亦承認，褚保三戚三台廠職員錢治平之任用，渠並不贊成，香港汽油費五百元實為董事長公館所用，汽油不過為一種名目，此外關於五萬元放款，在青向海關與貨物稅局行賄、白金盃、傳票編號等問題，均有所說明，或承認事實，或謂出於不得已，甚少認為與實情不符者，報告約一小時，聽者多不耐，遂縮短結束後，請避退席，會議即開始逐項討論，討論中聞劉常駐監察人文島謂蘇已必受行政處分，停其職務，故內容有涉及蘇者不妨從輕修改文字，在此諒解之下，有數處加以修正，至下午五時討論完畢，並對此報告全文作成決議，此決議文字由張清源董事提出（晨間曾於

會前作會外協商，在座五、六人即作此決定），謂畢、黎、褚、李均應依法嚴予懲處，蘇、姚應受行政處分因兼有會計之獨立職務，交常董會與中央改造委員會商承辦理，余主張修正為由董事長或即由董事會先行議決，根本對人事問題常董會無權過問，法定程序不可變通，另有反對者，如宋志先等，亦同此意見，況姚與常董談人事問題已多，而無一兌現，早已不耐，經決定即由董事長辦理，但姚大海董事長又再三謂事實上渠必與常董研究，此人之不肯負責，往往如此，至此會議始將控案處理步驟解決，最後討論尚未審查之卅七年下半年至卅九年上半年決算與工作報告應如何辦理，與會多數主張仍由以前推定各人辦理，但以前實際負責審查各人即宋志先、吳風清、董成器與余，皆表示無力擔當，於此又有張清源、劉文島主張應對如此辛勞之工作公司有所安慰表示，余等均聲明不能接受，因如此即失去不能繼續之意義也，今日即未再提，並決定對決算書只作一般公司之通常的數字審查，不必如此次審查控案之詳細，余等即表示接受，至人選確定為余與宋志先、吳風清、趙葆全，由余召集，至此即散會，計費時兩整天，為公司空前緊張之董事會議也。

師友

晚，逢化文兄來訪，余將魯青國大立監委聯誼會圈選幹事之票託其轉送。

11月16日　星期四　晴

業務

　　下午，繼續到第四建築信用合作社查帳，仍為放款部分，雖分戶不多，但情形不十分一律，科目有二，一為信用，一為質押，但內容幾乎完全相同，余查核之重點在九、十兩月間是否放款均如期收回並照收利息，利息有無輕重，大致除少數呆滯戶頭外，均能到期收回或轉期，而收回放款則有不同時收到利息者，其中少數於三數日內補收，多數則不知下文，又有只有明息，不收暗息者，復有只有暗息而未收明息者，皆定有特殊情形須向經手人查詢，此外利率之差別則更為不齊，曾囑經管暗息帳之職員將暗息利率均照開始時之辦法在備註欄一一註明，亦尚未照辦，故現在只能看其有無收息而已。

師友

　　上午，金鏡人君來訪，談將至師範學院主計室服務，託余代為證明經歷。晚，在衡陽路遇楊綿仲氏，同車到余寓小坐，據談房已覓妥，三、五日內將由新生南路移往云。

11月17日　星期五

師友

　　上午，汪茂慶兄來訪，談將發起政大二期同學聚會，苦於無適當地點云。晚，逢化文兄在寓請客，在座尚有殷君采、楊天毅兩兄，係為酬謝向齊魯公司索酬

一千五百元事。

業務

下午，到第四信用合作社續查放款帳，核對數額已畢，發生疑問隨時筆錄。

娛樂

晚，應教育部邀至永樂戲院觀齊如山編「征衣緣」，顧正秋主演，全部三小時告終，故事採唐詩紀事，情節尚佳，但處理太凌亂，高潮不能提起，繁重場面則極多。

11 月 18 日　星期六　晴

師友

上午，汪茂慶兄來訪，約同到中央印製廠訪項總經理五鍾，不遇，留片。又同到交通銀行辦事處訪侯銘恩、李鴻漢兩兄，李兄新接蜀餘公司總經理，即將開始經營業務，渠允不久於開業後聘余為會計顧問，汪兄又將與中本紡織廠接洽加強聯繫。

參觀

下午，到一女中及中山堂參觀教育部辦理之社會教育宣傳週展覽會，一女中展出為中央博物館與故宮博物院之銅器照片、歷代帝王照片及宋元名人書畫照片，其中書法方面為蔡襄尺牘、蘇軾尺牘、黃庭堅嬰香帖、米芾薛紹彭詩稿、吳琚、趙孟頫、鮮于樞等尺牘，附於帝王像者有唐玄宗鶺鴒頌、宋徽宗瘦金體等，均極精彩，另有梁又銘正氣歌畫意，共十二幅，係以在齊太史簡以下各句，每句

一事，畫成堂幅，人物畫最難，而能傳神，不可多得，梁
中銘鉛筆畫多幅，如淡墨風物，亦引人入勝，惟漫畫則多
淺薄，無甚足觀，中山堂所展為歷代西派畫派作品印片，
多係佳作，但余於此道毫無素養，故格格不入，計共五、
六百幅，亦不過涉獵而已。

11月19日　星期日　晴
師友

　　上午，前安徽省銀行同人金永恕君來訪，談刻在物
資調節委員會基隆辦事處服務，職務為總務課主辦出納，
月支待遇二百元左右，因出納責任重大，且與該處主任素
無淵源，頗欲調動職務，或在本機關調台北服務，或在他
機關另謀出路，余允為之設法，又談及金鏡人君託其代為
證明經歷，渠將所開底稿交在余處，候金君有便來取云。
下午，由余與王保身、逄化文、林樹藝、張福濱、李秀芝
六人為東道，柬約同學茶會於浦城街戰鬥青年社，到二十
餘人，由賴興儒兄報告近來肅諜工作之情形，方青儒兄報
告陳立夫氏抵紐約居住，過歐洲時見西歐國家尤其英法懼
大戰之臨頭，現在共產黨在北韓參戰，在西藏與越南發動
戰爭，前者不若一般看法可以引起世界問題，可能為共黨
向英美討價還價，甚至以應允其參加聯合國為條件，倘目
的達到，對中國極為不利，後者則對中國比較有利云，趙
葆全兄報告經合署長福斯特來台觀感，繼討論如何協助王
獻芳同學辦理入境證，推人負責，至六時散會。

11 月 20 日　星期一　晴

師友

上午，廖毅宏、陸冠裳兩兄來訪，談所辦影片檢查需繳費用，一時不便，向余通融，余借予美鈔三十元，廖兄正準備將眷屬由港接來台北，屆時如尚未覓定房屋，即在余寓暫住。

職務

下午，出席齊魯公司常務董事會，首將上星期所通過之畢、黎等控案審查報告修正文字處提出報告，姚大海董事長提出一問題，謂對於被處分人員是否應將此報告發給一份，決定有關部分可以抄發，姚大海董事長又提出蘇協理雲章辭呈一件宣讀，文內只謂請求辭職，未提何職，經研討結果，認為上週董會所議決者為予以行政處分，現只准辭職，自有出入，結果認為此項所辭之職應指協理一職而言，至於董事與會計處長，應商承改造委員會辦理，但辭職之核准應屬董事長與董事會之職權，故常董會不作決議，至繼任人選一節，姚氏報告殷君采不就，現有提出人選李世澂與鄭逸俠兩人，改造委員會未交備用之人，在座者未表示肯定意見，故尚待從長計議，惟此事須速解決，因人事問題如長久醞釀易生枝節，增加應付困難也，最後關於泉州街設廠事本已得主管機關之口頭許可，現奉市政府批示，認為該地在都市計畫中為住宅區，不可設立橡膠廠，決定派人向市府洽詢是否有新根據，再行辦理，此外又討論若干瑣碎問題，如公司交際費支付時如有特殊

情形應如何辦理，將來資金如過充裕時可否購存金鈔等，均不能先定原則，決定俟有事實發生時臨時加以決定，綜觀今日會議內容相當蕪雜，而紀錄甚少，五時半散。

11月21日　星期二　晴

師友

上午，前齊魯公司劉鑑廠長來訪，謂彼等控告公司負責人一案，雖全體董監事均主予蘇雲章以應得處分，但聞董事會以後姚大海董事長又託張清源董事轉向第七組請予對蘇支持，此語聞之與姚甚相好之李嗣聰監察人，李氏對此頗表不滿云，余告以昨日蘇已於日昨提辭呈，雖與處分不無方式上之區別，但已不能再留，乃屬顯然，劉始為之釋然。

業務

下午，續到第四信用合作社查帳，今日工作為核對帳上已收利息但未見本金借出與收回者，經與張相雲會計檢討，發現許多戶名錯誤，與日期所註不符者，不能對照者只有一兩戶矣。

11月22日　星期三　晴

職務

上午，前山東財政廳長石中峯來訪，探詢齊魯公司總經理問題之現階段演變情形，並謂李世澂有意謀之，此人甚好，希望幫忙，余答謂，此問題之發生已多日，姚大

海董事長之意向為在董事中及山東人中擇充，如不可能始考慮他省人，現在殷君采尚無堅決拒絕之表示，故考慮其他人選之時機似尚未至，渠詢余以是否在董事會上提過，似知前日之過程，余告以未提，實際上並非正式提出，但余答謂如董事長正式提出自表同意。

業務

下午，續到第四信用合作社查帳，已將放款所收明暗息之情形探討明白，此情形在暗帳上完全表現，以一欄記利息付出，明一暗一，亦即此帳之借方，以一欄記利息付出，亦明一暗一，即此帳之貸方，凡利息收付均分別記入，並將暗息數滾計之，其餘額即暗息淨數，此項暗息淨數本為現金，另行保管，後又在明帳上立一甲種活期存款戶，有相當成數時即行存入，有需要時亦可提出，提出之原因有時為彌補不能記正式帳之開支，有時為正式帳月底結虧，須先將未收到之利息予以算收，有時連暗息亦以其他名義轉入明帳之損益科目，前者由暗息存款帳開出支票先行墊借，以免明帳再用應收利息科目，後者亦開出支票作為轉入明帳，此等帳亦在此帳之借貸兩方分別記載，凡存入明帳者，記此帳之借方，凡提出存款者，記此帳之貸方，存入往往為現金，故不另記對方同額，提出則往往為有用途，多同時記對方科目，譬如開支即須同時記入借方，轉入明帳損益亦記入借方，設為提出現金，則庫存因而加大，不記對方之帳，因此無形中此帳之結餘已由表示暗息淨收數者，變為表示暗息全部收付之庫存現金矣，此

項處理之結果，雖逐一分析能知底蘊，但顯然有其缺點，第一為不能知利息（暗息）收入與支出之個別總數，第二為不能分清損益帳項與資負帳項，二者混同記載只能求出一現金庫存，實際此庫存並無意義可言，欲知暗息所能代表之頭寸，尚須看存款戶加此庫存始能知之，故如因陋就簡，此法未嘗不可用，如能求其詳備，則此法有加以修正充實之必要也，至於所收暗息平時存入明帳之戶頭（用假名），移轉時提出轉帳，此原則固無可非議者，以視以前二者之不相關則進步多矣。

11月23日　星期四　陰雨

師友

上午，金鏡人君來訪，帶來所備經歷保證書，託余為之證明在安徽省銀行一段履歷，保證人為余與金永恕兩人，均須加用現在服務機關之印信，金君將此項填好之保證書兩張交余蓋章後，余於上午到齊魯公司加蓋印信，封於預備之信封內寄基隆金永恕君。

職務

上午，到齊魯公司出席董事會所推各項章則審查會，由余召集，到者有趙葆全、汪茂慶、吳風清三兄，自上午九時至下午三時始散會，審查完畢各件為公司章程修正條文、公司組織規程修正案、稽核規則、營繕工程及財務購置變賣辦法、銷貨記帳辦法、旅費規則等，為上次提董事會之比較重要者，尚有次要章則數種原因未將草案印

出，且不迫切，故未即繼續討論，所有今日修正就緒之各件，由余分別整理文字，送董事長提出下星期一之董事會。齊魯公司總經理問題，據姚大海董事長云，殷君采昨日曾唔及，堅決不就，刻只能考慮其他人選，渠詢余與趙、吳、汪三兄對李世澂意見，吳、汪均知其為人，頗多揄揚，姚無意見，但云第七組對此人甚有好感，對鄭逸俠認為不適，言下似有接受提任李世澂之意，余恐其最後結果將不出此外也。

業務

下午，續到第四信用合作社查帳，今日繼續核對放款中之特殊問題，其中有放款收回不見收到利息者，亦有只收到明息，暗息帳則未見收入者，更有實係放款，明帳照公定利率收帳，暗息反而付出同數者，均有複雜之經過，第一種情形有確未照收利息者，多為社內負責人，利息似還清後一併算收，亦有主管官署人員借錢未見其還息，或只負擔明息，暗息即予免收，第二種情形只收明息，表示優待，則為一種普通易於解釋之情形，至於最多之事實則為以社員頂名借款買貨經營商業，買時作為放款，賣時以所購差額照定率將利息扣下照明息帳，餘數則作為代理部買賣建築材料手續費，故暗息帳不再見記矣，第三種情形則據會計課張相雲課長解釋為此次改組後，新夥有時應付承受舊夥暗帳存款現款不足時，即向正式帳內借款，至還款時利息只算明息，但此項利息損失無確實來源，故即由平時所收暗息內支付之，其實此項利息在道理

上應由轉讓股份之股東自行交涉負擔，不能作為變相之全體負擔也。

11月24日　星期五　雨

職務

　　上午，到公路局出席譚嶽泉召集之審查會，審查齊魯公司造送董事會之今年八至十二月份經常費預算，此預算甚簡單，公司本身每月開支一萬五千餘元，橡膠廠每月一萬一千餘元，大體上均因襲舊有辦法，無甚更張，即照原案審查通過，會議間姚大海董事長亦至，係因公司奉到市府指令泉州街不准設立橡膠廠，研討如何進行補救，此事據云在購廠之初已得市府及省建設廳主管方面之口頭許可，先行開始經營，俟都市計畫修正時即將該區劃為工業區，而並無正式批駁之公文，現在忽又正式批復，自不能不予以注意，研究結果，先向主管方面再作接洽，倘再不成即由公司請中央轉洽省府特許云。下午，因齊魯公司董事會議下星期一即行召開，上次會推人審查之各項章則亟須提出，昨日審查後尚須整理，即以半日之時間從事此事，先將條文之修改處加以文字上之處理，凡條文不變只有用字之增減損益者，即就原油印之件加以註明，凡條文之號數或內容有重大修改者，因竄改太多，無法就原油印辦理，即另紙抄錄，但為節省時間，凡條文整個引用原草案者，只於新條號下註明即舊節若干條字樣，以便與原油印參閱，結果關於組織方面之三種，即公司章程、組織規

程、橡膠廠組織規程等，即用此方法添加以修正，至於其餘各種，有一種旅費規則，應由公司調查其他公營事業實際情形後再行審查，有七種與財務有關者，只就文字略加修正，如確屬急需，亦只可先行試辦，因涉及整個財物制度之公司會計制度未見有現行有效者實施，而會計、稽核之應如何配合，稽核應如何行使職權，均未見中央有明確規定，此二項大前提未弄明白前，不能枝節決定其他有關連之辦法也，此外尚有七種，多係與人事有關，而條文修正後並印送董事會，只根據向其調閱之原底加以核閱，頗有不必小題大作者，關於此七種，另加意見謂應由公司再加審核，如確有必須報會核定者，當另案予以審查云，此報告作完後，深覺此項條文多不十分適當，詳加修改，無此時間，如此簡略從事，殊仍覺不甚稱意也。

師友

　　晚，陸冠裳、廖毅宏兩兄來訪，閒談所營電影片事業之情形，又談及宋宜山同學在港與劉佐人經營銀行失敗，其個人所辦其弟希濂之財務工作全般落空云。

11 月 25 日　星期六　雨

公益

　　上午，到中山北路出席物資會輔導漁農生產基金保管會，出席者只有五人，即孫伯棠、曹瑞玉、宋延平、姜佐舟及余，孫、宋兩人報告卅萬元基金運用保值情形，及面臨之因增值而發生之大困難，此款初以廿四萬元買棉紗

一百四十件，並曾通過將紗貸出，到期還紗，以資保值，此一百四十件紗中屬於貸出者為弘毅農場十件、震華農場十件、復興東三件、立達十七件、友聯三十件、其他一件，共七十一件，但現在紗價高漲，出人意外，比原貸時之價幾高三倍，借紗各廠均無力量償還，其餘六十九件為立達與復興東兩廠之價款已變成房屋設備，但如向立達、復興東兩廠必須索回欠紗，則二廠均須停止經營，典盡賣光，而此兩廠係兩家向保管會承租者，租約如解除，保管會自己又不能經營，亦屬一大問題，於是造成索債之莫大困難，但如不索，此項基金久之即將付諸東流，名義上隨紗價漲三倍，實際上化為烏有，此等情形最易有善美之決策，故會議只決議積極催討，或先還息紗，其實能做到何等程度，固不問可知，況有若干借戶竟認為此係公款，到手即不必還，設互相效尤，而辦事人員又不能一一開罪，將來更難收拾矣，由此可見，在基金生息之原則下，萬不應變相的經商圖利，只能將款存之銀行，或購成物資，自行交最穩妥之倉庫保管，只求不損本金，不求利殖，否則結果必不堪問也。

職務

上午，到齊魯公司將昨日所草就之各項章則審查報告面交姚大海董事長，並將修改原文之印發方式加以研究，咸以為不能再度油印，只可將上次所印草案所存之數份參照審查會所修正者加以增刪，提董事會時即將新草案分送以為對照討論之用，但有修改較多，條文根本有增減

合併者，此法即不可行，另將增刪之處照審查報告所寫之修正要點，單獨印出，以備與原草案油印稿加以核對，姚氏云後日開董事會重要議程除此等章則外，即為將提議以李世澂繼任協理兼代總經理，此案已不可再拖也，同時不久應籌措黨股代表人大會之召集與出缺董監事之補充云。

業務

繼續到第四信用合作社查帳，今日開始查存款帳，僅定期存款一科目有暗息付出，故即主要核對此種科目各戶，此帳比放款易查，今日已查五十戶，佔總數之半云。

11 月 26 日　星期日　雨

師友

下午，李德民君來訪，係因其姪在工業專科學校讀書，住於其兵工廠內之宿舍，但其本人則住於其夫人之商業職業學校宿舍，最近廠內同事有將結婚者尚未覓妥房屋，希望其姪短期移讓，意欲即至杭州南路卅號與衍訓暫時合住，余允其直接通知辦理，只作衍訓之來客，不必與齊魯公司接洽，以免多生枝節，又談及會計師業務，其師朱國璋會計師近在此掛牌，以正當高尚作風相標榜，但業務上竟全恃顧問名義謀取收入，主要業務幾乎全無，余告以此為此時此地會計師業務之畸形現象，欲以此為業者所必遭遇者也。

11月27日　星期一　雨

職務

　　下午，到齊魯公司出席第七次董事會，共討論三案，一為余與另外三董事審查各項章則報告，經余將審查要旨加以口頭報告說明後，即由紀錄宣讀條文，公司章程修正草案、公司組織規程修正草案，均照審查意見通過，橡膠廠組織規程初列為分設六課，即機電、製造、勞工、總務、材料及會計，審查修正案改為工務、管理兩課，列席橡膠廠正副廠長表示反對，希望維持原案，經反覆討論，決定大致維持原案，僅將材料課併入總務課，會計設室，而總務與會計則均與公司之總務、會計打成一片，此三種通過後繼即討論財務方面之章則計共七種，宣讀稽核規則一種即了草照修正案通過，以下五、六種則在多數人缺乏興趣與倦怠之狀態下未經宣讀即照審查意見通過，其實審查意見只在原草案之修正文字上，而原草案雖每人分送一份，改正文字則無之也，遂晚餐，飯後討論第二案為九至十二月公司與廠之經常費預算，均照案通過，最後討論人事案，姚董事長在開會前曾分頭與各董監事個別解釋，余即認為多須考慮，但時間不及，繼即開會，討論至此案時，姚氏先提第一案，為蘇雲章程請辭職，其協理一職應予照准，會計處長擬予暫行停職，報請中央第七組核定，姚氏謂根據上次會議決議，蘇、姚均應予以行政上應得之處分，此停職字樣即係處分，此點係先與譚常務董事嶽泉商量擬定，蓋蘇在此次控案內審查結果，會計處長責

任大於協理責任也，前次會議對於處分一節另有由董事長
與中央組商承辦理之決議，經將上項處分辦法與第七組主
任郭澄商量，郭認為停職立刻無人可以派接，不如改為辭
職擬與照准，報請中央核派云，至此譚嶽泉繼起有所解
釋，吳風清即發言，就協理亦有責任一點，認為不能不予
以處分，以維持其上次董會決議，姚詢其何案應由渠以協
理身分負責，吳即答放款五萬元一案，於是二人即又複查
前次審查報告，別人亦無發言者，余即起立謂，現在不必
再查控案資料，最重要者乃在此次人事處理不能不顧到前
次會之決議，如辭職照准，即不能謂之處分，前次決議固
未指明應以何身分處分之，但無論以何身分，絕不能謂可
以不予處分，至於第七組之意見，不過謂無人接替，不能
謂不應處分，故此點亦無可顧慮，況第二案立將提出者為
會計處副處長姚士茂有擬定之處分，今蘇以會計處長反不
受處分，協理更無論矣，姚士茂之為會計處副主管，與蘇
之為協理，同為副主管身分，何以責任竟有輕重，或竟相
反而使正者不受處分副者則受處分，姚必表示不服，吾人
自思，亦將何以自解？故余主張不問輕重，處分不可省
略，於是又沉寂有間，吳風清復作反面文章，謂董事長如
有對第七組之困難，今日不妨作一次議，寫明係秉承第七
組意旨，如何如何，則吾等董事可以完全不表示意見，一
味服從可也，乃此議竟有從正面附和之者，又有從形式上
附和，實際上係同意余之見解即應處分者，此等人數居
多，遂決定應予以停職處分，繼討論所提第二件，即聘李

世澂為協理代理總經理，首由姚氏宣讀其一向擔任縣長與
稅局及機關總務之經歷，並說明其本人從不相識，係秦德
純、延國符來函介紹，並另函第七組郭澄主任介紹，同時
丁惟汾氏亦有信致郭介紹，云云，此等事本不發生問題，
董事會必須予以同意，但因所提之人似不適當，故發言主
張慎重者乃有數人，而亦有主張不必著代總經理者，討論
良久，有提議者謂只須董事長具有信心，本會無不同意，
但董事長如無空間，則吾人不能表示意見矣，於是在笑語
中通過，第三件為會計處姚士茂副處長予以記過處分，並
飭認真辦事以觀後效，此點無異議通過，第四件為擬聘蘇
雲章為顧問，吳風清首先反對，認一面處分，一面反列為
上賓，自相矛盾，莫此為甚，余繼起發言，亦同意此說，
並請董事長注意萬勿因人事處理不當而滋生以後之糾紛，
且公司顧問人員今春奉財委會令取消，時未半載，又重新
添設，且不知是否支給待遇，因人設事，實為不妥，至於
留為公司辦理公司經手事項，渠之董事名義既尚存在，理
應幫忙，本會董事何人能謂非另給名義即不為公司幫忙
乎？於是繼續發言者數人，均另以較輕鬆之方式表示不同
意，謂董事會議決案不可自相矛盾，此等顧問人員如董事
長認為必要，可自行加聘，或將再報董事會或竟不報，今
天不必提出討論也，於是照此意見解決，即未作決議，於
是散會，會後余與譚嶽泉、殷君采同車回寓，均對於姚大
海董事長之處理人事不能明快果決，尤其公司經、協理人
選不能主動提出，竟憑八行書之推薦，作為應付環境之手

段，其本身對於中央第七組竟毫無責任感，事事甘居被動，大可惋惜，余感覺最不愉快者，即此人陽為民主虛心，陰實固執成見，而又無力說服異見者，只勉強於會議席上希望他人共同負責而不多說話，權在於己，責在於眾，如此無有擔當，而謂能成功事業，實南轅北轍也，又譚、殷二人對於齊魯現局之下，凡有分寸之人皆不願出而擔任，今竟有人謀而為之，居心何在，大費研究，此點確值得注意，其實姚氏本人之接掌董事會亦係自我表現者，夫何可怪者乎。

11 月 28 日　星期二　陰雨
集會

　　下午一時到省黨部大禮堂參加劉振榮烈士殉難一周年紀念，到者魯省旅台各界人士百餘人，由趙公魯報告殉難經過及申冤進行情形，繼有數人演說，一小時散會。按劉去年奉命回魯從事游擊工作，在舟山時因山東人長記輪船公司經理賀仁庵代為照料船隻，調撥款項，曠費時日，致洩露秘密，劉等乘數船之人竟並於一船，船沉而全以身殉，經此地山東人士將賀送之軍法，審判數月，謂雖洩漏軍機，係一商人，情有可原，宣判無罪，趙謂請教法律專家皆認為軍機防護法對不論有無軍人身分者皆通用之，則此次審判自有問題，而賀被押時百般優待，亦可探討箇中消息云。

職務

晚飯遇裴鳴宇氏，認為齊魯公司目前之人事布署不甚適當，余謂董事多有同感云。

業務

上午，公產管理處派員持公函將以前委託清算之台北州醬油會社文卷與部分帳簿調回，謂將另辦，余因此事確無法著手，用行政力量亦多枝節，故即交其帶回。下午續到第四信用合作社查帳，已將全部定期存款已付者本息數對照完畢，疑點隨記。

11月29日　星期三　晴曇

師友

上午，張中寧兄來訪，係為其子蒐集補習大學一年級課程所用書籍，但余亦全無，又談其以前託余索討之太平商場債務八千元一案，渠本人來台後已經商洽償還辦法，即將今年四月份之息金結算後照金價折成黃金俟明年再還，其本金原係美金一千元，尚不十分吃虧，繼詢余目前運用款項途徑，余告以可靠之利息不能超過二角即月息六分云。

業務

下午續到第四信用合作社查帳，今日為泛閱存款以外之資產負債科目，尤著眼於股金一科目，此科目之內容甚多曲折，原該社舊台幣股份為每股一千元，去年改幣後按資產升值為每股二元，等於八十倍（新台幣一元合舊台

幣四萬元），今年又升值每股為五元，等於一倍半，本月始轉帳，但股票尚係老台幣股票流散在外，今年開始用新台幣填發新股票，填後又發生升值問題之醞釀，故未發出，九月初社內改組，百分之九十股份移轉，此項承受股東除由舊股東處將舊台幣股票取到外，又由社內將此部分新股票掣去，故等於一股兩票，據云將來準備照最後升值之股票重新換發，屆時將此兩張應一併取回，至作廢之收回股票，從前有單獨保存者，亦有附入傳票者，將來亦應劃一辦理，至於帳內記載情形余審核大體，並無多大問題，即有問題亦不易發覺，因股東雖將近千人，或並無其人，或雖有其人，不過為大股東假用名義，僅於開社員大會時出席選舉，蓋社員每員一權，每員股份不得超過總額之百分之二十，事實上擁有九成以上股份者不過三數人而已，又不久前發生問題之一萬另六百元股份，余今日已由帳上查到其經過，係去年四月下旬以十二個股東名義分別加入，確係事實，糾紛解決後由原來負責人具條致現在負責人請予過戶，已於本月中旬過戶，十二戶即併為三戶，據云，當時曾填新股票十二張未發，現又移轉，遂將此十二張掣下，註明作廢，附入傳票，另發新票三張，故事實上此次改組之時，股份轉讓除九千餘舊股外，此新股亦在其列，故謂為付六萬五千元買到兩種股票亦可，謂之買到舊股只付五萬四千四百元亦可，此為當時雙方各自了解之事，與讓渡合同所明白規定者自有出入也，聞將來股票為十元，今日之新股票又將二股合為一股云。

11 月 30 日　星期四　晴

師友

　　上午，樊中天同學來訪，首談此次董事會議決人事
情形，詢余以李世澂任公司協理之預測，余謂聞其人甚精
幹，至於是否對於企業經驗充分，則有待於以後之證明，
樊君頗以為李之以協理代總經理如係暫局，恐第七組另有
打算，是人事一時尚不能安定也，余不知其用意何在，詢
以對李君印象如何，答以不知，亦不相識云，樊君又詢余
以此次查控訴案之見解，並謂其中放款一類事余且曾介紹
云云，此語又係何意，余亦不知，余即率直告以余對公司
介紹業務之事為不可免，但從未作肯定表示，勉強主管方
面如何如何，反之且多希望其照章程辦理，不可因介紹而
通融云，樊君始無詞，旋即談其到橡膠廠任副廠長之經
過，謂既非其自己所活動亦非虞克裕君之所提，全係陳主
委所核定，在核定以前，原有副廠長本亦有意回公司服
務，且曾與共同商議，決定由陸冠裳兄前往台中一行，表
示自己之意思，奈陳主委不置可否，又越數月始有調樊以
財委會組長名義往兼之意，外傳有陸兄之職為渠所奪一
說，殊非事實，如陸兄願回公司，廠內在青時本有兩個副
廠長，亦十分表示歡迎，樊君並謂此等言語係由殷君采主
委處傳出云，余即答覆為未聞之君采，且亦未由他方聞
知，渠託由余轉向陸兄解釋，余唯唯，渠今日提此事之用
意，余又不知，蓋殷君采到公司為總經理之事，醞釀數
月，其間陸兄頗有接觸，為樊所知，今殷事已成過去，陸

事自然亦同付罷論，於是乃有此等舉措，以表示其勝利歟？晚，陸冠裳、廖毅宏兩兄來訪，余與陸兄將上情談及，一笑置之。上午，徐從文兄來訪，談在此經營營造廠，又欲代政府向美價購軍火，主事者不知其重要而未果云。

業務

　　下午，到第四信用合作社繼續查帳，抽查九、十兩月份開支，並開始抽查傳票，大致無何問題，又與會計張相雲君核對前日所查存款部分之有疑問各筆帳項，其中有數種情形，一為正常情形，即存款與付息日期能相對照，且按規定付給明暗息，二為特殊情形，其中有存款帳進出甚多而未付息者，有待再算，有只付暗息者，為代改組前支付之存款，利息由改組後負擔，或代樓上支付存款而向樓下借款計算利息，明帳收而暗帳付，尤以後者為多有暗帳明暗息俱付，而明息支付數竟與暗帳明息一欄不能對照，則係誤記，有待再查。

12月1日　星期五　雨

師友

上午，李公藩兄來訪，談於本日起到第四信用合作社為副總經理，頗欲逐步整理使成為像樣之金融機構，又談余此次為該社查帳公費問題，余謂雙方事先均未言明，此為友誼委託，自不便十分認真云，又談數日來由於中共大舉入侵北韓與聯合國軍隊為敵，以致世局緊張，均有一種心理認為貨物、黃金最為可靠，鈔票、外幣比較危險，渠亦認買貨優於放息云。

業務

下午續到第四信用合作社查帳，續查暗帳利息付出帳項之無帳上存款者，除有兩種情形即一係代改組前舊社向樓下借款還舊有存款者，代為負擔利息，亦即明帳收入暗帳付出，二係支付舊社存款超過其現支利息係由暗帳內支付外，尚有亦為舊社存款利息負擔而核對交替時結帳清單並無此項本金，則頗為費解，詢之經手人亦未能十分說明清楚，經交會計課張相雲課長再與經手人加以研討，俟明日查帳時加以說明。

交際

晚，冷景陽君在洪長興請客，係為李公藩兄今日新任道賀，在座尚有王硯田、孫伯棠、陳貫一、李紫宸等，又有刑警隊服務之山東同鄉齊君，閒談該隊辦案情形。

見聞

聞之宋延平君，山東運台物資保管處理委員會今春

處理漁業物資時，曾有商人協同公司隨最高標價買去帆布一批，此等物資在台係委託該公司保管，開具清單雙方存執，而倉單則由協同自己保存，後該公司遲不付款提布，始知係經營失敗，將該布向土地銀行押借款項，是時布價即漲高一倍餘，除還押款外尚能還布價，但在真正處理以前全部既充作抵押品自不能謂為有著，經向該公司洽商以房屋一處抵還半數，另半數俟布款變價後歸還，至今遲遲未辦，物資會已取消，懸而不決，恐終夜長夢多，且實際亦有先決問題，即該布逾出賣期限已久，協同遲不提貨繳款，此布究係誰屬，如仍屬協同，則該會大為吃虧，即照目前價算已高出三倍（約六十萬元），且一時不能將債收清，如屬之物資會，亦應早日向土地銀行接洽如何出售分配，俾變成現款後，將土地銀行本息扣還後以餘款歸該會處理，其銀行扣回部分如以房屋抵充不足時，餘數如何解決，亦可以連帶的尋到途徑，故此事保管之初不能取得正式倉單已屬大錯，今又不求速了，萬一又有其他變化，更難收拾，將重鑄第二次之大錯，公益事經手辦理之不易，此又一證明也。

12 月 2 日　星期六　陰
業務

下午，續到第四信用合作社查帳，今日本擬告一段落，將改進意見向社方主管人說明後，即可不再往查，乃於核對暗帳在過渡期間之收付時發覺極為費時，直至晚十

時尚未完竣，有若干問題須待管帳人詳細解釋可知其底
蘊，按該社改組於九月初，當時讓受盤雙方講明該社暗帳
人欠欠人歸前手負責，但清理手續由後手代辦，於是開一
帳單，交後任憑以收付，其中欠人比人欠多六萬五千元，
即由後手填補，關於人欠部分包括美鈔、黃金及貸息之
類，在此過渡期間，人欠欠人逐漸歸還收回，而金鈔貸息
則有出賣一部分或全部出賣將現金收回者，只餘數戶呆帳
及貨品存外不能取回者短期內無法變現，乃由後手分別轉
入正式帳內，債務全部照記，債權及貨品則後者照實存數
填列，前者統歸前手代表劉瑞甫名下作為貸款，但收付兩
方仍不能相抵，收多於付八千餘元，亦即仍有八千餘元之
負債無資產可抵，遂由後手帳內支一百八十餘元之交際費
開支，又由後手暗息收入帳內支六百餘元作為彌補，是日
全部傳票始得以相平，此兩筆皆由後夥負擔，詢之李紫宸
經理，知有百餘元而不知有六百餘元，是則劉瑞甫在擔任
後任理事主席任內利用職權彌補前任其個人之虧空，殊不
光明，由是而連帶的對於暗息收入帳有加以控制免予走漏
之必要，按其現在辦法，該帳只為一現金帳，所有收息付
息，收付額外收益開支以及與明帳開戶往來存取皆混為一
團，而摘要又非常簡單，收支亦無核定程序，自易滋生流
弊，今後亦有設定簡單制度加以處理之必要，此點已向李
紫宸經理言之，渠亦知其必要。余此次查帳有許多資料事
先並未加以調閱，而因逐步審查，逐漸發生必要，遂逐一
將其非正式之資料亦予以擠出，雖其中有在預計中應予以

調閱者，但亦有非事先所知，而臨時取出者，如讓盤後至結束暗帳期內人欠欠人之處理即屬此類，且由此中發現除人欠欠人之清理外，亦尚連帶的有利息、開支，亦及有關人員之新借新欠，或一款分數次收回或付還，以及來龍去脈，均由此獲知其底蘊，故余由此得一經驗，即制度完備之會計處理可以從表而帳而傳票，其一切記載決不能出此範圍之外，在不完備之會計處理，則除經辦人有其條理能自動供給資料者外（絕無僅有），非藉助於旁敲側擊，以及連帶的需要，無法預定能於若干限度內有若干成果，此最當注意也。

參觀

途過中山堂，參觀張大千美術展覽，凡畫四、五十幅，人物、山水、花鳥俱有之，人物畫最賞識其額飾、臨流獨坐、紗麗、白衣大士、倚杖讀書、尼泊爾少女等六幅，其中有人物仕女之混合題材，如紗麗乃一女性之背影，最富含蓄，花鳥則有紅葉小鳥、芙蓉兩幅，前者以花葉之設色勝，後者以芙蓉一枝斜放紙上，以布局勝，又有山水數幅，皆設色濃重，雖有所本，而余不能領略也，此外有素描數幅，別具風趣，計為敦煌莫高窟苦勝金剛、密積金剛立像坐像共三幀，亦為臨寫中之佳構也。在中山堂參觀台灣省第五屆美展，分西畫、國畫、雕塑三類，西畫有王水金作「好日」一幅，寫一母親坐搖床旁織衣，和煦而閒適，此外不甚多佳者，國畫則多以設色見長，更有雜揉日本畫與西洋畫之作風者，余所認為出色作品有盧雲生

「花間人」、孫蕨園「洋蘭」、李秋禾「長閑」、吳詠香
「月夜竹影」、張少癡「玫瑰」、蔡文華「漁村煙柳」、
劉雅農「山居圖」、郭雪湖「滿山風雨」、林之助「曇
花」、陳敬輝「舞餘小憩」、許深洲「敖霜」兩幅、陳慧
坤「濠上樂」（金魚設色鮮麗至極）、陳進「花」（亦最
工於設色），均最使人鑑賞，為大會生色也。

12月3日　星期日　陰

師友

　　上午，劉鑑廠長來訪，談彼等對蘇雲章之態度，認
為無論任何名義，決不能使在公司繼續任職，姚大海董事
長對於劉等不付租金一節曾在董事會上有所報告，渠談日
內將往料理其事，又談陸冠裳兄事，極希望關心之友人發
動其回公司服務，以示公道，劉君與新任代總經理李世澂
本有友誼，將與其先談，余認為不必定在橡膠廠復職，反
使現任副廠長之樊中天因不安而生反感，現公司各處室之
部分主管人尚未能有完整之陣容，如總務處長之類，大可
予以考慮，劉君將先與李談，然後如需要聯合各董事對姚
大海董事長有所表示使其不再固執己見，則繼續進行之，
此點更無問題云，又談及姚氏之個性，謂其一向做人皆喜
歡商量而又不能化除成見，遇事終日狐疑不決，他人謂應
向東者，渠本欲向東亦能改為向西，免中他人之計，此點
劉君由姚氏之近友李蔭橋處知之，謂其個性如此，非友人
規勸所能改也。下午，與德芳到泰順街訪楊綿仲氏，本欲

約宴洗塵，但無人力可以舉辦，地點亦嫌狹隘，且楊夫人
亦行動不便，故作罷，改購水果於今日帶往而贈，楊夫人
最近始到，帶來吳先培兄託帶交之自由日記一本。下午，
到浦城街參加校友茶會，由張子揚報告立法院正副院長提
名之經過，賴文清報告新近港澳情形及在彼地所聞之內地
情形，徐從文報告其所營商業之情形，張中寧報告其所聞
之湖南共黨動態及其所顯示之對大局的一種悲觀氣氛，
由而判斷將來局勢之進展，今日之會費時較短，精彩亦
稍差也。

12 月 4 日　星期一　晴、夜雨

業務

　　下午，續到第四信用合作社查帳，查閱存放款以外
各科目，如預付費用、各項費用、暫收款、暫付款等，暫
付款頗有個人掛欠，其餘無或問題，又繼續查核改組前暗
帳資產負債經過一個月清理，直至十月五日又全部結束，
將剩餘者轉歸後任正式帳內承受，轉帳之資產負債雙方相
抵，經研討其內容，大致在負債方面無或問題，資產方面
用以抵還此項負債者則包括數種，一為以前之放款有呆滯
可能均轉入前任負責人劉瑞甫名下，二為物品抵價，包括
清理期間尚未處分之物品，三為現金及職員臨時掛欠，四
為利息與費用，當時係由後任帳內支出填補者，以上一、
二兩項均核明係在原交接清單戶名範圍以內，第三項為數
無多，掛欠後亦收回，惟第四項之內容頗為繁複，按其費

用本為三百餘元，據記帳人云由劉瑞甫負擔一百餘元，由
後任負擔一百餘元，利息則收支均有之，且收多於支二百
餘元，今又由新任負擔支出六百一十餘元，顯無事實根
據，同時余在改組時之存欠清單發現在資產方面列有利息
暫記九百元，此數未為以外各戶陸續收回，亦未加入呆帳
歸劉負責，此數如有清理期間所收之利息餘額填補，尚有
七百元無著落，據記帳人云，此數亦分別負擔，由前任負
擔百餘元，由後任負擔六百一十餘元，於是此日移轉新任
之資產負債始全部軋平，此事有一先決問題，即交接時之
存欠清單不應再有損益項目，其由資產不確實而發生之損
失當時言明係歸前任劉瑞甫負擔，今由於此項九百元虛帳
之影響，使前任負擔六百餘元之損失，自屬毫無根據，應
向其交涉收回，至於呆帳轉付劉帳亦應有清還限期，免使
舊呆帳變成新呆帳。以上工作至晚餐後即大體告竣，乃約
集該社負責人孫伯棠李紫宸李公藩張相雲等談話，余對查
帳經過結果作口頭報告，以代書面，大致分三部分，第一
部分為向外公開之帳，內容無何問題，提出數點請注意改
正者，一為放款有十餘戶到期不還，應注意催還，二為暫
付款不可陷於呆滯，三為傳票每日應有封簽，四為補助帳
未見編號，應補編，五為戶名有數戶相同者應分甲乙，以
資區別，第二部分為暗帳之處理，此種暗帳因不只包括暗
息之收支，且有若干開支性質之支出非正式帳所能列者，
如委託代售印花貼出手續費，又代負擔其他支出等，故在
審核時極感頭緒紛繁，至內容除以上所提之六百一十餘元

暗息，及另有劉瑞甫以他人名義將現款五千元借入交清理
部分代為還債，其後由後夥暗帳內支付利息一百七十元乃
屬不合理外，其餘尚無重大出入，至於在舊帳清理期內因
新股東未能及時將股款繳入，因周轉關係必須借款應付，
而付出之利息有一千餘元，則事實上確有其需要，但嚴格
言之，利息應由後任三承受人負擔，不應由全社暗帳負擔
也，又此項制度不合理而簡陋，亟應有簡單之制度以處理
之，且使其連同代理部帳以至正式帳均由會計課長全部總
持其事以專責成，每日並造表送經副理核閱，藉知每日營
業全部情形，此點該社決即照行，第三部分為改組後清理
舊帳經過與移轉新帳情形，係今日所查，已如上記，因此
點須與原經手人劉瑞甫及姜壽華接洽，故未作最後決定，
預定明日解決，至此全部帳目查竣並分析報告完畢，關於
暗帳分戶事將於明日指示原則擬定辦法。

瑣記

　　前數日聞李公藩兄云現仍有可靠之商家肯出日息每
百元四角收進存款，余在合作金庫有優利存款二千元，其
中千元今日到期，又千元後日到期，余因今日與公藩兄有
晤面機會，後日未必前往，故今日設法將另一千元一併取
出，經洽詢該庫人員云，其法有二，一為照乙種活期存款
計息，為數甚微，太不上算，二為以存單作抵，押款一千
元，俟到期再還，比較吃虧不多，但其日期頭尾均算，計
為三天，每天每百元一角四分，為四元二角，另有借據貼
印花二元，共六元二角，此項利息須於借款時預扣，此與

內地一般銀行習慣不符，因利率不高，亦即照辦，余即候將現款取出時赴第四信用合作社交李兄代辦，因到時已近傍晚，今日自不能辦，設能於明日存入，則每日有八元之利息，自可彌補而有餘，如至後日始行放出，則今日之麻煩成為完全白費而且賠出六元二角矣。第四信用合作社前理事主席趙杰清告余以前因余對其與劉瑞甫之糾紛能公正合理解決，渠已由劉處取得七千元之股票云。到齊魯公司託庶務楊君俟姚大海董事長結婚定時，代余與宋志先、趙葆全、殷君采、董成器、吳風清合送喜幛一幀，又順便答訪新協理李世澂君，不遇，因渠兩度來訪，亦均不遇也。

12月5日　星期二　雨

業務

下午，續到第四信用合作社與關係人員研討有關之問題，今日參加者為全體經副理會計人員，而以前經手辦理移轉前後任帳目之姜壽華君亦參加，首先提出討論者為前任將未清理完畢之資產負債移入後任正式帳時，由後任負擔之虧空數以利息名義支出彌補六百一十餘元事，因就帳面觀察，既係一種交接時之不能收回之資產，自應由前任負責補出，今日將此點再詢之姜壽華，渠亦無異辭，但謂須有充分理由向其前任經理解釋說明，旋即與管帳之劉桂山君研討此項理由，緣改組時前任開交後任之資負清單在資產方面有利息暫記一項九百元，據說明係以將來收回利息作頂項，但此款直至將剩餘資負移轉新任時，亦未收

到，致有上項實際差數，乃歸後任負擔矣，晚飯後繼續研
究，姜君又提出新解釋，謂改組時所列交之資產負債清
單，係將本金利息併計，至各戶存款或放款到期之日為
止，其中因存款比放款多，故利息收入少而付出多，但改
組日為九月一日，各戶利息均算至是日以後，故實際上九
月一日以後之利息乃代後任所負擔，表上負債數字加大，
並非全屬於前任之負擔，於是將此項差數在資產方面列填
一筆，表示後任當於其多收之利息內撥還，余詢其該九百
元是否全屬於此種性質，答云全是，但欲加以核算，則只
能照改組清單為張本，因前任之暗帳已經銷毀，所餘者只
此一單，復審閱此單，起息及到期之日期有註明者有未註
明者，以致無從計算某戶之利息屬於九月一日以前者若
干，九月一日以後者又若干，故歸根結底，此數字之來源
實屬死無對證，余亦無從為之解決，但由其實情分析，此
說自有其充足理由，不過不能不存疑問者為如此複雜曲折
之事，何以計算時無底稿，直至晚飯前亦未提出其此項理
由，且其數適為九百元，設利息按日確計，最後劃分如此
之精密，何以竟以此籠統之數計入，均無由解釋明白也，
此問題告一段落後，即繼續討論關於正式帳之改善問題，
除處理手續外，只有放款控制一節及加緊收回放款一事，
為最重要者，最後討論暗息收付帳之處理改善辦法，設定
一簡單之制度，對外秘密對內明白。又談及此次查帳是否
在餘額處請余加章，余認為不必，因此為非正式之查帳，
並非為向理事會或監事會有所報告，此手續以省略為宜，

即查帳報告亦無之，因涉及暗帳太多也，且在余此次為其
查帳開始至終了，亦始終未涉及公費問題，余所費時間已
多，殊不能再為之備正式文件也，事畢已晚八時，余將原
稿取回，並將原調之卷帳等退回。

師友

　　下午，到成都路答訪徐庶幾同學，據談其抱負，最
近開始舉辦者為兩洋漁業公司之參加投資事，又將赴花蓮
為駐軍設計福利，但具體辦法又甚模糊。晚，歸寓後不
久，逢化文兄來訪，閒談，對於齊魯公司之落於外省人
手，渠極表惋惜，而尤認為敗事關鍵在於殷君采氏，因殷
氏對於齊魯事之是否可就，曾商之丁惟汾氏，丁氏反對其
接受此項任務，實則另為其戚誼李世澂向各方圖謀之，則
殷為償事之導火線，豈非甚明，至於姚大海之與殷君采二
人對此事策劃已鬧得滿城風雨，結果煙消雲散，此則為最
滑稽之一章，而姚以主管人職位敷衍權門請託，以事業為
兒戲，尤為一般之最引起惡劣印象者，國民黨事往往如
此，尚復何言。

12月6日　星期三　晴

瑣記

　　下午到合作金庫還所借欠款一千元，係由放款部分
將作押之存單送轉至存款部分，取出一千元並利息三十
元，除將還本一千元扣回放款外，其餘三十元即行取回，
但在收到現款之時未將原借據退還，經索取始交來，足見

辦事手續並不甚上軌道。由此至衡陽路理髮後，至中華路為紹中買小剪刀，行抵今日開始行駛之循環路線公共汽車起點，此路與余所居極相近，乃搭乘而歸，按其所定路線為由小北門經西寧南路至愛國西路、愛國東路、南昌街、福州街、潮州街、杭州南路、中正東路、中山北路、長安西路、延平北路，而至中正西路原地，正反相行，對市區中心以前交通之為火車站所斷者，今則加以連貫，例如由南門一帶以前至延平北路或中山北路非換車不可，現在則可直達矣，此路且不十分擁擠，與其他各路尤其三路車之等候半小時不能上車者，大不相同，惟車次不算太多耳。

體質

近來大解又有內痔出血現象，但仍無痛疼感覺，至大便並不秘結，因飲食多含素菜水果一點在台北均能做到，尤其香蕉及一年四時之綠葉蔬菜特別豐盛，均能儘量攝取也，又近日天氣陰寒，但亦不過為內地之深秋，數日來未能早寢休息，今日略有感冒現象，入睡前頭微痛，鼻略流涕，側睡僅能用其一，且不甚酣。

12 月 7 日　星期四　晴

家事

四女紹因方滿十三個月，而發育充足，較應有之標準且有超過，牙齒早已將門齒八枚生就，現在檢視上顎，臼齒已開始萌芽，飲食方面之進步尤其異於常兒，數月前只食減脂之勒吐精奶粉後即改用雀巢全脂奶粉，反應正

常，於是稀粥、餅乾、饅頭、蔬菜、雞蛋，以及擣碎之乾飯，皆可作適當之吸收，逐日有正常之排洩，現在生活方式為早晨吃奶粉十兩，稀粥一碗，餅乾五、六塊，早飯後稍息即入睡，醒後不久午飯，食嚼飯略加菜或湯，飯後有時加給水果如香蕉、柑桔等，晚飯又同於午飯，入夜有時略飲開水，但並不餵乳，但因與德芳同睡，吮吸奶頭之習慣仍舊存在，實際因德芳懷孕又已八月，早無乳汁矣，至此女之活潑與健康，即紹南之嬰兒時代亦不如之，因所住為日本式之疊席房屋，故小孩可以坐臥隨意，於是早即養成爬行之習慣，凡先能爬行之小兒，往往學走較遲，但因女現在已能走，今日自走八、九步，腳步甚穩，惜有時膽量不大，行數步即俯地耳，至於語言發音，則媽、爸、擺、割等音均已能發出，時時喃喃作語，惟不知有意識的稱呼，而了解語言之程度則尤有過於此，譬如足、手均知其名稱，見被知為睡覺所用，至屋角之櫃，知內藏餅乾，告以上街即向外掙扎，不願在室內，皆足證明其了解之程度也，外觀方面則兩頰肥紅，遍身亦豐滿異常，終日喜與人玩笑，亦皆為健康與發育充足之表徵也。

瑣記

今日家居，見有一甚不愉快之事，記此示惜：余所居之大門內有狹長之空地，小樹數株，其下有數隻雞鴨，徜徉其間，兩月前買來小雞一隻，重甫斤餘，半月來已開始生蛋，十餘日即止，而有台灣雞照例之習慣，開始抱窠，遂用繩拴於樹上以校正之，今日余隔窗聞庭前此雞有

各各之聲，屢興屢息，詢德芳以何故，德芳謂此小雞買來後即受另一老母雞之欺凌，現在拴於樹上，更成其目標矣，諒無大礙，由此不加注意，下午余因他事開窗，見小雞倒臥樹下，生命垂危，時有蠕動，而頭已不能支持，雞冠已無，全頭為紅血所瀰漫，始知晨間與此雞為患者並非老雞，度係常來此地之大貓所為，迨發覺已不及挽救矣，余初見小雞鮮血淋漓，憫惜之情不能自已，蓋以此雞方生蛋十餘日，正在生命最旺盛之時期，而死神一旦降臨，是有悖於天地之初衷也，豈一雞之生死而已哉。

12 月 8 日　星期五　雨

體質

終日患鼻炎，以左鼻孔為最劇，眼淚鼻涕終日不絕，但未發燒，晚服消發大安淨兩片，早睡，但睡後不能寧靜，後將被蒙首，偏向左側，右鼻呼吸較能自如，始安睡數小時焉。

看書

前為諸童學寫字，買陳公哲初學書法一冊，參閱多有益處，又檢視在書學論集中有陳氏所作「字美標準」一編，頗有見地，文云：「書法作品之論定，古今向無共通標準，多由個人觀感出之，意見紛歧，甚少符同者。一幅之作，甲以為是，而乙以為非，或甲以為非而乙以為是，嗜好不同，各隨其性。精篆隸者或昧於真行，精真行者或昧於篆隸，雖云彼此有共通之理，然細微分析，是亦不容

苟假者。因是不能以篆隸論真行，反之，亦不能以真行論
篆隸。同尚真行矣，復取捨各殊，喜雄強者厭柔婉，喜柔
婉者厭雄強。喜碑者謂帖柔媚，喜帖者謂碑樸魯，兩者參
商，極難一致。又性超逸者，尚放縱流美；性拘謹者，尚
規矩謹嚴，此又為性情之差別者。統觀古人論述，雖各有
所執，總其大端，亦多一致，雖莫能律定，持以權衡耳。
考書美標準，厥為美以難為要素，用分七級，以示論述階
段：第一級，不美不難，為常人書，徒有字形，未合程
式。第二級，美而不難，為常人書，昧於楷則，熟而見
俗。第三級，不美而難，為常人書，臨寫無功，故做意
態，野狐而已。第四段，亦美亦難，為書家書，學有根
底，功夫已至第三段者，即知結構，有行氣，善點畫。第
五段，最美而難，為書家書，學有根底，功夫已至第五段
者，即精諸體，能兩極。第六級，美而最難，為書家書，
學有根底，功夫已至第七段者，即多章法，增神韻。第七
級，最美最難，為大家書，書學淵博，功夫已至第九段
者，即長變化，演性靈。」所謂第五、七、九段，余尚不
能悉其內容。又參閱其蘭亭研究六問自答第三項謂「最難
最美，是以右軍書美，釋云：書之審美標準，第七級為最
美最難。蘭亭筆法謹而不拘，流而不放，已至最美最難階
段。帖中各字多用藏鋒，點畫蘊藉，氣勢雄偉。……筆法
之外，章法尚焉。晉代各家，甚少逾五種以上者。唐人亦
然，獨張旭懷素，約有六、七種。統觀王右軍各書，章法
約有十餘種之多，是以右軍不獨以筆法取勝，且以章法稱

雄，常人知王書之美，而不能言其所以美之道，此其一
端。」所論並皆有致。

12月9日　星期六　晴
師友

　　上午，李公藩兄來訪，談係唧第四建築信用合作社
之使命來向余面交最近為該社查帳之公費，其數為五百
元，明知只夠往返車費，但該社力量有限，故只能作到此
數，余即表示此次為該社查帳，原係盡朋友義務，不談報
酬，故不能照收，李兄認為如不照收反有嫌少之意，不肯
取回，經即照收，並開給收據；李兄又談該社業務，認為
股金太少，存款亦不算多，故尚有待於開展，但現在合作
社有一極有利益之業務為外間所不易注意，即代售印花
是，台灣省印花稅票係由郵政機構與合作金庫及各合作社
代售，手續費0.025，但合作社向外推銷，則有時將手續
費加倍賠貼者，因其主要目的不在收取手續費，而在吸進
此項頭寸，其情形與大陸上以前省銀行代理國庫者相同，
而更為便利，因每月底解款一次，且不必有繁重之表報及
其他浪費人力與調撥款項之費用也，現在各合作社競銷印
花，均極活躍，大用戶尤為眾之所趨，例如台糖公司一次
竟買一百餘萬元，若干家分配，第四建築信用合作社分到
十餘萬元，此款如在月初，即等於一戶無息存入偌大存
款，按放款息計算，每月十分，即有一萬元之收益，夠全
社開支而有餘矣，李兄託余代為介紹此類業務，余允相機

為之，據云此種業務已足供某一階層人倚之為生，若提挈眾多，比任何種生計為有益，至於各公營事業獲得此項印花貼費者，據稱係歸其福利社所有，用以舉辦員工福利，其實是否全數如此，則無人知之，故此中流弊，亦莫可究詰也。

家事

三數日來，余因微恙及無甚業務，家居不出，擬即與德芳為四女紹因斷乳，德芳再候一月餘即須分娩，乳汁早已斷絕，但晚間有時必須含吮德芳之乳頭始能入睡，夜醒後亦復如此，設將來生產後，乳汁復至，必將發生困難，故此項習慣必須早改也，因女現在每日夜凡睡三次，計早飯後一次，平時皆由余抱持搖晃之，睡後放之床上，午飯後一次，率由德芳摟之，晚間亦然，此兩次為不能斷乳之時間，試驗方法為避免由德芳摟睡，此在午後及就寢時尚不困難，可以由余抱之便睡，有時不睡則利用其喜到門外之習慣，抱之至街頭眺望，疲倦後即要求入睡，夜間則較難，因既不能換人抱持，亦不能至大門外散步，昨日曾以乳頭敷黃連水，無效，今晚則輪流抱持繞室使睡，始見功效。

12月10日　星期日　晴

師友

中午，到中國農業供銷公司參加政大第二期在台同學聚餐，由董成器兄籌備，到者十人，除董及余外，為羅

志淵、虞克裕、馬兆奎、陸東亞、王慕曾、朱曾賞、斯頌熙、汪茂慶，據云有十八人在此，但未到者竟有八人之多，致兩桌菜併為一桌，飯後討論今後努力方向問題，緣政大同學在台處境普遍不利，無法謀生者亦時有所見，設長此不能回返大陸，如何延長，大成問題，又如迅速可回大陸，為爭取新的政治生命，又將如何作充分準備，此兩問題皆甚有重要性，而非旦夕可獲結論者，預定今日交換意見後，下次再作詳盡之討論，今日發言有特重第一問題者，即生活之維持問題，譬如斯頌熙由歐回國，外交界出路毫無，正無辦法，又興台、樹華、安農三公司已奉中央令改組為一個公司，所有工作人員皆成問題，但此等事最難解決，關於第二問題，在座同學有謂係陳果夫氏所極力強調者，其方式或即採用撰寫小冊之方式，寫成一本即印行一本，而範圍不妨集中於縣政問題，因目前討論反攻大陸者，多於中央問題著眼，殊不知如二千餘縣之善後無切實具體辦法，均將如空中樓閣也，又有述二次大戰勝利復原時之往事，謂有數大學教授寫成處理日本問題方案向當政者作買賣索價者，當時以為滑稽，不料後竟獲善價，而買者則政學系，甚至政學系之能提出方案人才接收東北，亦完全由於準備功夫之充分，此點最足借鏡，最後決定此工作應先蒐集資料，從事者之範圍避免過大，避免以政府名義出之云。

參觀

　　下午到第一女子中學參觀學生成績展覽室，內容除

行政展覽室為綜合性的，包括教務、訓育及事務等資料與
全校學生各種競賽成績外，其餘皆係各班學生各在其教室
內展出，因紹南在高一甲肄業，故參觀該班甚詳，而尤注
意於國文與書法，國文最好成績者亦並未有略略成熟之文
章，書法則有一學生橅顏氏麻姑仙壇記，頗為神似，女生
有此腕力殊不尋常也，又參觀初三乙展覽室，該班一、二
學生於美術科之繪畫、書法、裝飾等均有造詣，故教室布
置特別出色，此外則未細看，因二、三十個班次，非時間
上所能允許也。

師友（二）

　　晚，陳長興兄來訪，談將在新竹執行會計師業務，
向余調查登錄手續與準備事項。

12月11日　星期一　晴

師友

　　上午，于國霖兄來訪，閒談，渠帶來擬餽贈之香蕉
粉被友人取去，致未能交來，容將於以後補送，又談第四
信用合作社曾託其向余表示，因此次查帳公費致送不多，
雖係限於力量，但終覺不無耿耿云。上午，逢化文、陸冠
裳、廖毅宏三兄來訪，廖、陸兩兄所營電影片業務正在積
極辦理，近有「新人道」電影一部，已送內政部電影檢查
處初步審查，似乎該處頗有不能通過之意，但對其內容何
者感覺不滿，則尚未能完全明瞭，後日沈遵晦處長將再度
審查，廖、陸兩兄知逢兄與余及沈處長有同班之誼，特託

余與逢兄向沈君說明，據云可能被審查注意者大約為片內所採西北災情之實地鏡頭，恐不能在台灣觀眾間獲得對於政府之良好印象，果係此點，則準備說明此係軍閥時代之現象，今年大陸災情更甚於此，則係在中共統制下之現象，兩相對照，反可以加強宣傳效果，如果檢查時能少刪原片，即屬最佳，更不可使貿然列入禁映，招致無謂之損失云，又與陸兄談及前日劉保三君之計畫，將設法發動齊魯公司當局約陸兄回公司服務，據陸兄云，渠對此事認為有必要者，聞劉君已函李伯平代總經理，尚未獲復，余認為此等事不可專憑信函，應由劉君往訪面談，使知各董事同情陸兄者之多，且若姚董事長不肯同意，亦須使其放棄立場。

職務

　　下午，到齊魯公司出席常務董事會，公司中山北路市房業以五萬元出頂，越數日後即須在泉州街工廠辦事矣，今日所列議案有十餘報告事項，其中多為執行董事會議決案之結果，但有特殊而觸目之事項，即大家所不同意之聘蘇雲章為公司顧問一事，竟赫然列入報告，此等事再說即甚乏味，故在座無人再提，討論事項只有十月份會計報告一件，本不需要審查者，亦推余與趙葆全兄審查，此外商談兩三件不列紀錄之事項，一為台南咸豐行代銷產品，根本不加控制，現在貨已賣光，尚欠四萬餘元，無力清償，此係趙錄綱處長所為，責令嚴追，二為畢天德任內遷台物資應由蘇前協理加以統計，以便與改組日點查情形

相對照，三為畢任內訂製未運來之石綿瓦，雖有損失，亦
應從速了結，四為年終獎金照發，但有過受處分者在外，
五為明年度生產概算，推譚嶽泉、宋志先初步審查云。

12月12日　星期二　晴

師友

　　上午，到逢化文兄處約同到電影檢查處訪沈遵晦處
長，談廖毅宏、陸冠裳兩兄所送檢之「新人道」一片檢查
情形，據沈兄云，此片已放檢兩次，第二次渠本人曾到
場，均認為有不妥之處，此片大病在充分以對照手法描寫
大陸上一段時期之嚴重荒旱與另一種人之荒淫無度，在社
會意義上言之，知識水準較高之分子並不致看後引起錯
覺，但在此時此地就一般人民之鑑賞水準言之，則極易滋
生誤會，使不知者以為此即過去統制大陸時社會現象之全
貌，又其中有鋤頭歌，亦為禁唱歌曲云，又謂此片將再作
一度之檢查，邀集較多之人為之以示慎重，該處深知為影
片商者之不易，如不獲演出，則血本虧盡，故非萬不得
已，決不願使人陷入絕境，余等即拜託其特加注意，如剪
刪不妥處即無大病，萬望不使其竟有通不過之事，沈兄又
云國產片多有揉雜不正確之思想，經營業務者與檢查機
關，兩感困難太多，反不如根本不辦國產片，少去許多麻
煩也云。上午，因見報載新聞及訃聞，知交通銀行董事長
兼總經理趙棣華氏在美病逝，特到該行總管理處訪侯銘
恩、李鴻漢兩兄探詢情形，並問治喪準備，據云因其子女

均在此地，無人主持，故一切尚無眉目，至於該行將來所
不能免者為人事問題之演變，極值得注意云。

參觀

　　上午，到中山北路參觀孫多慈個人畫展，作品近百
幅，分西畫國畫兩部分，西畫作品之佳者，余認為有「受
驚的小孩」、「讀故事」、「清水海濱」、「碧湖的黃
昏」、「山中小憩」、「自寫」、「李小姐」、「玫瑰」
等幅，其中有人像，有花卉，有野景，皆以明快之線條色
彩，發抒而成，國畫因習作較遲，似尚有待於更求進步，
但有數幅亦佳，如「荷花水禽」、「花鳥」（凡數幅提名
同）、「玉蘭」、「殘荷」，及為紀念其尊人之作「放鵝
圖」加時人題跋合成長卷，皆是，最成功者為素描，有
「小美芳小朋友」、「朱竹莫小朋友」、「少女」、「小
孩像」等，皆為人物，丰神均佳。上午，到第一女中參觀
該校校慶表演大會，包括音樂、童軍、體育等三類，凡
十二節。較精彩者為土風舞（歡樂舞）、山地舞（農家
舞），均有數十人，場面甚大，又有疊羅漢、救護比賽，
亦均有意趣，此外為墊上運動、雙橋架搭、雙槓跳箱、旗
語比賽、雙旗操等，雖亦均能表現一種精神，但頗不易引
起觀眾之注意也。

12 月 13 日　星期三　晴

師友

　　上午，廖毅宏兄來訪，詢昨日與沈遵晦兄談話情

形，余即告以經過，渠認為有詳加注意之必要，今日下午
電影檢查處再度放檢，望同往參觀，至時廖兄與陸冠裳兄
同來，並往約逢化文兄，不遇，乃三人到該處參觀，並與
沈兄與該處其他人員檢討，大約該處主旨已確定為修剪後
仍准放映，今日檢查即屬修剪工作，此片之演出開始於十
年前，故服裝背景亦與該時者相同，名曰「新人道」，由
林楚楚、梁賽珊等主演，卜萬蒼導演，寫一農家子由其父
血汗積累之資赴京求學，初甚勤奮，且保本色，後受同班
浪漫女同學之引誘亦習於奢侈，四年中將乃父積蓄耗盡，
其時與女感情漸成熟，女父為大商人，即留之公司內服
務，月支二百元國幣，是時此子之家，位於西北荒旱區
中，災區廣袤，人民流徙，或死溝壑，其父已亡，其妻死
守待其歸來，此子則在京與女結婚，但不久女有外遇，反
目仳離，青年頓悟前非，是夜回里，妻已垂死，子則經販
賣人口者之騾車中逃出，亦回家團聚，得免於死，於是父
母子三人辦理賑務，墾荒水利，從事與自然災害之奮鬥，
在歌聲雄壯中劇終。純就此故事之意識言之，絕不足語以
左傾，且多矛盾支離勉強湊合之處，並不甚妥，若就演技
言之，演員單獨有特殊表現者亦不多，而劇情中則多穿插
對照手法，以災民流徙與酣歌恆舞兩相比對，使人有十分
嚴肅之感覺，此種強烈對照處即導演所十分予以加強處，
由於鏡頭之轉換，忽而人間，忽而地獄，控制觀眾之印象
與情感，殊莫此為甚也，其中最寶貴之鏡頭為西北大災時
災民之形容，骨瘦如柴，直同骷髏，真所謂慘不忍睹，又

劇中主角之妻在絕糧時抱兒往參加逃難群眾，而又不能捨棄其公公，竟將小孩送之他人帶出逃難，以免同歸於盡，此點刻畫人情，且表揚一種犧牲至高之無上美德，最值稱讚，但未免太令人酸鼻矣，綜觀全片，余認為檢查人對於對照筆法太過強烈一節，確有所見，但此點正是其描寫成功處，以文藝觀點言，此創作甚非易易，然以教育觀點言，則如此不公道之社會竟曾存在於大陸，大陸上之政府對於防治災荒如此無能，使此時此地之台灣觀眾自然易於發生不良之影響，故有若干太過悲慘之鏡頭予以剪去，事實有其必要也。

12 月 14 日　星期四　雨
看書

　　讀陳公哲著「書法初學」，是書為陳氏由其書學千文改演為白話文而成，其動機在便利初學之小學生，其實能了解者最低亦須為十歲以上之兒童也，本書最大特色為敘述有系統與條理，往昔若干書學論著多為抽象議論，陳氏一一為之具體化，但有若干見解，不無偏頗，例如尊帖抑碑，又主張選筆必取紫毫或狼毫，羊毫絕不可用，皆是，惟綜合觀察，自仍為瑕不掩瑜耳。茲由書學千文中之精彩部分，摘錄數段如下，以當參考：「（書文）上有結繩刻契，畫卦記事，標誌而已，繪畫殆象形文字之始。軒轅之世，肇理古文，嗣後歷朝孳乳浸多，凡百餘種。商見殷契，周具篆隸，篆分大小，隸別草楷，秦兆厥名。洎漢，

楷隸遞嬗八分，真書為其嫡傳，草隸復判章草今草。行書介乎楷草之間，九體咸備於漢。書從漸變，創者絕非一人，傳稱，黃帝時倉頡造書契，周史籀作大篆，秦李斯作小篆，程邈作隸書，漢王次仲作八分，史游作章草，張芝作今草，劉德昇作行書，其著者耳。⋯⋯今體大家略舉如後：魏有鍾繇，晉有二王，隋有智永，唐有歐（陽詢）、褚、薛、陸、李、顏、柳，草則孫、張、懷素。名家，宋推蔡、蘇、黃、米，元推趙、鮮，明推宋、祝、文、董，清推傅、劉、翁、吳（榮光）諸人。（書法）⋯⋯枕腕寫小字，枕臂寫中字，懸肘寫大字，輕枕空懸，腕動指靜。⋯⋯筆用五鋒，起筆露鋒，行筆中鋒，收筆迴鋒，行草起兼藏鋒，使轉側鋒。（書形）曩日名家多師鍾王。太傅宣示表，右軍樂毅論蘭亭序快雪帖等，最可據為宗匠。碑帖當選魏晉隋唐各家，墨跡偽亂真，搨本遲混早，要能較勘。（書訣）映印鉤描位置，對臨摹仿韻味，修養互殊，宜適旨趣。⋯⋯真不離規矩，行草貴變化。⋯⋯學遵公式，不模古範，揮灑個性，無病即佳。點畫鑑精神，結構識形貌，布章觀陣勢，逐項審辨，綜合評鑑。（書則）真行淵源隸書，頗失祖型，適應需要，刪省而製簡字。筆畫增損，莫紊乎南北朝，難免訛俗之譏，詳考匡訂，完正屬真，省借是行，減縮為草。正大、光明、溫柔、剛勁，爰敕書銘。（書具）筆取兔毫，或兔羊兼毫，純強兼弱，尖健圓挺為四德。紙察添墨托墨，類擇宣箋；墨購煙細膠清，液調厚薄。強，托，薄，性強；弱，滲，厚，性弱；

更迭相配，異合同乖。」均有理趣。

12 月 15 日　星期五　陰

師友

　　上午，李公藩兄通電話，後又於延平南路相遇，謂明日請於暇時到其第四信用合作社晤談，因該社會計上有須研討之處也云。晨，周紹賢君來訪，謂昨日由所受感訓之機構經崔唯吾氏與另一立法委員保出，歷述其一年以來被拘押之經過，謂係由於張敏之一案所牽連，張在被押之初曾供出若干人名，其實並非即謂為同黨之意，但官方即據為株連之依據，幸其被扣之地不在馬公，但受刑亦甚嚴酷，不過尚無捏造供詞強迫簽字之事，彼始終未肯屈招，致所斷之罪過甚有出入，否則亦將被置死地矣，又述其被押於西寧南路看守所時，適與張隔壁，張向外送信乃以十元賄其看守所為，在押之人有出更大價錢得以送飯入內者，貪污之風，不可究詰，至於現在一同受感訓之學生，業已從軍，只餘三女生尚未釋出，教員則亦有一、二人，其中徐承烈君不久亦可保釋，但其台北親友甚少，尚須轉託云。

瑣記

　　上午，到延平北路怡大五金行取息，遍尋不著，迨與李公藩兄通電話相詢，始知係延平南路之誤，一字之差，浪費如許時間及腳步，後至台灣銀行託匯香港款，將匯款解條填好交營業員加註代傳票手續後，即送出納現

金，出納員未立時找零，詢以是否與匯票同發還，渠云是如此，孰知取到匯票時已中午，不見找零，到出納科見該號櫃臺出納員已換班吃飯，候至半小時始將零尾取回，由於此等人員之不負責任，又憑空耽誤若干時間，又今日匯款係以姜慧光表妹為收款人，填條時竟將其地址漏帶，無已，改用廖毅宏兄寓址轉，可見凡事必須事先準備，鉅細無遺，否則臨時即有十分困難之處，當謹慎也。

娛樂

晚，同紹南到第一劇場觀轟動一時之宗教影片「霸王妖姬」（Samson and Delilah），由Cecil B. DeMille 導演，主要演員為Hedy Larmarr as Delilah, Victor Mature as Samson, Angela Lamsbury as Semada，故事出自舊約士師記第十三至第十六章，但經導演加以穿插，而大致復不失其本真，此片為派拉蒙出品，場面偉大，彩色絢麗，演技亦極為精到，配音尤其清晰，而音樂則更為佳美，如此影片確屬難得，故事方面雖以男女之情為骨幹，而宗教氣氛甚為瀰漫，其中借參孫之口而解說其神力之來源，謂獅有毛，鳥有羽，均可附麗，其本身者則在髮內，髮去而神力竟失，含蓄無盡之意，此等處最難得也。

12月16日　星期六　雨

師友

上午到杭州南路訪廖毅宏兄，詢問此地匯款至港者，其取款手續為何，蓋前次曾託其購物，匯款係廖兄在

港往取也，據云，前次渠係交他人往取，故詳細手續不詳，惟並無驗對信封之事，所以詢問此點者，因日昨匯款時將姜慧光表妹住址寫成廖毅宏太太轉，現在寄送匯票，如寄至姜寓，倘如郵局匯款之驗對信封，勢必兩歧，故不能不慎也，廖兄又談及前數日檢查之「新人道」影片已剪去一部分准予放映，但係由台灣電影公司分配在下月出演於其他各市縣，台北則準備先在若干機關場所放映，又談及為避免檢查之煩瑣，是否應多買西片，廖兄云西片價並不高，或且低於國產之片，但有兩問題，一為台灣觀眾對西片興趣並不算高，近來因「哈孟雷特」、「戰地鐘聲」、「霸王妖姬」等片宣傳功夫作得澈底，始漸受觀眾歡迎，二為各西片公司如派拉蒙、美高美等皆有代理商在台，此外小公司之影片則不易選擇，故經營此項業務亦殊不易云。

業務

下午，到第四建築信用合作社與李公藩副總經理及張相雲會計課長研討該社會計方面之問題，準備於明年度加以改善，關於會計科目，並無若何困難與不妥之處，今日所討論者只為帳表之處理方式，決定在傳票方面因現在採用單式傳票已久，雖李兄主張使轉帳之來龍去脈一目了然，不妨用雙面之全頁轉帳傳票，但因不欲多所更張，故決定仍舊，但對於對方科目之記載，不可省略，以便勾稽，又現在總傳票係用每科目一張，配合單式傳票，此法亦有其優點，且日記表上已有本日收付各科目總數兩欄，

自然可以代替全部總傳票，故仍照以前辦理，惟以前之傳
票多未有嚴密之裝訂與封籤手續，此刻應加入改進事項中
者，關於帳簿方面，各欄記載有時不應簡而從簡者，帳頁
及戶名均無號數，均屬不妥，應求改進，表報方面則尚無
不妥之處云。

娛樂

晚，同德芳到皇后戲院觀越劇，此劇團在台北轟動
數月，座票不易買到，今日往觀，知亦不過爾爾，演員為
吳燕麗等，戲目為「紅娘」，自張生借寺起，至中試回鄉
與雙方結褵止，凡三小時，詞句俚俗，且多上海方言，故
事最末有誤傳張生在京重娶一段，蛇足之至，音樂尤劣，
過門多小調流行歌曲，舞台亦簡陋，但有數演員之演技尚
可耳。

12月17日　星期日　晴

師友

上午，姬奠川會計師來訪，據談夏間因索債事赴香
港，不料到港時債務人即已回津，於是坐候四個月始略有
眉目，將款調回一部分，其餘允陸續償還，於是回台，在
港時凡所接觸皆甚單純，因初到之時曾有在北方時極熟之
人因未暴露身分，稍事過從，發覺為共產黨所派負有使命
之人，曾被愛國分子投擲炸彈者，故後來不知底細者鮮有
往來也，渠回台後將移居於北投，以便操養雞之副業，但
對於會計師業務仍將發展，有意與余及李洪嶽律師合組事

務所合用事務人員，余原則應允，容後詳商，又談其回台後參加立法院會議，有修正會計師法一案，其中有兩項重要修正，但尚未決定，其一為關於會計師資格之規定，其條文見第二條，此項條文所定資格最後一項為會計師助理人員負責三年以上者，立法院方面有主張取消者，姬氏則認為對於學歷之規定固甚重要，但經驗亦甚要緊，故主張維持原條文，第十三條規定會計師不得擔任公務員及工商業董事長常務董事及經理人員，乃原有規定，殊嫌狹隘，渠主張公務員自然不可，但工商業應以公營者為限，其個人組織應不在範圍以內，但能否做到，尚無把握，又關於資格一條，舊規定有第四款為擔任薦任審計職務三年以上者，頗有疑惑，凡任審計工作者是否即有會計審計經驗與資歷者，對此點頗多爭議，經決定再查審計人員任用法規，如其資歷俱係會計師所須要者，即無問題，反之又當別論云，姬氏今日之來尚在道謝數月前會計師公會成立選舉時余所代其活動交換之票，謂所以無成因其本人不在台北所致云，姬氏年事已長，談話多無條理，但為人爽直，且喜諧謔，故接觸者皆認為和易近人，其在社會之發展事業當以此項條件為最大原因云。上午，新任齊魯公司代總經理李世澂來訪，據云，公司已經遷至泉州街橡膠廠內辦公，該地距市區太遠，裝設電話乃當務之急，惟須煞費一番交涉，又公司新辦公室亦嫌太過擁擠，以中山北路頂出門面房屋所得之五萬元，若改築新辦公室，則僅略事修建，亦需數萬，反不如不出頂之為愈，故只能費萬元左右

在舊有廠內地基上修築小房，臨時應用，一俟工廠出品後，資金得所周轉，再逐漸擴充不遲，又談及公司代余之寓所申請電表事，已經將手續辦出，惟何時可以辦妥，不敢預定云。

12月18日　星期一　晴

師友

上午，張中寧兄來訪，閒談，但其主要來意為探詢紹南在一女中本學期功課之進度，若干日前其長女璧玉曾來函向紹南詢問英文書有無借處或購處，紹南延不置復，催亦無效，其後又由張兄來函詢功課進度，交紹南作復，亦遲遲不辦，故今日復來當面詢問，據云英文課本業已借到，一女中當局允其下學期前往插班，但今學期功課必須能夠銜接云，又談璧玉在湘時本為教會學校，大陸淪陷後美國教師回國，有信來謂可補助美金每年一百元，在其他教會學校肄業，經往淡水詢謝持方兄，知該淡江中學與純德女中為英國人與加拿大人，不得要領，設無地方可想，下學期即進一女中肄業云，張兄又談其目前之生計，謂係以五百美金交其同鄉梁化中君，月支利息七十元，照利率算，將近日息五角，比新台幣之市息尚高，據云其向外一般存款只有半數，對張兄則因友誼關係，特別優待，梁君之生意為由大陸附近金門一帶之島嶼運木料來台，因有軍事方面之協助，梁君本人又有軍隊方面之淵源，故成本低而售價高，以新台幣三千元起家，現值數十萬元，刻又經

營影片，最近曾以五千元代價買孟姜女一片在台，電影公司優先排入所屬影院，聞已獲利十倍，其原因為資本雄厚，應酬交際，全不在乎，梁君與張兄有舊，故以利息方式補助之，又梁君對外用款不濫，有需要時重利借入，不需要時則不予接受，故不若一般商人在營業清淡時尚須負擔利息，甚至有因而一蹶不振者，張兄又談及國民大會代表年終將由蔣總統每人送一百元過年，又臨時國民大會本望於本月廿五日舉行，中間由總統宣布停止召集，是日聞將由總統招待代表宴會，以示聯歡，全國聯誼會定於廿五日以前先開全體代表大會以準備如何表示意見，通知已發出，如何醞釀則尚未聞云。

看書

今日天寒而無要事，未出門，閒讀書刊，有國大代表之鋒頭人物江西劉宣廷君新近出版「民力」月刊一種，贈閱一份已收到，劉君自作發刊詞，文極不順，通冊各文排校錯漏連篇，可讀者甚少，但文章之有特性者則屬可指，如第一篇即為閻錫山之「經濟大同」，係以物產證券與按勞分配之理論作改進經濟制度之根據，文不甚長，後附與一美學者之來往函件，該學者乃一西方同調，但均不重於時，討論之奇特更頗值得注意云。

12 月 19 日　星期二　晴

師友

下午，到南昌路訪叢芳山兄，不遇，其夫人云，近

來每日均至新店碧潭為其房屋監工，現在已只餘玻璃及油漆工作尚未完畢，預定下星期二即可竣工遷移云，余在叢寓時有劉慧德太太亦來訪，據云現在與宋志先、石鍾琇兩太太合辦三友成衣店，承接皮衣，無法動手，正覺無法解決云。下午，到潮州街訪逢化文兄，不遇。下午，到仁愛路訪楊憶祖氏，因許久未晤，特往拜會，據觀察近來時事，認為何日可回大陸，殊難揣測，彼個人只以交通部設計委員會委員名義月支四百元乾薪，深覺了無興致，又談近來經濟界動態，頗不樂觀。晚，李德民君來訪，係因其師朱國璋會計師有意約其到該事務所擔任助理人員，彼為此事納悶不能決定，特來商詢余之意見，據云渠現在第四十四兵工廠服務，月薪二百二、三十元，另有實物配給，其夫人則在商業職業學校任課，由學校供給宿舍，均比較穩定，彼本人在兵工廠最近可能因人事變動而有升遷機會，朱會計師方面則允給予較高之待遇，但不能供給膳宿，其比較有意義者為朱表示將來執行業務指示原則由李往查當事人之帳，可由此獲得若干經驗，惟朱是否長久執行會計師業務，認為係一種必須長期打算之職業或事業，則在不可知之數云，余對李君此事不能有肯定之意見，因此事多半須其本人加以主觀考慮也，但供給以原則，即將以上各項事實加以權衡，如動靜二者利弊參半，即動不如靜，如動之利在六七成以上即動，反之即靜，蓋余與朱君不識，未知其為人及業務作法及將來對李君之待遇等項，無從為其作全盤而具體之考慮也。

見聞

今日因事路過新公園，橋下子午蓮盛開，紅白相間，嬌豔欲滴，又余庭前之桂花，現亦黃花滿枝，但不甚香，節令則近冬至，亞熱帶之奇觀也。台灣銀行自昨日起停止接受進口外匯及普通匯款之申請，顯現頭寸枯竭現象，於是金價直升十餘元，九九一新台條已達近四九五出五○○元之高價（台兩），與台銀黃金儲蓄官價（市兩四百一十元）相較辦儲蓄者又有利可獲，但今日逐跌，幾乎復前日之舊，又美鈔對昨日台灣銀行之措施應比黃金為敏感，結果反無甚起落，凡此皆此地市場波動之難捉摸處，惟今日黃金之回跌謂係大戶所拋，值得注意，設非主管官吏對於此情特審者，恐無人如此大膽，其中消息可推敲也。

12 月 20 日　星期三　晴

師友

晚，逢化文兄來訪，閒談，據云國民大會代表聯誼會定廿三日舉行全體大會，山東聯誼會定廿四日舉行，廿五日則由總統招待代表云，又談及廖毅宏、陸冠裳兩兄所辦「新人道」影片與電影檢查處交涉經過事，謂當日與余訪沈遵晦處長後，曾欲以結果告二人，兩次往訪不遇，其後亦未見二人前來探詢，似乎對人協助其事未予置意，人情上似說不過去，逢兄所介意者為禮貌，實際二人所馬虎者亦為禮貌，並無何等芥蒂也，又閒談兒女教育等問題。

家事

　　三女紹寧自昨日傍晚即發燒，曾牽赴蔡文彬醫師處診察，取來藥品兩種，服用依時，昨夜睡眠不甚安寧，時有輾轉與夢囈，但熱度漸退，醫曾斷為傷風，因口腔、喉頭、肺及胃腸均無異狀，而肝臟似略有病象，故與飲食亦略有關係也，今日晝間玩耍如常，但令節約飲食，只按時服藥，入夜睡眠尚好，但手足之熱度似又較高焉。

瑣記

　　齊魯公司派職員簡逸民君來洽辦裝設電表事，緣余所住公司住宅房屋本與鄰家合用電表，同時用此表者共有四家，每月用電在一百七、八十度以上，而表量只有五安培，時覺負荷過重，又有鄰居張律師一家裝用冰箱亦用此電，而各家則均按電燈盞數計費，實不公允，現在電力公司因西部用電太多，號召節約，更規定具體加重用戶負擔辦法，表燈用戶按用電量累進計費，凡五安培之表，在每月用電卅度以內仍照規定計費，從過卅度至四十五度者，加倍收費，再超過四十五度者即加三倍收費，此項負擔使此固有之五安培電表發生種種困難，故趁此時期計劃分裝電表，一可不負擔高電費，二可不分擔浪費用電之鄰居的負擔，但此事不宜過遲，故即囑託簡君速予承辦電料行洽辦申請手續，該項手續到達電力公司時，並配合時間託人往與主管人催辦，庶乎爭取時間始可節約浪費云，現在因電費關係而計畫重新裝表者在四家中已有兩家矣。

體質

　　余之痔疾已數年，近來現象與前又復略異，從前僅過若干日出血若干日，與大解同時，無痛疼，今年上半年仍同此現象，但不發作之時間大為延展，別無異狀，本月間其平時由肛門垂下之小肉疣腫脹，觸之略痛，內部於大便時亦不流血，約四、五天，自行消退，仍為狀如常，此等現象未知係偶發抑屬一種必然發展，容後觀察可知。

12 月 21 日　星期四　陰雨

看書

　　讀「英文研究前輩經驗談」，凡集論文九篇，有夏天吾之「一個解釋」，林語堂之「英文學習法」、「舊文法之推翻與新文法之建造」、「我所得益的一部英文字典」，平心之「外國語的學習」，詹文游之「學習外國語的一點經驗」，李仲才之「我怎樣學習英文」，周樹青之「英語要怎樣學習」，何一介之「自修英語注意點」等，其中有兩篇為泛論一般外國語者，所述多抽象原則，甚少由文字語法上加以具體指證之處，有之則亦偏於各種外國文之比較，終不易搔著養處，另有數篇則雖為論英文，而簡略籠統，或則卑之無甚高論，獨有林語堂之三篇可謂字字珠璣，此蓋由於作者所知者精湛，而發表力更強之雙重原因也，林氏之一般見解，仍與其在開明讀本三本所持者相同，例如聽講寫讀四事並重，注重傚仿與熟誦，練習須用全句，不可作片段之答句等皆是，但在此文內尚另有更

透闢之見解，其論語彙語法及語音，強調語彙固須豐富，
而尤貴自然，必須多帶街談巷議或文士雅談之氣味始為活
的語言，又主張注重常用的字，注重近代文，在學習上不
可只背生字不理熟字，更須明字的用法，其論文法之重要
性，頗能折衷於正反兩派之見解，認為文法有其學習之必
要，但極少用處，尤其分類與規則等，無一合乎活的文字
而不有例外者，故主張學文法之正軌應注重觀察比較及養
成習慣，其論發音，以中國國語及各地方特有之語音比
附，可謂煞費苦心，但此等問題本非在紙面上可以說得明
白者，因而其文章此部分不見精彩，其論新舊文法之異
同，認為新的文法的目的在教人有某類的意象，乃其表達
的構造，不專在歸類分析界說規則例外上用功夫，學者學
一端即增加其某種程度的表現能力，自然易學有趣而能得
受用，最後作者對於牛津袖珍字典推崇備至，該字典所用
之字義完全為活的語言，尤其注意用法舉例，讀後即知一
個字的個性，並舉young 字為例，在查閱時確能幫助解決
讀書之問題，林氏談來極為引人入勝，余讀此三文時係一
氣呵成，而未細細咀嚼，但已自覺英語素養之不夠，因林
氏所論者余多未之前聞，即所論常見字之字義亦多茫然不
知也，可見余廿餘年來所學之英語乃一種肢體不全的語
文，既不能從活處領會，亦不能活活的應用，殊可悲也。

12 月 22 日　星期五　雨

琑記

　　上午，到國民大會秘書處登記配購毛線，此項毛線為台灣省物資調節委員會配售中央及台省公教人員者，預定每人一磅，該線全為英製，但牌號種類不同，半數為蜜蜂牌，半數為其他雜牌，俟購到後抽籤分配，價款須按蜜蜂牌預付，俟抽到他牌者再予調整退補云。

交際

　　晚，近鄰黃梅生同學約吃飯，在座尚有同學胡希汾及左、陳、楊、林四君，席間閒談，胡君仍在財務委員會辦事，近來辦理以前所屬現已結束之中國電影製片廠出品影片之版權處理事，因而知現在影片商之種種不易經營之處，據云因台灣國產片缺乏，各影片商尤其游擊式之影片商均由港或南洋購此種影片來台放映，但引起種種問題，一為片商互不相謀，有時一片兩進，決不能同時放映，後到者即大為吃虧，本金或等於虛擲，二為香港影片售價大為高昂，加關稅後竟至有時無利可獲，三為片之內容不能全知，有時極陳舊者放映必不能賣座，四為有時有版權糾紛，譬如以前之華影出品即歸中電及現在財委會取得版權，有時對此等手續全然不知，以致曠廢時日云。

12 月 23 日　星期六　陰

集會

　　上午，到師範學院大禮堂參加第一屆國民大會在台

全體代表大會，因今日之會為後日總統招待全體代表之前奏，且由政府供給旅費，故無論在台北者及在其他縣市者均參加非常踴躍，幾近千人之多，入席之前先憑出席證在簽到處領取佩帶之簽調，附送總統後日晚宴之請柬與晚會入場券，另有憲政法規一冊，隨後又發提案一冊，隨即入席，十時餘開會，先產生主席團，共十餘人，多係在政府負重要責任及在幹事會時常工作者，然後推出上午主席張知本氏，即正式開會，首由全國聯誼會幹事會報告籌備經過，原因為總統早有廿五日招待全體代表之議，乃決定先開全體會，至於代表全體會在數月前本早有召集之必要，因無法借到會場（政府封鎖），直至此次始獲中央改造委員會與國大秘書處之協助，借到師範學院禮堂云，繼報告聯誼會工作，甚為簡單，謂細節可以書面即送云，於是開始討論提案，在討論前籌備會提供參考意見，主張分組先行審查，但因多數代表主張因提案只三十餘，可以臨時分類，大可不必審查，結果決定不先分組審查，即先行開始討論，第一案為有關本年十二月廿五日召集臨時國民大會與國民大會所通過之動員戡亂時期臨時條款，應於臨時大會決定是否廢止或延長問題，與此問題有關者凡有四案，經合併討論，最有力之主張為認為此項規定為第一次國民大會所通過，等於憲法適用之一種補充，今日之會並非照法定人數出席之國民大會，故對於憲法有關而有所出入之問題，均不應有所議決，且不可能發生效力，故此案應予保留，當經多數通過，時正中午，乃休會兩小時，在會場

用麵包當午餐，並回寓休息至二時再往，下午會議開始
時，主席改為李宗黃，並由主席團推賀衷寒報告今午該團
集議之意見，希望能首先考慮與二十五日總統招待全體代
表有關之建議事項，但提付討論後，均主張仍循原序進
行，故即開始討論第二案，亦包括四案，即立法委員之任
期已滿三年，應如何改選或補救，討論結果，認為吾人不
能違憲，故不合憲法之補救辦法，決不能出自本會，決定
為請政府依法改選，此時有臨時動議數項，有一項重要者
即上午所通過保留之國民大會臨時會問題，有代表認為有
重加考慮之必要，蓋本會於今日舉行，後日即為規定臨時
國大之期，如本會無所表示，殊有損同人與憲法之尊嚴，
主張應請總統如期召集臨時國大，如後日之會因人數不足
而不能稱為臨時國大時，即改稱談話會，以符憲法，此語
甚辯，但完全無視事實，於是與政府有關之代表如賀衷
寒、李宗黃均主張應慎重考慮，但提議者絕不放棄其主
張，經決定照上午四案中之一，加以修正成一新案，即請
政府通知內政部會同國民大會秘書處切實調查各地代表人
數，並依法遞補缺額，如已足法定人數即行集會，將未能
如期等字樣避而不用，其實此亦是一種掩耳盜鈴辦法，蓋
以當前局勢而言，大陸全部淪陷，憲法乃在大陸時所制，
欲以硬性法律與現實政治相配合，乃事實上無法補救者
也，是時已下午五時，乃急急以開快車方式討論所餘廿餘
案，隨讀隨通過，重要與否，已無人有此心緒過問，余未
終會而退。

師友

下午，孫典忱兄來訪，希代轉林毓芳女士由草屯來信，託代向齊魯公司謀事，又閒談其移居碧潭後之生活情形及其女振平在一女中因盜竊嫌疑自殺之經過，兼及所聞山東游擊隊販子在此種種匪夷所思之行動，談話時陳長興兄亦在座，陳兄乃來開會者。

12月24日　星期日　晴曇

師友

上午，于希禹兄來訪，閒談黃海公司事，因近已數次董事會流會，故公司事務竟無法進行，而董事中之分野愈益明顯，新任總經理鄭洛非因兩面不能討好，亦復焦頭爛額，近且兩方董事互相提出對方之總、協理鄭洛非、張子文任用時之合法性問題，又鄭旭東在移交時居然以酬勞金名義支取六萬元，謂今年盈餘六十萬，彼可得十分之一，將去年虧損彌補及今年決算程序與盈餘分配程序置之不顧，所有董事均為之譁然，種種情形均使複雜性愈益增加，恐非興訟無由解決，至經濟部方面主管司長馬聯芳已辭去董事職，改任部外一山東人接充，對將來公司之立場尚不可知云，于君又談齊魯公司營業處長趙錄綱為台南咸豐行王林渡欠公司貨款達六萬元無法償還事甚感焦慮，因董事會對於趙之處理不善頗有責難，于君謂其存心無他，不過為希望不致將醜態暴露使公司吃虧，渠與王並無私人關係，王與公司發生交易尚係其他方面介紹云，余表示對

趙可不加責難，但問題在王款是否能履行諾言在年底還清，如不能，徒憑空言搪塞，則任何人不能再予迴護也云。午後到中山北路訪姬奠川會計師，值其外出方至門首，略事寒暄即行告辭。晚，李祥麟兄約吃飯，在座尚有周旋冠律師夫婦，周君談其律師業務將於明年一、二月間告一段落，因操此業深覺勞逸無常，頗欲再作伏案之公務員。

集會

　　下午，出席山東、青島籍國民大會代表聯誼會，係年會性質，因明日總統召集在台各地代表宴會，趁在台北人數較多之時交換意見，到者三十餘人，首先由逄化文、張志安兩代表報告工作及財務情形，繼討論提案，其中有關於聯誼會幹事改選及參加全國聯誼會幹事之人選改選兩案，決定由現任參加全國聯誼會之代表完全擔任，今後全操一元化方式，此事尚未引起爭執，情緒極佳，又討論會費，決定繼收每人五元，又李金章代表病重，決定每代表捐十元，上兩款均請國大秘書處代扣，又討論裴鳴宇提案今後參加全國聯誼會之代表應以爭取福利為重要任務，又建議同鄉會對傅斯年氏逝世請發動表示，此外復有人提議因昨日山東代表孫伯棠、王平一在全體代表大會口角，貽笑外人，今日王來開會，應請說明經過，即由王說明經過，而未提及為何使全體山東同人顏面蒙受損失，此等人之不識大體，從可知矣。

12月25日　星期一　晴

參觀

　　紹中肄業之女師附小今日舉行成績展覽及游藝會，余於下午率紹中先在展覽會參觀，其分類排列之順序係以科別為主，故每一年級之成績，均散見於各展覽室，參觀完畢以後，出口處之值班學生強要批評，乃寫「教學優良」數字，此乃急就之章，實際走馬觀花，且對於小學教育並無研究也。游藝會係在女師大禮堂舉行，余到時已表演大半，得見者不過四、五節目，有幼稚園之歌劇馬利亞，乃表演耶穌降生之故事，有牧羊人、博士、天使等，天真爛漫，別有意趣，最後為國花舞，由六年級生五人合演，均手執滿布繁花之圓圈兩支，舞蹈時注意排列之變化，配合音樂，節奏和諧，為最佳之一幕，五時半散。

交際

　　下午，到青年會禮堂參加姚容軒與張倩容之婚禮，來賓數十人，由牧師證婚，完全宗教儀式，惟來賓中之基督徒不足十分之一，數次唱詩，均只聞琴韻，故宗教氣息實為不夠也，行禮完畢後招待茶點，歷時約一小時而散，余事先與殷君采、吳風清、宋志先、董成器、趙葆全合送喜幛，此外數禮物有喜幛六、七，花籃三、四，實物一、二，並不鋪張。

集會

　　下午六時，蔣總統在中山堂光復廳約宴全體在台國大代表，到者五、六百人，入席係採自助方式，往取用一

色拉鋁盤所裝之食品，內有火腿、薰魚、麵點、麵包、香蕉等數色，而無湯無茶，最不予人以好印象者為座位甚少，桌子亦不夠，較諸數月前行政院在台北賓館招待晚餐，遠為不如，客人多數用餐畢，蔣總統到達，有十數元老陪坐，首由今晨國大代表聯誼會幹事會決定之代表李宗黃面遞全體對國事意見，亦即前日全體會所通過之國民大會召集案與立法委員任期案，繼由另一代表報告在台國大代表因欲繼續集會但又遭遇借不到會場之困難，請總統立即通諭主管方面予以便利，於是蔣氏登壇致詞，首謂今日來此參加報告，係以國民大會代表資格向同人表示意見，兼以總統身分，則數年來德薄能鮮，致大陸整個淪陷，無以對國民之重託，實覺無話可說，惟各代表既舉某為總統，此總統如此倒霉，各代表所舉非人，似亦不能辭愧對國人之責，今後吾人唯一之鵠的為重回大陸挽救淪陷中之同胞，凡與此目的有利者，任何措施均屬急要，反之任何措施，均屬不急之務，關於各同人所遞意見書所提各點，分別答覆如次，一為臨時國大問題，只須內政部與國大秘書處切實調查滿足法定人數時，渠極願召集開會，關於立法院委員任期問題，代表主張依照憲法辦理，自屬切要，但今日行憲之政府立法機關不能中斷，在政治上之合理解決辦法亦應顧到，最後答覆集會會場問題，蔣氏謂此點實不敢贊成，此時不應從容論道，而應切實與政府配合，凡有意見，渠必儘量採納云，辭畢即無他人發言，各代表紛紛散去，今日會場中空氣外弛內張，在精神上言之，甚不

圓滿，此中尚有一疙瘩，為賓主均不能在此場合明言者，即總統對來此參加招待之代表各送用費一百元，今晨幹事會通過均不支取，蓋此種方式使代表自慚形穢，有類乞食之輩也，亦可見總統左右之無人也。

娛樂

晚，在國民大會晚會看戲，由梁正瑩演鴻鸞喜，顧正秋、胡少安、劉正忠、于金華等合演漢明妃，由征妃畫象起，至出塞和番取回自畫象，並要挾單于王斬毛延壽而後自盡止，凡兩小時半，唱做繁重，場面簡潔，可謂傑作，尤有壯色者為青衣除原板及南梆子等大段唱工外，尚有崑曲數大段，載歌載舞，為一般京戲所無，缺陷則顧伶之花腔太多，尤其有歌舞與打武之場面時，全無身段，動作亦欠俐落乾淨。

12月26日　星期二　陰雨

職務

因齊魯公司即屆常董會例會之期，而前次會推余與趙葆全兄合同審查之十月份會計表報尚未辦理，乃於今日下午到襄陽路樓上訪趙兄商談，蓋此項表報包括月份資產負債表，損益計算書，前月份數字既不見於表內，亦無財產目錄可資核對，而以前所有月份報告表類均只提會報告，並未交付審查，此次竟欲中途更張，殊有無從下手之苦，經與趙兄決定加簽「本公司本年度月份會計報告擬併入年度決算併案審查」所有理由一概不提，容開會時口頭

說明，以資簡捷，又關於自卅七年度以來之決算表，前次董事會全體係推吳風清、宋志先、趙葆全及余四人審查，至今尚未動手，余今日亦商之趙兄，據云，渠對齊魯事殊覺太過煩神，欲辭職又覺對姚大海氏拆台，欲不辭亦覺毫無興致，實屬進退兩難，余表示亦有同感，決算表乃即未再談下去矣。

師友

下午，到五大旅社訪同來台北之楊鵬飛、高注東諸兄，均對於此次總統招待會之賓主雙方情緒感覺惡劣，高兄外出未回，可能今日回屏東。與董玉田兄談于文章入境證事無結果。

12 月 27 日　星期三　陰

職務

上午，到齊魯公司出席常務董事會，此為公司營業地址出售後在橡膠廠之第一次集會，列入報告案之事項鉅細不等，重要者有省政府核准由物調會貸給生膠貸款卅五萬元，第一商業銀行貸給十五萬元，由台灣銀行轉貼現半數，此外又向中央信託局接洽購料貸款美金三萬元，前者公文已到，因建廳副廳長反對尚在折衝中，致中信局及第一銀行尚不能迅速洽辦，因後者須有押品也，瑣碎事項則較多，諸如添一臨時辦事員，利人油廠收到一部租金等類，甚至各員工乃至董事由待遇內扣還借款各為若干，亦列報告，此外復有口頭報告，由李伯平提出六項，一為生

產計畫已擬就，二為購料準備進行中，油廠機器準備由利
人油廠收回自營或合作，四為電話積極洽裝中，五為接洽
包工添築辦公室一間，六為與疏散同人交涉還鄉遷移補助
費經過，亦輕重不等，討論事項第一為調整倉庫及廠內人
員居住，二為擬添築房屋，三為年終員工酬勞問題，前二
案通過，第三案因中央第七組見解不同，故未有結論，余
提議由明日全體董事會討論，決議通過，會議至十二時半
始散，地點為辦公室內，以致全部工作人員等於放假外
出，侷促之態，可以想見，膠廠僻處巷內，外間前往交通
亦多困難，將來營業時須改良也。

12月28日　星期四　晴

職務

上午，到齊魯公司參加董事會議，報告事項多為以
前報告常董會者，不過另作一道手續，但報告案中引起董
事之責難者亦有之，例如台南咸豐行欠貨款四萬餘元之
多，恐致無著，曾引起質詢，討論事項一為明年度生產計
劃，係由橡膠廠擬定，所列項目不無成本少列售價多列，
或生產量多列，以致虛列盈餘者，余即席提供兩項意見，
一為盈餘不必多列，蓋此數若為中央第七組根據籌繳黨費
之根據，豈非作繭自縛，且就企業經營原則言之，亦以預
算愈保守愈降低為愈有把握，二為間接費用中之公司管理
費用攤認，現在攤入者每月七千元，實際開支需三萬元，
故尚有二萬餘元無著，現在除此廠外無其他事業，似可整

個計入成本之中，雖廠方負責人未必肯認，但此項事實上之負擔應該承認，此外發言者尚有數人，原則上均與余之立意相同，陳國瑢廠長對余之第二點表示不易照辦，余對此點續加解釋，認為此點技術上可以補救，蓋公司所列預算係將廠方費用全入成本，公司費用部分入成本，其餘如何支付未有概算表，故請公司將此部分費用列入營業概算內，此概算以營業收入為開始，然後列營業成本、營業費用、管理費用等，如此劃分則考核廠內之出廠成本可以根據上半段，明瞭公司最後盈虧可以根據下半段，庶可兼顧也，第二案為結束以前石棉瓦、砂石、石灰等懸案，太過瑣碎，未予深論，第三案為今年底員工獎金應否發給，因第七組不十分同意，故公司不可擅專，昨日探詢各方情形大致正中書局二個月，中央可以默認，本公司為二個半月，由董事會多予擔當，通過照辦，但有過者不能言獎云。

師友

　　晚，夏忠羣朱興良兩兄來訪，夏兄在台南中鹽公司任稽核，允觀察情勢有業務可拉者，隨時通知以便聯繫進行，朱兄正進行辦理會計師檢覈手續，明日將赴考選部接洽，余為備片致隋石孚兄，請予幫忙指示一切，又所任安農保管職務尚未結束。

12月29日　星期五　晴

師友

　　下午，訪朱興良兄不遇。訪楊天毅兄，閒談，並遇劉心沃、趙庸夫、逢化文諸兄，談及今日立法院會決定展期一年事，法理上甚牽強，又談及有台灣籍之民政廳長楊肇嘉之姪在台中競選市長有侮辱內地人之表示，可笑可惡。姚大海董事長及新婚夫人來拜客，余未遇。

見聞

　　近日軍眷流落接頭乞討者甚多，其中北方人尤眾，今午有一婦人牽二歲女孩來求捨米，正在余家用餐之時，女孩向其母索食，情殊悽惻，乃以飯菜與之，就當前政府求改進之前提言之，此事不應發生，又聞陣亡軍人眷屬有強遣回大陸之說，則更奇矣。

12月30日　星期六　晴

交際

　　上午，到極樂殯儀館祭奠交通銀行故趙總經理棣華，送禮事由齊魯公司彙辦，但未見。

職務

　　下午，出席齊魯企業公司常務董事會議，今日專為討論前日董事會交公司重擬之四十年度業務計畫，尤其生產計劃部分，改定稿經陳國瑢廠長與趙錄絧處長說明後大致內容均已盡量採取保守原則，且將包括時期由一年改為上半年，以求精確，此外又討論職工年終獎金事，因中央

第七組不同意發放，姚董事長不肯負責，但勢又非發不可，決定再往交涉。

12 月 31 日　星期日　晴

交際

上午，到台灣大學法學院參加公祭該校故傅校長斯年，到時尚早，候總統到後全體與祭，傅氏之喪極盡榮哀，總統命令褒揚，並題輓「國失師表」四字，極為隆重，今日各報又均出特刊，文章多極感人，中央日報所載記者與傅夫人談話紀錄，尤親切動人，至於使人淚下。

娛樂

上午，到大世界參加政大校友會辭歲游藝會，到時已遲，儀式已過，正開始演電影，有艾其遜闡述南韓問題新聞片，總統環島檢閱新聞片，此後即為派拉蒙公司影片「雪裡紅」Road to Utopia，由陶羅珊拉摩與平克勞斯貝及拔不荷樸主演，製片技術甚好，雖為黑白片，而攝製極佳，錄音尤清晰，大約此片為表現平氏之歌喉，插入歌曲極多，而錄音之重要性乃極大也，余攜紹寧同往，時久不耐，故未終場即退出。

師友

晚，王文甲兄來訪，談其近來情形，本由地政研究所承受農村復興委員會託辦事務，王兄亦參加，前已結束，故半年來只在行政專科學校任課，聞下學期農復會又將有委託之工作，將辭去教職仍任此項工作，因收入較豐

也云，又閒談兩小時始辭去。

附錄

發信表

日期	人名	地址	事由
1/2	王培五	台中	轉牟乃紘信
1/4	鄧仁德	台北	索四女出生證明書
1/6	瑤祥弟	澎湖	往返帶物事
1/18	于文章	香港羅文本轉	託轉信
1/23	尹樹生	台中	附介紹信請加簽轉致
2/6	王培五	彰化市	請赴屏東洽教職事
2/6	陳粵人	屏東	介紹王培五往見
2/18	陳長興	新竹	請領國大借支生補費
2/22	程世傑	台中	請轉齊魯公司意見七點
2/28	陸冠裳	香港	託買奶瓶
3/10	朱興良	台中	會計顧問事
3/11	李書忱	高雄	請介紹會計師業務
3/11	俞物恆	新竹	請介紹會計師業務
3/20	曾養甫	九龍	請遣散董會主秘
3/20	姜慧光	九龍	謀事須相機進行
3/20	振祥弟	九龍轉上海	請保管箱篋瓷器
3/20	德光弟	九龍轉上海轉益都	詢濟寓情形
4/13	張中寧	澳門	通候
4/13	董少羲	屏東	通候
4/13	郝遇林	本市	詢河北行等經理人名
4/13	李德民	本市	謀事容留意
4/13	衍訓	新竹	寄四月考成績單
4/17	王培五	屏東	寄證件與幾何教本
4/21	于國霖	台中	李立言事已受託
4/24	朱興良	台中	聘顧問請登報
5/4	于國霖	台中	李立言公費事
5/20	張中寧	澳門	太平支票未兌付
6/1	張中寧	澳門	太平實況
6/1	陳長興	新竹	國大五月份生補已付
6/10	吳伯實	澎湖	補助卅元
6/13	張中寧	澳門	李育鈞不易尋
6/13	王培五	屏東	移靈事請暫緩
6/13	王林渡	台南	通候
6/13	于國霖	台中	李立言事擱淺
6/21	陳長興	新竹	請來領生補費

日期	人名	地址	事由
6/30	張中寧	澳門	債權已登記
7/13	王培五	屏東	改校事不易
7/3	姜慧光	九龍	來台手續問題
7/13	張中寧	澳門	債權事無進展
7/18	陳長興	新竹	匯往三百元
7/18	陳果夫	台中	齊魯查帳事
7/18	商務印書館	香港	請印自由日記
7/18	瑤祥弟	澎湖	鞋容託帶
7/18	衍訓	新竹	經常用費外無法籌
7/30	于文章	九龍	謀事不易
7/30	金承恕	基隆	謀事不易
7/30	牟尚齋	台中	齊魯董會已代請假
8/23	王培五	屏東	磊可不回
8/23	姜慧光	九龍	先謀工作再謀入境
9/7	王培五	屏東	轉劉安祺款
9/7	商務印書館	香港	詢自由日記價
9/12	蘇景泉	新營	通候
9/30	姜慧光	九龍	謀事與入境之難
10/7	廖毅宏	九龍	託購物附匯票 100
10/27	陳厚德	基隆	詢崔以周紹賢事結果
11/7	吳先培	香港	通候，託買日記
11/7	總統府人事室	本市	填送調查表
11/20	姜慧光	九龍	託買日記
12/3	李德民	44 兵工廠	女工已用妥
12/3	吳先培	香港	謝帶來日記本
12/7	夏忠羣	台南	請介紹中鹽業務
12/16	陳厚德	基隆	電表事
12/16	朱興良	台中	會計師執業情形
12/16	高注東	屏東	通候
12/17	姜慧光	九龍	託購物，附匯票 HK100
12/17	廖甘尚德	九龍	託帶物
12/19	張中寧	本台北市	紹南功課進度
12/19	王保身	本台北市	轉達高登海新址
12/29	于文章	九龍	入境證辦不易
12/29	瑤祥弟	澎湖	玉弟信由港轉
12/29	林毓芳	草屯	謀事請託丁介

收支一覽表

月日	收入要目	收入數額	月日	支出要目	支出數額
1/1	上月結存	370.00	1/2	刊物、香煙、車錢	3.00
1/11	年終加給扣去夏傢具借 654	428.00	1/2	牙刷、車錢	2.00
1/11	去年不請假加給	466.00	1/3	請陳味川	25.00
1/11	一至三月補助費	570.00	1/3	香煙、車錢	4.00
1/17	上半月待遇	225.00	1/3	寄衍訓	10.00
1/23	儲蓄息	40.00	1/4	買菜	3.00
1/26	下半月待遇	233.00	1/4	雞蛋	4.00
			1/4	水果	3.00
			1/4	玩具、牙膏、牙刷	6.00
			1/5	奶粉兩聽	20.00
			1/5	襪子一雙	7.00
			1/5	牙刷、牙粉、糖果	2.00
			1/5	煙、車錢	2.00
			1/5	兒童書	2.00
			1/5	車錢	1.00
			1/6	買菜	2.00
			1/6	女傭工資	30.00
			1/6	米十斤	4.00
			1/6	水果、煙	2.00
			1/7	頭油、粉撲	7.50
			1/7	理髮	2.50
			1/7	買菜	5.00
			1/7	車錢	4.00
			1/8	買菜	10.00
			1/8	雜用	2.00
			1/8	捐款	3.00
			1/9	買菜	3.00
			1/9	水果	3.00
			1/9	煙	1.00
			1/10	家用	50.00
			1/10	車錢、茶資	12.00
			1/11	辭海	30.00
			1/11	書法詳論	4.00
			1/11	經濟快報	4.00
			1/11	車錢、水果	2.00
			1/11	自來水材料	10.00
			1/11	香煙	3.00
			1/11	捐款	10.00
			1/12	孩帳子	15.00

月日	收入要目	收入數額	月日	支出要目	支出數額
			1/12	德芳照相	6.50
			1/12	襪子、童牙刷	7.50
			1/12	水果、車錢	5.00
			1/12	買菜	10.00
			1/12	肥皂十連	7.00
			1/12	茶葉斤半	9.00
			1/12	煙、水果、車錢	3.00
			1/12	紹因身分證	1.00
			1/12	書法教材	2.00
			1/12	醬油	1.00
			1/13	勒吐精一聽	12.50
			1/13	肥皂、墨水、衣鈎	7.50
			1/13	買菜	10.00
			1/15	奶粉二聽	20.00
			1/15	衍訓用	20.00
			1/15	看電影	3.00
			1/15	寬緊帶	6.00
			1/15	買菜	10.00
			1/15	煙、車錢、買米尾	4.00
			1/16	買菜、水果	10.00
			1/16	煙	2.00
			1/17	煙	5.00
			1/18	買菜	10.00
			1/18	藥品	5.00
			1/19	米 20 斤	7.00
			1/19	糖果、藥品	4.00
			1/20	家用	20.00
			1/20	糖果	1.00
			1/21	女傭工資	30.00
			1/21	買菜	10.00
			1/21	煙	1.00
			1/22	奶粉兩聽	23.00
			1/22	買菜	7.00
			1/23	女皮包	30.00
			1/23	車錢、雜用	11.00
			1/23	買菜	5.00
			1/24	買菜	10.00
			1/24	宴客	30.00
			1/24	家用	25.00
			1/24	報費	10.00
			1/24	車錢	1.00

月日	收入要目	收入數額	月日	支出要目	支出數額
			1/25	買米	10.00
			1/25	理髮	3.00
			1/25	煙、車錢	5.00
			1/26	煙、車錢、畫展	6.00
			1/27	買菜	10.00
			1/27	家用、水果	9.00
			1/27	車錢	1.00
			1/28	雞一隻	21.00
			1/28	買菜	3.00
			1/28	看電影	3.00
			1/28	煙	2.00
			1/28	海帶半斤	5.00
			1/28	水果等	2.00
			1/29	買菜	6.00
			1/29	經濟快報	10.00
			1/29	煙	5.00
			1/29	車錢、雜用	3.00
			1/30	買菜	8.00
			1/31	工本費	100.00
			1/31	買菜	10.00
			1/31	配藥	26.00
				本月結存	1,369.00
	總計	2,332.00		總計	2,332.00

月日	收入要目	收入數額	月日	支出要目	支出數額
2/1	上月餘存	1,369.00	2/1	買菜	10.00
2/3	儲金息	94.00	2/1	車錢	1.00
2/14	儲金息	53.00	2/2	書五種	5.00
2/14	銀元交價20元	71.00	2/2	印刷表冊	200.00
2/16	生活補助費	1,000.00	2/2	衣架、車錢	4.00
2/24	儲金息	92.00	2/3	買米	7.00
			2/3	買菜、水果	7.00
			2/4	買菜、水果	7.5
			2/4	早點	5.00
			2/4	雜用	0.50
			2/5	紹中照相	5.00
			2/5	衍訓報名	4.00
			2/5	買菜	5.00
			2/5	車錢等	3.00

月日	收入要目	收入數額	月日	支出要目	支出數額
			2/5	奎寧廿片	2.00
			2/5	家用	10.00
			2/6	買菜	8.00
			2/6	水果	1.00
			2/7	買米	7.00
			2/7	買菜	6.00
			2/7	紹中報名	3.00
			2/7	水果	2.00
			2/8	奶粉五磅	40.00
			2/8	買菜	10.00
			2/8	紹中檢查身體	2.00
			2/8	玻璃杯	2.00
			2/9	買菜	10.00
			2/9	車錢、點心	7.00
			2/10	生油九斤	30.00
			2/10	買菜	8.00
			2/10	初學書法	3.00
			2/10	理髮	3.00
			2/10	肥皂、車錢	2.00
			2/10	衍訓用	35.00
			2/11	買菜、早點	6.00
			2/12	上月香港時報	15.00
			2/12	買米	7.00
			2/12	買菜	5.00
			2/12	買菜	6.00
			2/13	買菜	7.00
			2/13	水果	2.00
			2/13	家用	10.00
			2/14	買菜	10.00
			2/14	電費	12.00
			2/14	刊物、車錢	5.00
			2/14	奶粉兩聽（2½）	41.00
			2/15	女傭工資年賞	40.00
			2/15	家用	40.00
			2/16	家用	5.00
			2/16	買米	30.00
			2/16	聯誼會費	5.00
			2/16	奶瓶	5.00
			2/16	水果	5.00
			2/16	賞公司役	10.00
			2/16	酒	7.00

月日	收入要目	收入數額	月日	支出要目	支出數額
			2/18	紹南用、花生	5.00
			2/19	車錢、玩具	6.00
			2/20	買菜、水果	14.00
			2/20	炭	2.00
			2/20	車錢、雜用	4.00
			2/20	買米	7.00
			2/21	學生註冊費三筆	70.00
			2/21	家用	50.00
			2/22	車錢	2.00
			2/24	會計師公會墊款	50.00
			2/24	理髮	4.50
			2/24	車錢、藥品	2.50
			2/26	同學茶會	17.00
			2/26	捐款	2.00
			2/26	車錢、雜用	4.00
			2/27	報費（新生報）	10.00
			2/27	買菜	4.00
			2/28	買菜	1.00
			2/28	油三市斤半	7.00
			2/28	昨日車錢	3.00
			2/28	車錢、買菜等	7.00
				本月結存	1,629.00
	總計	2,629.00		總計	2,629.00

月日	收入要目	收入數額	月日	支出要目	支出數額
3/1	上月餘存	1,629.00	3/1	奶粉六磅	45.00
3/1	預支待遇	1,000.00	3/1	紹中雨衣	25.00
3/1	赴台中旅費	100.00	3/1	紹南水彩	10.00
3/2	飾金變價	28.00	3/1	匯衍訓	70.00
3/6	儲金息	106.00	3/1	買菜、車錢	5.00
3/13	儲金息	75.00	3/1	藥品	3.00
3/16	儲金息	52.00	3/2	買菜	5.00
3/24	銀元變價24元	86.00	3/2	湯圓、車錢	5.00
3/28	飾物變價	39.00	3/3	買菜	10.00
3/31	儲金息	165.00	3/3	車錢、糖、麵引	3.00
			3/4	車錢	1.00
			3/5	買菜	7.00
			3/6	買菜	5.00
			3/6	車錢、水果	4.00

月日	收入要目	收入數額	月日	支出要目	支出數額
			3/6	熟煤二百公斤及爐	35.00
			3/6	昨日遊北投	192.00
			3/7	買菜、煙	6.00
			3/8	紹中鞋二雙	50.00
			3/8	買菜	7.00
			3/8	香蕉	2.00
			3/8	封套	4.00
			3/8	家用	20.00
			3/9	水果	2.00
			3/9	奶頭、刊物	3.00
			3/10	買菜	3.00
			3/10	車錢、雜用	3.00
			3/11	上月港報	18.00
			3/11	買菜、水果	6.00
			3/12	紹中圖章	2.50
			3/12	買菜	3.50
			3/12	車錢	2.00
			3/13	買菜，連明天	12.00
			3/13	奶粉二磅半	18.00
			3/13	煙	2.00
			3/14	理髮	5.00
			3/14	水果	2.00
			3/15	車錢、早點	2.00
			3/15	豬油二斤半	10.00
			3/15	買菜	3.00
			3/15	煙	2.00
			3/15	藥品	2.00
			3/15	雜用	2.00
			3/16	電費	12.00
			3/16	水果、買菜、煙、車	8.00
			3/17	買菜、水果	5.00
			3/17	一至三月水費	4.50
			3/17	煙、零食	4.50
			3/18	買菜、用具	8.00
			3/18	買菜、紹中布	10.00
			3/19	買菜	3.00
			3/19	衍訓用	3.00
			3/19	紹中蠟筆花紙	2.00
			3/19	車錢	1.00
			3/20	買菜	4.00
			3/21	發信	2.00

月日	收入要目	收入數額	月日	支出要目	支出數額
			3/21	紹中用布	3.00
			3/21	車錢	2.00
			3/21	買菜	4.00
			3/23	買菜	3.00
			3/23	車錢	2.00
			3/23	水果、種痘	2.00
			3/24	紹南襪子	4.00
			3/24	紹中學校費	2.00
			3/24	買菜	3.00
			3/24	車錢、糖	4.00
			3/25	米九十斤	68.00
			3/25	菜、醬油、水果	3.00
			3/26	買菜	3.00
			3/26	赴士林	3.00
			3/27	紹中用	1.00
			3/27	買菜、煙	5.00
			3/28	買菜	3.00
			3/28	車錢	1.00
			3/28	信箋封、香蕉	3.00
			3/29	本月新生報	12.00
			3/29	理髮	4.50
			3/29	買菜、水果	5.50
			3/29	雜用、車錢	2.00
			3/30	買菜	4.00
			3/31	買菜、車錢	6.00
			3/31	煙	2.00
			3/31	奶粉四磅半	26.00
			3/31	車錢	1.00
				本月結存	2,587.00
	總計	3,280.00		總計	3,280.00

月日	收入要目	收入數額	月日	支出要目	支出數額
4/1	上月餘存	2,587.00	4/1	買菜、車錢	5.00
4/8	飾金變價	185.00	4/2	買菜、車錢	5.00
4/10	儲金息	140.00	4/2	紹南用	3.00
4/11	公產處預支公費	3.00	4/2	煙	2.00
4/13	中本顧問公費	1,200.00	4/3	買菜	3.00
4/13	預支待遇	1,000.00	4/3	紹南鞋、布	28.00
4/20	儲金息	211.00	4/4	買菜、水果、糖	14.00

月日	收入要目	收入數額	月日	支出要目	支出數額
4/20	本月生補費	190.00	4/4	煙、車錢	3.00
			4/4	鹽十斤	2.00
			4/4	醬油、鷦鴣菜	2.00
			4/5	童車竹欖	12.00
			4/5	買菜	5.00
			4/5	紹南用	5.00
			4/6	米 15 斤	11.00
			4/6	火柴、煙	2.50
			4/6	買菜、紹南用	4.50
			4/7	買菜	4.00
			4/8	買菜	5.00
			4/8	藥、煙	2.50
			4/8	劉階平喪儀	24.00
			4/9	買菜、報紙	4.50
			4/9	嬰兒藥	2.00
			4/10	香蕉、餅乾	2.00
			4/10	買菜	5.50
			4/10	煙	1.50
			4/10	紗罩	9.00
			4/10	紹因診病	2.00
			4/11	買菜	3.00
			4/11	水果、糖	3.00
			4/11	玻璃杯	4.00
			4/11	車錢	2.00
			4/11	匯衍訓	70.00
			4/12	買菜	6.00
			4/12	柴四十斤	6.00
			4/12	米 15 斤	11.50
			4/12	上月初旬港報	6.50
			4/12	紹南用	1.00
			4/12	香蕉、車錢、醬油	3.00
			4/13	買菜	5.00
			4/13	紹南用	5.50
			4/13	煙	3.00
			4/13	車錢	1.50
			4/13	紹中用	2.00
			4/14	德芳襪子	18.00
			4/14	西瓜、香蕉、煙	10.00
			4/14	郵票印花	4.00
			4/14	紹南紹中旅行	6.00
			4/14	理髮	5.00

月日	收入要目	收入數額	月日	支出要目	支出數額
			4/14	車錢	2.00
			4/14	客菜	25.00
			4/15	帳子	120.00
			4/15	德芳汗衫	13.00
			4/15	王培五買幾何	6.00
			4/15	棉被兩條	55.00
			4/15	買菜	5.00
			4/15	電燈費	11.00
			4/15	車錢	1.00
			4/17	買菜	4.50
			4/17	水果、香煙	5.50
			4/18	買菜	4.00
			4/18	煙、香蕉	6.00
			4/18	罩帳用布	7.50
			4/18	德芳看病	2.50
			4/18	兒童零食、車錢	1.00
			4/18	黃瓜、醬油	2.00
			4/19	買菜	5.50
			4/19	德芳藥、兩女用	2.50
			4/19	油九斤	32.00
			4/20	奶粉 2½ 磅	16.00
			4/20	紹南襪子	4.00
			4/20	車錢	2.00
			4/20	報紙、香蕉	3.00
			4/20	煙	1.00
			4/21	水費	4.50
			4/21	買菜、水果	5.50
			4/22	熟煤一百公斤	13.00
			4/22	審計書二本	35.00
			4/22	買菜	4.00
			4/22	送公藩食品	20.00
			4/22	車錢、煙	3.00
			4/22	捐款	10.00
			4/23	買菜、醬油	15.00
			4/23	買明日菜	4.00
			4/23	煙、零食	4.00
			4/24	雨傘	18.00
			4/24	紹南用	1.50
			4/24	車錢等	3.00
			4/25	買菜、水果、糖	4.50
			4/25	紹南用、香蕉	2.00

月日	收入要目	收入數額	月日	支出要目	支出數額
			4/26	買菜	7.00
			4/27	買菜、水果、瓶花	8.00
			4/27	紹南防空費	10.00
			4/28	買菜	6.00
			4/28	煙	2.00
			4/28	新生報	12.00
			4/29	公雞	24.00
			4/29	買菜	8.00
			4/29	茶葉	9.00
			4/29	買明日菜	5.00
			4/29	印花	2.00
			4/29	理髮	5.00
			4/29	香蕉	2.00
			4/30	煙	3.00
			4/30	車錢	5.00
			4/30	糖	1.00
			4/30	肥皂六連	4.00
			4/30	米四十斤	46.00
			4/30	紹南等用	3.00
				本月結存	4,822.00
	總計	5,813.00		總計	5,813.00

月日	收入要目	收入數額	月日	支出要目	支出數額
5/1	上月結存	4,822.00	5/1	布四碼	12.00
5/5	逢還預支待遇	1,000.00	5/1	買菜、車錢	6.00
5/6	儲金息	80.00	5/2	煙、車錢	4.50
5/6	公司夫馬費上月份	100.00	5/3	水果、菜錢	8.50
5/8	優儲息	90.00	5/4	車錢	2.00
5/10	齊魯疏散費除已借三千外又扣申借	60.00	5/4	郵費、餅乾、菜	3.00
5/16	優儲息	171.00	5/4	煙、車錢	3.00
5/17	儲金息	160.00	5/5	買菜、糖	5.00
5/26	本月生補費	190.00	5/5	煙、車錢	4.00
5/27	儲金息	210.00	5/6	匯衍訓	70.00
5/31	公司本月夫馬費	100.00	5/6	車錢	4.00
			5/6	買菜、水果	8.00
			5/6	發信、雜用	2.00
			5/7	買菜	5.00

月日	收入要目	收入數額	月日	支出要目	支出數額
			5/7	又買菜	1.00
			5/8	買菜、水果	7.00
			5/8	煙、車錢	4.00
			5/8	奶粉七磅半	46.00
			5/8	襪子兩雙	16.00
			5/8	零食	2.00
			5/9	買菜	12.00
			5/9	香蕉、糖、車錢	5.00
			5/10	買菜	10.00
			5/10	煙、紹南用	3.00
			5/10	電費	21.00
			5/10	洗衣	3.50
			5/10	車錢	2.50
			5/10	買菜、麵食	8.00
			5/10	肥皂	5.00
			5/10	木拖鞋	3.00
			5/10	印證書影本	5.00
			5/10	車錢、牙刷	3.00
			5/12	買菜、香蕉	6.00
			5/12	煙、食品	4.00
			5/12	車錢	2.00
			5/13	買菜待客	15.00
			5/13	車錢、雜用	4.00
			5/14	菜、糖	8.00
			5/15	食品、水果	7.00
			5/15	洗衣、車錢	6.00
			5/16	車錢、食品	6.00
			5/16	買菜	7.00
			5/16	德芳鞋	24.00
			5/16	德芳襪	7.00
			5/17	理髮	5.00
			5/17	車錢、煙、香蕉	7.00
			5/18	熟煤 100 公斤	13.00
			5/18	牙粉、樟腦	2.00
			5/18	買菜、糖、車錢	7.00
			5/18	紹南照相	7.00
			5/18	防護團捐	5.00
			5/18	煙、扣子	4.00
			5/18	發信、煙、車錢	3.00
			5/19	買菜	8.00
			5/19	鞋拔、車錢	4.00

月日	收入要目	收入數額	月日	支出要目	支出數額
			5/20	麵一袋	46.00
			5/20	米 50 斤	58.00
			5/20	買菜	5.00
			5/20	發信	2.00
			5/21	茶會茶點費	5.00
			5/21	買菜	8.00
			5/21	煙、車錢	5.00
			5/21	麵食、酒、香蕉	5.00
			5/22	買菜	8.00
			5/22	橘子	4.00
			5/22	紅芋	2.00
			5/22	水費	5.00
			5/23	菜、瓶刷	5.50
			5/23	糖二斤	2.50
			5/23	紹寧鬆緊帶	3.00
			5/24	買菜、紹南用	3.00
			5/24	買菜	7.00
			5/24	扇子、零食	2.00
			5/25	買菜	5.00
			5/25	煙	3.00
			5/26	買菜、香蕉	6.00
			5/26	紹寧圖章	3.00
			5/26	本月新生報	15.00
			5/28	兩日買菜、煙	21.00
			5/28	捐助李善良	10.00
			5/29	車錢、煙	9.00
			5/29	買菜、車錢、水果	4.00
			5/30	買菜、車錢	9.00
			5/31	買菜	6.00
			5/31	草紙、車錢	3.00
			5/31	奶粉 2½ 磅	15.00
			5/31	綠帳子一頂	30.00
				本月結存	6,213.00
	總計	6,983.00		總計	6,983.00

月日	收入要目	收入數額	月日	支出要目	支出數額
6/1	上月結存	6,213.00	6/1	買菜	11.00
6/6	優儲息	75.00	6/1	煙	2.00
6/6	本月生補費	190.00	6/1	香蕉、車錢	4.00
6/8	優儲息	90.00	6/2	車錢、買菜	3.00

月日	收入要目	收入數額	月日	支出要目	支出數額
6/16	優儲息	247.50	6/3	買菜	9.00
6/21	八、七兩月生補費	380.00	6/3	香煙、水果、租書	4.00
6/21	八、七兩月福利金	70.00	6/4	買菜	7.00
6/27	本月夫馬費	100.00	6/4	衍訓用	90.00
			6/4	又買菜連明日	10.00
			6/4	刊物	2.00
			6/4	雜用	2.00
			6/6	買菜、雜用	7.00
			6/6	板鞋	2.00
			6/6	煙、茶	5.00
			6/6	理髮	4.50
			6/6	車錢	2.00
			6/7	茶葉	4.00
			6/7	零食	4.00
			6/7	儲蓄券	10.00
			6/7	買菜	10.00
			6/7	西瓜、雜用	6.00
			6/8	買菜	8.00
			6/8	香港衫	30.00
			6/8	髮油	5.50
			6/8	香蕉、車錢	4.00
			6/9	煙	7.00
			6/9	熟煤 100 公斤	16.00
			6/9	米 40 斤	36.00
			6/9	雜用	1.50
			6/9	買菜	9.00
			6/10	匯助吳伯實	30.00
			6/10	電費	21.00
			6/10	柴 50 斤	10.00
			6/10	買菜、車錢、郵費	7.00
			6/11	買菜	3.50
			6/12	買菜	7.00
			6/13	買菜、車錢、煙	8.00
			6/14	奶粉二磅半	16.00
			6/14	香蕉、糖	4.50
			6/14	買菜	4.50
			6/15	買菜、油、竹葉	10.00
			6/16	買菜	5.50
			6/16	煙、車錢	4.50

月日	收入要目	收入數額	月日	支出要目	支出數額
			6/16	茶葉	10.00
			6/16	糯米	5.00
			6/16	印花	1.00
			6/17	買菜	17.00
			6/17	內衣褲捐	25.00
			6/18	買菜、雜用	9.50
			6/18	奶粉二磅半	16.00
			6/18	味精、糖、洋火	5.50
			6/18	肥皂、車錢	2.00
			6/19	買菜、酒、香蕉	14.50
			6/20	煙、芒果、雜用	5.00
			6/21	買菜	6.00
			6/21	煙、車錢、零用	7.00
			6/21	衍訓用	5.00
			6/22	車錢、芝麻醬	9.00
			6/23	買菜、水果	10.00
			6/24	買菜、紹南用	5.00
			6/25	米 50 斤	37.50
			6/25	柴三十斤	6.50
			6/25	買菜	8.00
			6/25	盤五隻	8.00
			6/25	肥皂	7.00
			6/25	維他命丸	33.00
			6/25	理髮	4.50
			6/25	重道林紙	6.00
			6/25	車錢、刊物、煙	8.50
			6/25	雜用	2.00
			6/26	儲券	15.00
			6/26	藥水	4.00
			6/26	買菜、水果	8.00
			6/26	車錢	2.00
			6/27	新生報一個月	15.00
			6/27	買菜、車錢	14.00
			6/27	盃、皂、香蕉	10.00
			6/28	炭 40 斤	17.00
			6/28	奶粉二磅半	17.00
			6/28	買菜、水果、煙	10.00
			6/28	香皂、茶盃	11.00
			6/29	買菜、油	8.00
			6/29	橡皮布	14.00
			6/29	熟煤二百公斤	26.00

月日	收入要目	收入數額	月日	支出要目	支出數額
			6/30	買菜、另用	5.00
				本月餘存	6,469.00
	總計	7,365.50		總計	7,365.50

月日	收入要目	收入數額	月日	支出要目	支出數額
7/1	上月結存	6,469.00	7/1	買菜、糖	10.00
7/1	黃海查帳公費	500.00	7/1	煙	4.00
7/15	優存息	248.50	7/1	衍訓用	75.00
7/15	儲金尾數	30.00	7/1	玩具、襪子、鉛筆	14.00
7/21	本月夫馬費	100.00	7/1	車錢	6.00
7/27	有獎儲券尾	10.00	7/2	肥皂、草紙、竹竿	8.00
7/27	優存息	182.00	7/2	買菜、香蕉	4.00
			7/3	紹南用	10.00
			7/3	買菜、發信	11.00
			7/3	車錢、洗衣	6.50
			7/4	買菜、食品、香蕉	12.00
			7/4	洗衣	11.50
			7/5	買菜、煙	15.00
			7/6	買菜、水果	10.00
			7/6	花生油五斤	14.00
			7/7	買菜	10.00
			7/8	煙	4.00
			7/8	買菜	8.00
			7/8	水果	3.00
			7/9	買菜	8.00
			7/9	西裝褲	75.00
			7/9	紹南上衫	15.00
			7/9	藥皂、麵包	4.00
			7/10	糖、香蕉	4.00
			7/10	買菜	8.50
			7/11	孩童理髮	3.50
			7/11	買菜、零用	11.50
			7/11	洗衣	4.50
			7/12	紹南、紹中用	6.00
			7/12	煙	4.00
			7/12	買菜、車錢	9.00
			7/13	儲券	5.00
			7/13	買菜、另用	10.00
			7/14	買菜、車錢	8.00

月日	收入要目	收入數額	月日	支出要目	支出數額
			7/15	米 40 斤	26.00
			7/15	電費	16.00
			7/15	菜錢、車錢	7.50
			7/15	報刊、水果、煙	8.00
			7/15	德芳襪子	4.00
			7/15	奶粉兩磅半	20.00
			7/16	孩衣、買菜、零用	19.00
			7/17	車錢、煙、郵票	6.00
			7/18	兩天菜、另食	14.00
			7/18	縫工	8.00
			7/18	理髮	3.50
			7/18	匯陳長興	300.00
			7/20	布	13.00
			7/20	菜、藥、零食	6.00
			7/20	刊物、車錢、郵票	7.00
			7/21	買菜	3.50
			7/21	看病	16.50
			7/21	車錢	2.50
			7/22	水果、糖、菜錢	16.00
			7/23	縫工	10.00
			7/23	買菜、小盆、車錢	6.00
			7/23	修理收音機	35.00
			7/23	家用	80.00
			7/24	新生報	15.00
			7/24	買菜	5.00
			7/25	買菜	2.00
			7/27	兩日買菜	17.00
			7/27	鈣片	5.00
			7/27	瓷盤、車錢	7.00
			7/30	時代婦女	10.00
			7/30	煙	4.00
				本月餘存	6,435.00
	總計	7,539.50		總計	7,539.50

月日	收入要目	收入數額	月日	支出要目	支出數額
8/1	上月結存	6,435.00	8/1	兩天買菜	17.00
8/7	優儲息	30.00	8/1	報名（紹南）	9.00
8/7	生補借支	190.00	8/2	奶粉二磅半	23.00
8/25	本月夫馬費	100.00	8/2	買菜、車錢、郵票	8.00

月日	收入要目	收入數額	月日	支出要目	支出數額
8/29	下月生活補助	215.00	8/2	匯衍訓	50.00
			8/3	米四十斤	26.00
			8/3	報名（紹南）	9.00
			8/3	買菜	4.00
			8/5	兩天買菜、零用	14.0
			8/5	車錢	6.00
			8/6	買菜、煙等	10.50
			8/6	孩童打針	6.00
			8/7	理髮	3.50
			8/7	買菜	6.00
			8/8	洗衣	35.00
			8/8	買菜、傭工、車錢	9.00
			8/9	紹寧針藥	101.00
			8/9	熟煤 100 公斤	13.00
			8/9	肥皂、樟腦	5.00
			8/9	家用、看病等	20.00
			8/10	奶粉二磅半	23.00
			8/10	買菜	12.00
			8/11	買菜	7.50
			8/11	看病	7.00
			8/11	又前兩日看病	14.00
			8/11	煙	3.50
			8/12	紹南用	4.00
			8/12	買菜	3.00
			8/12	奶瓶	15.00
			8/12	米 20 斤	13.00
			8/12	紹因針藥	104.00
			8/13	買菜、雜用	10.00
			8/14	買菜、雜用	10.00
			8/15	電費	16.00
			8/16	兩日看眼、買菜	9.00
			8/16	紹南照片	5.00
			8/17	看病	35.00
			8/17	買菜、水果、車錢	15.00
			8/18	買菜	8.00
			8/19	水費	14.00
			8/20	奶瓶	15.00
			8/20	水果、煙、皂	8.00
			8/20	餅乾、買菜	8.00
			8/21	米三十斤	20.00
			8/21	布、買菜、油	15.00

月日	收入要目	收入數額	月日	支出要目	支出數額
			8/22	買菜、糖、花邊	7.00
			8/23	游泳、買菜	10.00
			8/25	家用	60.00
			8/25	新生報一月	15.00
			8/25	洗衣皂	5.00
			8/25	衍訓用	20.00
			8/29	理髮	3.50
			8/29	奶粉 2½ 磅	19.00
			8/29	餅乾半斤	2.50
			8/30	家用	90.00
			8/30	換紙門	55.00
			8/30	洗衣	45.00
				本月結存	5,869.00
	總計	6,970.00		總計	6,970.00

月日	收入要目	收入數額	月日	支出要目	支出數額
9/1	上月餘存	5,869.00	9/3	家用	30.00
9/3	優儲息	30.00	9/4	紹南開學	80.00
9/5	查帳公費	1,000.00	9/4	家用	20.00
9/16	十月份生活補助	202.00	9/6	家用	800.00
9/16	實物變價	60.00	9/7	酬勞李德民	100.00
9/24	齊魯夫馬費	100.00	9/7	糖果、車錢	7.00
9/25	立達公費	200.00	9/8	德芳汗衫	11.50
9/25	復興東公費	200.00	9/8	車錢	1.50
9/30	優儲息	30.00	9/9	衍訓鞋	32.00
			9/9	紹寧鞋	23.00
			9/9	紹中襪	3.50
			9/9	車錢	1.50
			9/10	餅乾、香蕉	5.00
			9/15	理髮	3.50
			9/15	車錢	1.50
			9/15	花布	10.00
			9/16	刊物	2.00
			9/16	家用	200.00
			9/17	車錢	5.00
			9/17	香蕉、刊物	5.00
			9/19	車錢、水果	5.00
			9/20	酒、柴	4.50
			9/21	衍訓用	4.00

月日	收入要目	收入數額	月日	支出要目	支出數額
			9/24	車錢	5.00
			9/24	餅乾、香蕉	5.50
			9/24	糖薑	9.00
			9/24	雜用	4.50
			9/25	車錢、酒	5.00
			9/26	台中往返	100.00
			9/26	水果、車錢	7.50
				本月結存	6,199.00
	總計	7,691.00		總計	7,691.00

月日	收入要目	收入數額	月日	支出要目	支出數額
10/1	上月結存	6,199.00	10/1	家用	200.00
10/4	醫教借支	75.00	10/6	理髮	4.00
10/20	十一月生活補助	202.00	10/6	車錢	1.00
10/27	齊魯夫馬費	100.00	10/7	毛筆	4.00
			10/7	餅乾、麵包	3.00
			10/7	刊物三種	7.00
			10/7	獎券	5.00
			10/7	匯港購物	170.00
			10/7	車錢	1.00
			10/12	餅乾	5.00
			10/12	刊物	5.00
			10/12	衍訓書簿	3.30
			10/12	車錢、香蕉	1.70
			10/13	香蕉、車錢	2.50
			10/14	印花	2.50
			10/15	車錢	5.00
			10/15	修理收音機	5.00
			10/15	織補衣	4.00
			10/16	衍訓書及手冊	12.00
			10/18	香蕉	2.00
			10/19	吃飯	10.00
			10/19	車錢	2.00
			10/19	吃茶	2.00
			10/19	紹因周歲玩具	7.00
			10/19	毛巾	7.00
			10/20	德芳修表	40.00
			10/20	紹中皮鞋	33.00
			10/20	德芳藍布	18.00

月日	收入要目	收入數額	月日	支出要目	支出數額
			10/20	吃飯、車錢	8.00
			10/20	肥皂	8.00
			10/20	祥麟子生日禮	23.00
			10/20	國大捐	2.00
			10/20	家用	200.00
			10/21	餅乾	5.00
			10/21	午飯	4.00
			10/22	腐乳	3.00
			10/22	紹中換鞋	4.00
			10/25	草拖鞋二雙	6.00
			10/25	水果	2.00
			10/25	牙刷	2.00
			10/25	車錢	2.00
			10/25	衍訓菜錢	10.00
			10/25	看電影	4.00
			10/26	理髮	3.50
			10/26	車錢、小報、茶	3.50
			10/27	電影票	8.00
			10/27	茶、糖餅	2.00
			10/27	家用	100.00
			10/29	校友會會費	10.00
			10/29	車錢	3.00
			10/30	車錢	1.00
			10/31	車錢	1.00
				本月結存	5,599.00
	總計	6,576.00		總計	6,576.00

月日	收入要目	收入數額	月日	支出要目	支出數額
11/1	上月結存	5,599.00	11/4	家用	70.00
11/4	優儲息	80.00	11/5	家用	30.00
11/5	米變價 90 斤	45.00	11/5	衍訓用	10.00
11/6	優儲息	80.00	11/7	車錢	2.00
11/13	黃海顧問公費	1,200.00	11/8	午飯	5.00
11/18	10、11 月補生費	200.00	11/10	送徐嘉禾生子禮	48.00
11/22	12 月生補費	200.00	11/12	買菜	20.00
11/27	齊魯夫馬費	100.00	11/12	衍訓用	20.00
			11/12	奶粉三磅	24.00
			11/12	雜用	1.00

月日	收入要目	收入數額	月日	支出要目	支出數額
			11/13	家用	100.00
			11/13	茶葉、車錢	5.00
			11/14	縫紉機	600.00
			11/14	家用	100.00
			11/15	修理收音機	65.00
			11/17	理髮	3.50
			11/17	車錢	1.50
			11/18	家用	200.00
			11/22	家用	200.00
			11/27	家用	100.00
				本月餘存	5,899.00
	總計	7,504.00		總計	7,504.00

月日	收入要目	收入數額	月日	支出要目	支出數額
12/1	上月結存	5,899.00	12/4	家用	20.00
12/4	優儲息	30.00	12/4	利息	6.20
12/6	優儲息	30.00	12/4	車錢、郵票	3.80
12/6	兌換	24.00	12/6	理髮	3.50
12/8	四信公費	500.00	12/6	碟子、小剪	6.50
12/15	利息	80.00	12/6	家用	240.00
12/21	利息	75.00	12/7	消發代淨	2.00
12/21	本月補生費	100.00	12/10	同學聚餐	40.00
12/23	元月份生補費	200.00	12/10	餅乾、香煙	10.00
12/26	利息	80.00	12/11	奶粉三聽	25.50
12/27	齊魯夫馬費	100.00	12/11	糖二斤	4.00
12/31	漁農顧問公費	500.00	12/11	通禮新編	10.00
			12/11	中國經濟、民生評論	7.00
			12/11	家用	400.00
			12/15	奶粉二磅半	22.00
			12/16	觀劇	16.00
			12/16	餅乾	5.50
			12/17	衍訓用	20.00
			12/19	牙刷、糖	4.00
			12/19	車錢、報	2.00
			12/19	紹寧看病	8.00
			12/21	洋裁冊	3.00
			12/21	車錢、糖	6.00
			12/21	帖、車錢、麵包	6.00
			12/21	家用	100.00

月日	收入要目	收入數額	月日	支出要目	支出數額
			12/21	定絨線一磅	62.00
			12/21	香蕉	2.00
			12/24	衍訓用	10.00
			12/24	糖果、餅乾	10.00
			12/25	家用	180.00
			12/26	家用	70.00
			12/26	理髮	4.00
			12/27	姚大海喜儀	23.00
			12/27	家用	50.00
			12/29	郵票	3.00
			12/29	車錢	4.00
			12/30	衍訓用	10.00
			12/30	刊物三個月	10.00
			12/30	茶葉、車錢	10.00
				本月結存	6,199.00
	總計	7,618.00		總計	7,618.00

追懷父親

吳紹中

　　父親是一個擇善固執而且持之有恆的人，每天記日記，數十年不曾間斷。小妹紹因傳承了父親的恆心毅力，在父親去世後，鍥而不捨費時四年將父親日記逐字打入電腦，日記因此得以永久保存，同時傳給分散在各地的兄弟姊妹們，我們在閱讀中得以重溫成長時父母的教導與關愛，也更了解到父親一生為建立一個自由民主的中國所付出的努力。

　　父母生在一個新舊交替大變動的時代，前半生歷經國民革命、北伐、抗日戰爭及國共內戰，一直流離失所，生活在動盪之中。對日抗戰期間，父親在皖，進行敵後對抗日本的經濟戰爭，當時我尚在襁褓之中，其中種種，只有從父親的日記中，略了解一二。父母直到1949年遷到台北才算安定下來。我對幼時的記憶也大多從那時開始。大陸變色後，父親原來任職的公司業務已結束，就自己開業任會計師，事務所在中山堂附近，到台北後不久我進入女師附小就讀。早上父親帶著我步行，先把我送到學校，自己再繼續走去上班。下班後到學校接我回家。直到我可以自己單獨去上學。不久，小妹和小弟相繼出生，父親早上的工作則是給我們沖奶粉、洗茶杯。除了家事外，運動

也是他早上必做的。每天晚飯後父親就抱著小妹或小弟到家對面氧氣工廠外的空地上走動，哄他們睡覺。父親生活很有秩序，起居定時，書籍衣物都有一定的放處，衣物不求講究但一定要乾淨整齊，不但燙自己的衣褲，有時還幫著我們燙衣服。

　　每天忙完公事和家事後就是父親自己進修的時間。父親一生手不釋卷，追求新知。中外書報雜誌都廣有涉略，記得有一段時間，父親對填字遊戲很有興趣，也常讓我們在旁參加，我偶爾歪打誤中猜到一字，就得意半天，到如今記憶猶新。父親的英文造詣全靠自己不斷學習，除了看英文讀物外，每早收聽英語廣播教學節目。我進初中後開始有英文課，記得我把英文字用中文來注音，父親看到後，告訴我這樣讀音不可能準確，開始教我英語萬國音標。這對我日後的英語發音奠定了很好的基礎。我念完初一的那個暑假，每天早上父親把我喊醒，一方面教我複習學校課本，一面教我讀開明英語第一讀本，同時要我坐在他旁一同收聽美國新聞處的英語教學節目。甚至到上了大學，暑假中我也常和父親一起收聽英語廣播教學。造就我不但在校時讀英文駕輕就熟，日後到了美國求學和工作，對英語的聽、說、寫也都沒有太大問題，這一切都是父親的賜予。

　　父親不只自修英文，並在他專長的財稅方面也不斷的追求新知，經常閱讀有關的中外文章雜誌。1950 及1960 年代，台灣開始施行土地改革及醞釀改良稅法，父

親參與這方面的研究，發表過多篇有關各國農業經濟和稅法的譯著文章。最近我上網查看，在國家圖書館期刊文獻資訊網就找到數十篇。那時家中只有三個房間，一張書桌，晚飯後父親要等我們做完學校的作業，才有書桌可用。1962 年我念大二時，父親應邀與友人合譯英國所得稅法，這是一個冗長的文件，父親每晚總要工作好幾小時，持續了很長時間才完成。所幸那時家裡已添置了書桌，晚上父親和我們可以同時使用，父親沉思、書寫的神情依然歷歷如在眼前。

1965 年父親進入台達化工公司負責財務，因為當時我正在攻讀化學，父親常問我一些和化學有關的問題，雖然他掌管的是財務，並不需要了解化學知識，但父親就是個求知若渴的人，對許多事都有興趣，而且研究起來非常專注，完全不受外界打擾。有一回，我的同學來訪，看到父親正坐著看書，趨前向他問好，喊了三、四聲才引起父親注意，當時我有些窘迫，同學則對父親的專注欽佩異常。

父親對書畫極感興趣，時常參觀書畫展，台北故宮博物院更是他經常參觀的地方，不但欣賞書畫，並在日記中記入觀感。這些記載還在五十年後造就一件趣事。1955 年的一天，父親參觀了台灣師範大學藝術系師生展，對鄭月波教授的畫作非常欣賞，日記中寫道：「『嘶風』一幅，畫一高舉前蹄之怒馬，全用水墨寫意，氣象萬千，動人魂魄，另有畫牛與貓等三數幅，亦皆上選，所畫貓

睛，比生者猶有神，而又不失之誇張，如此力作，真不多
見。」當我讀到這一段時，因知當時在波士頓常見面的一
位朋友正是鄭教授的女兒，當即轉告此事，朋友自是十分
欣喜。鄭教授和父親生前無緣相識，沒想到半世紀後他們
的兒女竟有一段緣份。父親閒暇時也喜練書法，等到我們
年齡漸長，母親也有閒暇畫畫時，母親的畫就都由父親題
字落款。

　　小學畢業後我考入五省中新店聯合分部上初中，開
學第一天，父親怕我路途生疏，親自送我到教室才離去，
這是父親第二度送我上學。1965 我大學畢業後赴美留
學，要到高雄乘船，父親和母親一同乘夜車送我到高雄上
船，這是父親最後一次送我上學了，這次一別就是七年。

　　出國後與父母聚少離多，1972 年首次回台探親，父
親安排了火車和旅館讓我們去日月潭遊玩。當時正值暑
假，車票和旅館都不容易訂到，父親煞費苦心，為了讓
我們有一個美好的假期。1980 年底我和外子帶了兩個孩
子回台，這是孩子們有記憶以來第一次見到外公，這時
父親已退休，經常在家，讓我們有很多時間享受天倫之
樂，父親又和小妹安排了我們的阿里山之旅，滿載美好
的回憶而歸。

　　1983 年，父母來美看望我們兄弟姊妹，遍遊了在美
兄弟姊妹的居住附近的名山大川和歷史古蹟，我們也借此
機會和父母及小弟全家一同遊覽了波士頓附近的名勝古蹟
和尼加拉大瀑布，每到一處，父親除了欣賞美景之外，還

要了解當地的歷史文化背景，盡興而歸，這是父親唯一的一次訪美之旅。自此以後見到父親都是我回台時，來去匆匆兩個星期，父親總不忘叮囑注意身體，帶給孫輩中文書籍，希望他們身在海外，不忘中華文化傳承。與父親天人永隔十九年了，長子業鍇現在運用中文能說能讀能寫，外公天上有知或感幾分安慰吧。

九十懷舊

吳墉祥

　　怠於握管者又五年矣。流光如矢，九十之年倏屆。兒孫輩或已逾不惑，或學業奮進，於余之家世淵源漸有關注之情，茲擬略述梗概，以誌不忘。

　　余生於一九零九年舊曆潤二月二十九日，晨起卯時。是年為民前三年，干支己酉，生肖屬雞。父庚吉，字金堂。一八八九年生，己丑屬牛。母王氏，一八八七年生，丁亥屬豬。余為長子，乳名滿倉。五歲至外婆家就塾，次年夏已誦讀論語大半，因本吳家村成立小學，歸而入學，教師王緒熙氏字緝堂，十一歲夏畢業後赴煙台轉入模範高等小學。三年畢業，轉入益文學校習商業英文，因學潮成立私立先志中學，於十四年十七歲年終畢業。經祖父倩友介紹入美豐公司任職。其時國父在廣州倡導革命，全國有志青年紛起景從，余在校已加入中國國民黨，十六年夏北洋軍閥尚在頑擾，因而在煙台不能立足，乃間關奔赴南京。適國民政府南京黨部成立中央黨務學校，投考錄取，十七年夏派赴北伐前線從事宣傳工作。濟南光復後即在省黨部工作，並曾在益都省立第十中學任教一年。其後中央黨校改為政校，設大學部，乃於十九年申請回校肄業，讀財政系，二十二年畢業，留校任助教。因成績優

良，在本系余為第一，在全校余為第二也。此四年為國家
統一後百廢待舉時期，亦政大同學在中央與地方最有表現
之時期。至二十五年由學校介紹至安徽地方銀行工作，先
任安慶分行副理，旋升總行總稽核，後任副總經理。續
二十六年抗戰至卅四年勝利，共九年間在皖行工作。

　　三十三年冬，在皖行副總經理任內因揭發弊案，對
方被調職，余亦被調為安徽學院教授。

　　余知為騙局，離職後蒙友人借予茅屋一間，雪雨不
蔽，與妻女淒苦度過寒冬。時共匪已在北方陽為抗日陰實
叛亂，山東省府被迫移至皖北阜陽，而日寇敗象已露，我
中央正規劃復原，收復失土，山東省府於金融方面無人承
擔，乃由主席何思源、秘書長牟尚齋洽余到阜陽工作。遂
於三十四年夏搭軍機赴重慶洽公，不久日寇投降，何氏赴
渝，專機回濟，余即隨還濟南接任山東省銀行總經理。眷
屬則先赴阜陽前即安頓於皖北魚米之鄉霍邱縣城，次年亦
來濟南。三十六年省府主席易為王耀武，見解大異，有意
易人主持省行，余乃辭去斯職。王氏似極內疚，為免受地
方責難，出資向銀行購回余所住行舍以為餽贈。其後余與
眷屬先後離開濟南，該宅交妻弟劉德光代為保管，濟南淪
於共匪後即未悉其如何演變矣。於時南京方面中央財委會
陳果夫氏掌理黨營事業，在青島成立齊魯公司，董事長為
曾養甫，長期臥病，由譚嶽泉與余為常務董事，余兼秘
書長，全家在青島待二年，大局逆轉。三十八年公司局
部移台北，眷屬則在廣州等候交通工具，夏間始乘船來

台，住濟南路齊魯宿舍。後遷羅斯福路，由此在台至今已五十年矣。

到台後不久，齊魯公司職務解任。余本持有會計師證書，遂向省府登錄執業，數年內辦理查帳案件無多。四十五年美國在台安全分署登報約聘稽核人員，乃往應試，獲取後任職，辦理美援查帳案件頗多，足跡走遍全省，至五十四年因美援結束，全員退休。適時國家經濟起步，百廢俱興，由美國來華投資者日增，遂轉任中美合作之台達化學公司，初為會計主任，後為財務長，於六十五年年達六十八歲時於年底退休。余曾於三十六年時競選棲霞本縣國民大會代表，獲票次多數。其時合法參選之政黨有三，即國民黨青年黨與民主社會黨，各有提名，如提名只得次多數者亦得為列席代表。余每次開會，因得以列席。至代表乃無給職，所支待遇為「非常時期在台代表公費」。代表多在社會有其職業，如係政府公職，則只支差額，余無本國公職，故不受限制。余食指浩繁，子女得以學業競進，不於匱乏，此為其本，而各各皆知發憤努力，在國內皆入公校，出國亦皆能獲獎助學金，皆有賴於此也。退休後倏又廿年，雖知晚近潮流有終身學習之必要，然近五六年來視聽能力急遽衰退，欲求不致落伍，已勢無可能，尤其自電腦與資訊科學之日新月異，回顧往日自豪之成就與夫所知之智能幾已為舉世所鄙棄，而世紀之末，深懍於未來之臨深履薄也。

在余三十餘年就業期中，機遇頻至，不勞奔競。然

亦有頗不愉快之事。於波折中頗能轉危為安柳暗花明。中學後險遭政治謀殺，遄赴南京，於家庭只許從商不予升學之計畫，全盤否定，最後獲得進入當時最難考進之政校，得展所長，此中化險為夷，時機使然。此其一。大學卒業任助教時期曾報考中英庚款留英公費，此一留學考試名額只三五人，經濟學門只一人，乃帝國主義時期清廷戰敗之賠款，經國民政府交涉移於各該國之留學經費，在考後發榜時名落孫山，首取者為香港大學畢業生，諒係英語分數超出國內大學者。此為余一生唯一競爭失敗之事。此其二。在皖就業蒸蒸日上。余母廿二歲初胎生余，時為一九零八己酉。因當時伯叔皆無子，乃獨受全家之鍾愛，尤以姑母二人為甚。余母家事頻繁，侍姑育子，具為責無旁貸，故甚少歸寧之機，偶攜余往視外婆與諸舅諸姨，必受特殊之歡迎。余母生育頻繁，無一夭折，自行哺乳，是其主因。計生子五人、女二人，余以下二弟振祥，屬虎，三弟玉祥屬蛇，四弟銘祥屬犬，五弟昆祥屬牛。大妹屬鼠幼目失明，適費家得姑善待，生子頗上進。幼妹雲卿屬羊適欒，家庭美滿。繼母生六弟珠祥、七弟瑤祥、八弟環祥及幼妹，均有事功，尤以七弟為最著。現二弟早逝，四弟亦在三年前病逝南京，惜哉！

　　民國十二年（一九二三），余年十五，肄業煙台先志中學，其時家母已子女眾多，家事益繁，祖父與父共洽為余成家，以減母氏之勞，經友許君作伐，與張鴻逵獨生女訂婚，於是年春余寒假回里成親，張氏長余七歲，助母

理家，頗有成效。相聚不多，只暑假月餘。迨余十六年赴南京後，只回家一次。二十一年生子衍訓。直至三十八年共禍，家成廢墟，衍訓與七弟瑤祥隨流亡學校間關來台始獲相聚，在台入中學及海軍官校，成績頗佳。退役後更廁身教育界，以迄於今。十年前此間與大陸解除敵對，交流漸暢，衍訓夫婦同赴西北隴肅於張家之獨子張瑤處迎回張姊即衍訓母來台奉養，以至去世，得以母子團圓。

民國二十三年，友人宋志先夫婦介紹與山東益都劉德芳女士論嫁娶，經余父及劉父嘉許及資助，於是年四月四日在南京結婚，並赴蘇州度短暫蜜月。德芳仍回濟南及以後之長清中學任教，暑假來南京相聚。二十二年余在校畢業留校服務稍久後，系主任劉振東（鐸山）先生與教育系主任名教育家汪懋祖（典存）先生於二十四年冬介紹德芳在南京市立香鋪營小學任教，即留京同住小學附近，而余不久即赴安徽工作，於假日或特殊休業時回京相聚，以迄二十六年抗戰開始，暴日在上海開火，德芳於是年暑中率長女紹南（二歲）赴安徽。

長女紹南民國二十五年（丙子）出生南京中山醫院，生日五月二十一日，適有文學界以是日國家各種面貌徵稿集成「中國的一日」一書，表現多難國家之難，喚醒國人奮發熱情。此書余在兵亂中已失，諒海內外大圖書館或有存者。紹南在抗戰中長大，流離皖南北、湖南、廣東、廣西、山東，到台時初中將畢。次女紹中，三十三年生於皖西立煌，地處中原，未年屬羊。次年余由立煌離職，暫

安眷於皖北霍邱，以至兩年後隨母姊回濟。三女紹寧，
三十六年亥年肖豬，寧字表示已回故鄉，有從此安寧之
望。其實全係空想，以後依然到處流離失所。四女紹因，
三十八年生，丑年肖牛。其時到台不久，大陸尚有國軍在
西南待援，友約余重回大陸工作，余允俟余妻分娩後再
往，不旋踵而西南全失，先往者已退回，余原意亦成泡
影，而紹因斯時墜世，豈無因果關係乎，故名。幼子紹彭
四十年生，寅年肖虎。溯自抗戰發生，於二十八年至三十
年間曾生長兒戴天於安徽壽縣，一歲有餘即在屯溪夭折，
又生次子紹立於安徽立煌，亦嬰年夭折，皆因日寇侵陵，
醫藥缺乏所致。紹彭之生，余夫婦皆喜出望外，故望其有
彭祖之長命也。在安定中旅台半世紀，子女皆奮發有為，
台大卒業赴美深造者有四人之多，就業之後又各能建立幸
福家庭，既勉且慰。

八十八年九月二十三至二十八日

吳墉祥簡要年表

1909 年	出生於山東省棲霞縣吳家村。
1914-1924 年	入私塾、煙台模範高等小學（11 歲別家）、私立先志中學。
1924 年	加入中國國民黨。
1927 年	入南京中央黨務學校。
1929 年	入中央政治學校（國立政治大學前身）財政系。
1933 年	大學畢業，任大學助教講師。
1937 年	任職安徽地方銀行。
1945 年	任山東省銀行總經理。
1947 年	任山東齊魯公司常務董事兼董事會秘書長。當選第一屆棲霞國民大會代表。
1949 年 7 月	乘飛機赴台，眷屬則乘秋瑾輪抵台。
1949 年 9 月	與友協力營救煙台聯中校長張敏之。
1956 年	任美國援華機構安全分署高級稽核。
1965 年	任台達化學工業公司財務長。
1976 年	退休。
2000 年	逝世於台北。

吳墉祥著譯目錄

專書

書名	出版地	出版社	出版年
開發中國家的農業信用	台北	台灣省合作金庫	1973
英國所得稅法（合譯）	台北	中國租稅研究會	1963
生活在自由的國土上（合著）	台北	改造出版社	1955
安徽財政（合著）	南京	未正式出版	1933

期刊論文

篇名	刊名	出版年月
建立成熟健康的民主政治	國民大會憲政研討委員會年刊	1988.12
租稅主導下獎勵投資政策之最後衝刺	國民大會憲政研討委員會年刊	1984.12
淺談當前美國社會安全制度	國民大會憲政研討委員會年刊	1983.12
現行所得稅扣繳制度之檢討	國民大會憲政研討委員會年刊	1981.12
銀行手續二三事	會計人	1972.12
低度開發國家農業信用問題總結	臺灣合作金融	1969.11
中央銀行在農業信用中之職能	臺灣合作金融	1969.10
論監督信用制度	臺灣合作金融	1969.08
論信用合作	臺灣合作金融	1968.07
論信用合作	臺灣合作金融	1968.06
論合作組織	臺灣合作金融	1968.02
論農貸之機構	臺灣合作金融	1967.09
論農貸之機構	臺灣合作金融	1967.08
論貸款之條件	臺灣合作金融	1967.04
論貸款之條件	臺灣合作金融	1967.03
農業信用之供給問題	臺灣合作金融	1966.11
農村社會之特徵與農業信用之需要問題	臺灣合作金融	1966.10
農村社會之特徵與農業信用之需要問題	臺灣合作金融	1966.09
低度經濟開發國家之農業信用問題	臺灣合作金融	1966.06
美國的合作金庫	臺灣合作金融	1965.10
美國短期及中期農業合作貸款	臺灣合作金融	1965.09
美國農業信用管理局全貌	臺灣合作金融	1965.06
低度開發國家畜業之發展	臺灣合作金融	1963.07

篇名	刊名	出版年月
法國農業中之生產合作團體	臺灣合作金融	1963.06
農村開發在非洲	臺灣合作金融	1963.05
日本的合作運動	臺灣合作金融	1963.04
星馬地區的合作運動	臺灣合作金融	1963.03
農村發展計劃中之監理信用制度	臺灣合作金融	1963.02
租稅之經濟觀	稅務旬刊	1957.02
美國之遺產稅與贈與稅	稅務旬刊	1956.11
從收入第一主義到多元財政政策	稅務旬刊	1956.10
累進課稅學說之發展	稅務旬刊	1956.06
美國新稅法的折舊方法問題	稅務旬刊	1955.08
美國之公司稅	稅務旬刊	1955.05
美國所得稅的稅率和稽徵	稅務旬刊	1955.01
美國所得稅制度概觀	稅務旬刊	1954.12
預算平衡論	中國經濟	1954.10
論美國國地財政之劃分與配合	中國地方自治	1954.09
論美國所得稅之所得額與折舊等費用減免問題	稅務旬刊	1954.07
合作社稅捐征免問題之今昔	稅務旬刊	1954.02
收復地區之財政制度	實踐	1953.06
自由職業勞務報酬應否課征印花稅質疑	稅務旬刊	1953.06
怎樣穩定幣值？	財政經濟月刊	1953.04
日本的土地改革	新思潮	1953.04
實施計劃經濟之前提	安徽政治	1942
現階段的本省金融問題及吾人應有之措施，籌碼枯竭病象探原及其對策	安徽政治	1941
統制經濟與財政改造	偕行	1933
統制經濟與財政改造	河南政治	1933
民生主義的租稅政策	政治與民意	1931
中國今日之租稅問題	時事月報	1931
民權主義與無政府主義（續）	國民新聞副刊	1928
民權主義與無政府主義（未完）	國民新聞副刊	1928

民國日記 29

吳墉祥戰後日記（1950）

The Post-War Diaries of Wu Yung-hsiang, 1950

原　　著	吳墉祥	
主　　編	馬國安	
總 編 輯	陳新林、呂芳上	
執行編輯	林弘毅	
文字編輯	李佳若	
封面設計	陳新林	
排　　版	溫心忻	

出 版 者　　🛡開源書局出版有限公司

香港金鐘夏慤道 18 號海富中心
1 座 26 樓 06 室
TEL：+852-35860995

✺民國歷史文化學社
10646 台北市大安區羅斯福路三段
37 號 7 樓之 1
TEL：+886-2-2369-6912
FAX：+886-2-2369-6990

銷 售 處　　源流成文化 股份有限公司

10646 台北市大安區羅斯福路三段
37 號 7 樓之 1
TEL：+886-2-2369-6912
FAX：+886-2-2369-6990

初版一刷　2019 年 12 月 31 日
定　　價　新台幣 400 元
　　　　　港　幣 105 元
　　　　　美　元 15 元
I S B N　978-988-8637-49-2
印　　刷　長達印刷有限公司
台北市西園路二段 50 巷 4 弄 21 號
TEL：+886-2-2304-0488